高等职业教育交通运输数字化系列教材

U0868061

路基路面试验与检测

周　烨　赵同峰　主　编
李冬松　王力艳　王光远　副主编
田　兴　主　审

人民交通出版社股份有限公司
China Communications Press Co.,Ltd.

内 容 提 要

本书为高等职业教育交通运输数字化系列教材。本书以职业能力、专业能力及素质能力为目标；以公路施工工序为主线，以现行规范、规程为标准进行编写。全书分为三个单元，主要内容包括知识导入、路基工程试验与检测、路面工程试验与检测。详细介绍了试验与检测的理论、实操及工程实例。

本书可作为高职高专院校路桥、土建、监理、检测等专业教材，也可作为市政、建筑类等其他专业参考用书，同时也可供职业资格培训等相关人员参考。

本书配有二维码，读者可通过扫码查看相关视频、动画资源。教师可通过加入“职教路桥教学研讨群”（QQ：561416324）进行教学交流与研讨。

图书在版编目（CIP）数据

路基路面试验与检测 / 周烨，赵同峰主编. —北京：人民交通出版社股份有限公司，2019.1
高等职业教育交通运输数字化系列规划教材
ISBN 978-7-114-14705-0

Ⅰ. ①路… Ⅱ. ①周… ②赵… Ⅲ. ①路基工程—检测—高等职业教育—教材②路面—道路工程—检测—高等职业教育—教材 Ⅳ. ①U416

中国版本图书馆 CIP 数据核字（2018）第 097686 号

高等职业教育交通运输数字化系列教材

书　　名：路基路面试验与检测
著 作 者：周　烨　赵同峰
责任编辑：任雪莲
责任校对：刘　芹
责任印制：刘高彤
出版发行：人民交通出版社股份有限公司
地　　址：（100011）北京市朝阳区安定门外外馆斜街 3 号
网　　址：http://www.ccpress.com.cn
销售电话：（010）59757973
总 经 销：人民交通出版社股份有限公司发行部
经　　销：各地新华书店
印　　刷：北京虎彩文化传播有限公司
开　　本：787×1092　1/16
印　　张：15.5
字　　数：384 千
版　　次：2019 年 1 月　第 1 版
印　　次：2022 年 5 月　第 4 次印刷
书　　号：ISBN 978-7-114-14705-0
定　　价：46.00 元

编审委员会

序

《国务院关于加快发展现代职业教育的决定》(国发〔2014〕19号)明确指出:“高等职业教育承担着优化高等教育结构和人力资源结构的重要使命”。2016年,辽宁省交通高等专科学校承担了教育部《高等职业教育创新发展行动计划(2015—2018年)》骨干专业建设任务,几年来,我校高等职业教育交通运输类专业始终坚持走内涵发展道路,密切产学研合作,形式以“设计勘察、预算招标、施工管理、现场检测、竣工验收”五个能力培养为核心,对交通产业转型升级,形成了“产教融合、同步升级、层级递进”的高职人才培养模式。对接职业岗位需求,构建“技能型岗位、技术型岗位、复合型岗位”三级递进的专业培养目标;对接岗位工作内容开发“基本素质课程、通用职业课程和岗位职业课程 ”三级递进课程体系;对接职业岗位技能设计“基本技能训练、专项技能训练和综合技能训练”三级递进实践教学体系;对接职业成长规律设计“基本素质教育、职业素质养成、社会能力培养”三级递进的素质教育过程。适应现代交通产业发展,培养复合式、创新型、发展型技术技能型人才的需要。

本套数字化教材是交通运输高等职业教育骨干专业的重要成果之一,是全体专业教师、一线工程技术人员共同的智慧和劳动成果。该教材实现了纸质教材与数字化资源的完美结合,具有以下特色:

(1)教材从岗位核心能力入手,突出专业化与岗位技术相适应,明确了人才的培养方向,更加适应高职技术教育改革的教学理念。

(2)教材注重学习者的认知逻辑和学习效能,从知识、技能的逻辑性入手,用浅显生动的语言描述配以丰富的资源展示,使学习者学习轻松、运用自如。

(3)教材与数字化资源配套使用,对教与学双向辅助,有效地保证学习者对资源的有效检索和运用,形成了以学习者为中心的教育形式。

(4)教材紧跟生产技术一线,符合行业标准和技术规范,融合新技术、新工艺,再现真实环境下的岗位核心技能,具有较强的实践指导性。

辽宁省交通高等专科学校校长

2018 年 4 月

前　言

截至2016年底,我国高速公路里程已突破13万km。针对目前公路建设大发展的现状,在公路工程建设过程中急需各种技术应用型人才,尤其对于公路建设中的重要环节——公路的质量检测工作更是如此。

本教材以公路为载体,以应用为主导,根据公路工程施工工序及公路工程建设检测任务,以现行的规范为标准,重视学生在校学习与实际工作的一致性;通过对行业调查、专业工作岗位分析,以公路建设中各个环节所需掌握的与本课程相关的理论知识与实践技能设计本课程的教学模块,以适应市场需求,构建基于工作过程的教材结构。本书内容涵盖了公路工程检测基本知识、路基工程试验与检测、路面工程试验与检测的典型工作任务。本书旨在使学生能把所学知识同工程现场实际紧密结合在一起,达到实习能顶岗、毕业即能上岗的目的;做到实习、就业的零磨合,为其职业的成长提供相关的知识技能。为适应高职课程改革的总体思路,本教材在编写过程中也征求了行业企业资深专家及其他省兄弟院校同行的建议,同时邀请工程一线人员参与编写,开创了高职教育产教融合、校企合作、校校合作的新局面,以满足新型人才培养的需要。鉴于公路工程检测产品的庞大、成本高、施工周期长和产品不可重复等特点,教学采用"任务驱动"教学模式。这种教学模式以实际工作任务为目标,整个教学围绕任务的解决展开,突出应用性和能力的培养,设计学生学习的工作任务,引导学生自主学习和思考,充分调动学生学习的积极性,有利于学生职业素养的养成,提高他们知识应用能力和创新能力;既让学生建立一定理论体系,又让他们得到技能训练,从而使他们的职业生涯更为长远。

本书由沈阳砼行建筑材料科技有限公司与本书编写组成员共同开发完成。在此,对于参加编写工作的辽宁省交通高等专科学校的赵同峰、李冬松、王力艳、王光远,辽阳市规划设计院卢阳阳,辽宁交通物资有限公司周顺表示感谢。感谢他们对本书做出的贡献。全书由辽宁省交通高等专科学校周烨统稿,周烨、赵同峰担任主编。辽宁五洲公路工程有限责任公司田兴担任主审。

本书在编写过程中,参阅了大量文献资料。由于条件有限,未能与原著者一一取得联系,引用及理解不当之处,敬请见谅,并向这些文献资料的原作者表示衷心感谢!

限于编者水平,书中难免有差错和不妥之处,敬请读者批评指正。

编　者

2017 年 11 月

目　　录

单元一　知识导入

单元二　路基工程试验与检测

单元三　路面工程试验与检测

单元一　知识导入

项目一　公路工程检测概述

高速公路被誉为一个国家走向现代化的桥梁，是发展现代交通运输业的必经之路。我国在这条路上已经迈出了令人赞叹的脚步。截至2016年底，我国高速公路里程已突破13万km，位居世界第一位。针对目前公路建设大发展的现状，在公路工程建设过程中急需各种技术应用型人才，尤其对于公路建设中的重要环节——路的质量检测更是如此。同时，从公路的长远使用及养护角度来看，公路的质量问题也是现在公路建设质量控制的一个难点，因此工程试验检测机构必须对工程项目或产品进行检测，并判断工程质量或产品质量状态。

任务一　公路工程试验检测工作的目的及意义

公路工程建设项目管理离不开工程试验检测工作。试验检测工作是公路工程施工质量控制和竣工验收评定工作中不可缺少的一个重要环节。

在工程施工准备阶段，检测人员应对料场材料进行现场分析。用定量的方法根据设计文件、试验规程、标准，科学评定建设工程所用的原材料、成品、半成品及构件的质量，合理选择料源。材料费用通常占整个工程投资的60%～80%。通过试验检测结果合理设计配比，不但可以保证施工质量，还会为施工企业节约投资金额。这就要求从事检测的人员要有较高的业务水平和认真的工作作风及严谨的工作态度。当然，原材料质量要满足要求，这是建设工程开工的首要条件，更是控制工程质量的首要环节。

在工程施工阶段，从事检测的人员在整个施工期间应彻底领会设计文件，熟悉现行施工技术规范和试验检测规程，做好工程试验检测工作，为公路工程的科研、设计、施工和养护管理提供可靠的决策依据，并对施工质量进行全方位控制，以保证工程质量。

公路工程建设项目的竣工验收是全面考核公路设计成果、检验设计和施工质量的重要环节。做好验收工作，对于确保工程质量，保证工程及时投入使用，发挥投资效益，提高建设质量和管理水平有着重要作用。工程检测应为竣工验收提供科学准确的数据和记录报告，判断工程质量是否满足规范和设计文件的要求。

随着公路技术等级的提高，建设单位和各级公路管理部门对加强质量检测与施工质量控制和验收工作更加重视。但仍有部分单位不具备原材料质量试验检测和施工质量控制试验检测的基本条件，有些单位虽然已购置了一定数量的试验检测仪器设备，但只满足于应付检查,有的仪器从工程开始到结束根本没有被使用过。工程实践经验证明:不重视施工检测和施工现场质量控制管理工作,仅凭借经验评估是造成工程出现早期破坏的重要原因之一。所以,要想切实提高公路工程施工质量、缩短施工工期、降低工程投资,在建立健全工程质量控制检查制度的同时,还必须配备一定数量的试验检测设备和相应的专职试验检测技术人员。

工程质量检测工作在提高工程质量,加快工程进度,降低工程造价,推广新技术、新工艺、新材料,推动公路工程施工技术进步方面,起到了极为重要的作用。可见,试验检测是评价工程质量缺陷和鉴定工程事故的手段。工程试验检测技术将检测基本理论、操作技能及公路工程学科基础知识融为一体,为工程设计、施工、验收评定、养护管理决策提供主要依据。工程检测人员应严格把好路用材料质量关、施工质量参数控制关、施工过程质量关和分部分项工程验收关四个关键环节。

试验检测技术人员一定要正确地认识各种试验检测的作用及其局限性。试验检测成果因试验方法和试验技巧的熟练程度不同,会有较大的差异。为了使试验检测能较正确地反映材料或工程的实际性质,就要求试验人员必须掌握试验检测的基本理论、基本知识和基本技能,这样才能保证工程质量。

任务二　试验检测项目及类别

一、试验检测项目

1. 路基工程试验检测

土工试验包括:土的物理、力学性质及水理性质指标,路基现场检测等。

2. 路面基层试验检测

土工试验,水泥技术性质、石灰技术性质、粉煤灰技术性质、水泥或石灰剂量的测试,路面基层力学性质及强度试验检测,路面基层现场测试等。

3. 路面工程试验检测

沥青(基质、改性、乳化)、集料试验,弯沉、平整度、压实度、抗滑性能、厚度、路面渗水试验等。

二、试验检测类别

试验检测类别,如图 1-1 所示。

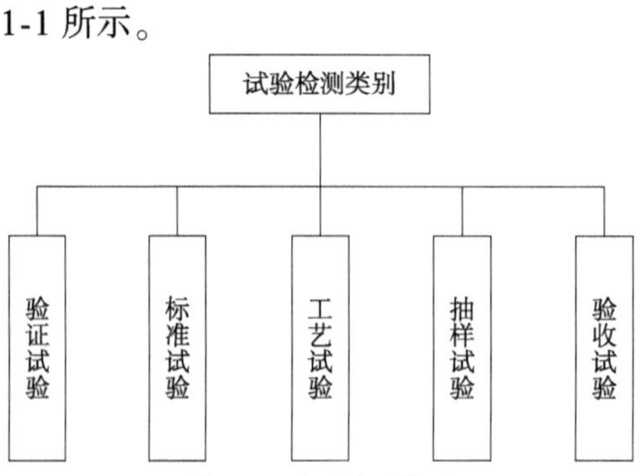

图 1-1　试验检测类别

1. 验证试验

验证试验是对材料或者商品构件进行预先鉴定,以决定是否可以用于工程。验证试验应按以下要求进行:

(1)在材料或商品构件订货之前,应要求承包人提供生产厂家的产品合格证书及试验报告。必要时监理人员还应对生产厂家的设备、工艺及产品的合格率进行现场调查、了解,或由承包人提供样品进行试验,以决定是否采购。

(2)材料或商品构件运到现场后,还应按规定的批量和频率对其进行抽样试验,不合格者不准用于工程。

(3)在施工过程中,还应随机进行符合性抽验检查。

2. 标准试验

标准试验是对各项工程的内在品质进行施工前的数据采集,它是控制和指导施工的科学依据,包括各种标准击实试验、集料的筛析试验、混合料的配合比试验、结构的强度试验等。标准试验应按以下要求进行:

(1)在各项工程开工之前,承包人应先完成标准试验,并将试验报告及材料提交监理中心试验室审查批准。

(2)监理中心试验室应在承包人进行标准试验的同时或以后,平行进行复核(对比)试验,以确定是否肯定或调整承包人标准试验的参数或指标。

3. 工艺试验

工艺试验是依据技术规范的规定,在动工之前对路基、路面及其他需要通过预先试验方能正式施工的分项工程预先进行的试验,然后依其试验结果全面指导施工。工艺试验应按以下要求进行:

(1)监理工程师应要求承包人提出工艺试验的施工方案和实施细则,并予以审查批准。

(2)工艺试验的机械组合、人员配额、材料、施工程序等须有两组以上方案,以便通过试验作出选定。

4. 抽样试验

抽样试验是对各项工程实施中的内在品质进行符合性检查,内容包括各种材料的物理性能、土方及其他填筑施工的密实度、水泥混凝土及沥青混凝土的强度等的测定和试验。抽样试验应按以下要求进行:

(1)监理人员对承包人的抽样频率、取样方法及试验过程进行检查。

(2)在承包人的工地试验室按技术规范的规定全频率抽样试验的基础上,在监理中心试验室应按10%~20%的频率抽检。

(3)当监理人员对施工质量或材料产生疑问时,中心试验室随时进行抽检。

5. 验收试验

验收试验是对已完的工程项目进行试验检测,以准确地评价工程实际内在品质,多指对中间交验的分部及分项工程作出评定。

任务三　试验室管理规章制度

试验室工作制度的健全与否及制度执行情况，反映一个单位的管理水平。试验检测工作规范化、制度化是保证建设工程质量的重要因素，对试验检测机构来说即要制定相应的规章制度来约束影响检测结果的各种因素，保证试验检测质量。现以某工地项目试验室规章制度为例。

一、试验室人员工作职责

(1)在项目部总工程师和工程部部长领导下，负责本合同段试验检测管理工作，严格执行有关规范、规程、标准、方法、试验工作细则。有权制止违反操作规程的施工，必要时做好有关记录，如实向项目部领导汇报，并提出处理建议。

(2)制订试验工作计划，建立健全规章制度，做好试验工作管理，提出检测仪器设备的购置、送检、校验和维修报告。

(3)参加所属工程原材料产源调查和选择及取样鉴定检测，指导对原材料的正确保管、使用和检验、检测状态标识。

(4)按时完成试验工作，及时解决试验中的问题，做好试验资料的收集和保管。

(5)严格按指定的原材料、配合比及其他施工参数和方案进行施工指导。

(6)参加有关工程质量检查和质量事故的调查分析。

(7)全面了解所属工程的试验要求，对于不能承担的试验项目，提出委托申请。

(8)及时收集新标准、新规范、新规程、新方法和新技术。

二、试验室主任(技术负责人)岗位职责

(1)在项目总工程师的领导下，负责试验室的全面管理和业务工作，对试验室技术活动的正确性和有效性全面负责。

(2)根据施工合同中明确的任务组建试验室，制定检测规划、规章制度，明确并购置相应的检测规范，并安装所需试验仪器。

(3)参与新建工地的原材料调查取样，安排检测工作，同时指导施工过程的质量控制。

(4)管理和指导室内人员的各项检测工作，做到检测规范、结论准确，并负责在报告单上负责人一栏审核签字。

(5)组织室内人员进行业务学习，定期向项目总工程师汇报工作，上报规定的报表，同时完成交办的其他工作。

三、试验室质量负责人职责

(1)在项目总工和试验室主任的领导下，负责试验室的检测质量工作，确保检测试验过程按质量保证体系框图要求执行。

(2)在主任不在的情况下，可代替主任安排工作。

(3)负责处理用户的投诉及安排对样品重新检测。

(4)负责资格及检测环境条件的保证。

(5)组织试验人员进行仪器设备的调试、维护、保养及检、校工作,确保设备完好,将不准确度控制在规定范围。

(6)参与工程质量事故的处理工作。

(7)贯彻 ISO 9002 标准中"检验、测量和试验设备控制"程序。

四、检测员岗位职责

(1)熟练掌握公路工程主要检测试验仪器设备的操作方法和要求,总结经验,不断提高操作水平。

(2)完成试验室下达的各项试验检测任务。

(3)严格遵守试验规程及有关规定,进行各项试验检测工作;严格按技术要求逐项做好记录,按规定正确处理各类试验检测数据,对试验数据的正确性、可靠性负责,不得擅自取舍,严禁编造数据。

(4)负责试验检测原始数据的整理、计算和试验检测报告单的填写工作,并按规定程序送审。

(5)严格按操作规程规定使用仪器设备,加强仪器设备和维护保养及清理工作。在使用仪器设备前必须对量值、运转状况、环境条件等进行检查,操作使用主要仪器设备必须填写"仪器使用记录卡"。

(6)试验检测中遇到重大技术问题,及时与有关人员取得联系,商讨处理办法。

(7)遵守劳动纪律,服从工作安排。严格遵守规章制度,防止事故的发生。

(8)认真钻研业务,努力学习新标准、新规范、新方法,提高业务技术水平。

五、资料管理员职责

(1)负责室内原始记录、检验报告、标准规范、技术资料的管理工作。

(2)收集、购置新标准、新规范及必备的工具业务书籍。

(3)收集有关学术会议、技术鉴定会议及其他技术资料。

(4)负责各种有关书籍资料的整理编号,登记保管,并与档案室办理移交手续。

(5)组织试验资料的整理归档,并与档案室办理移交手续。

(6)资料外借需经室主任批准,严守保密制度,不得泄露有关技术数据,并不得随意复制报告资料。

(7)若资料丢失按质量事故处理,并要追究资料管理员的责任。

六、保密制度

(1)对于有关文件资料、检测试验报告、数据不得随意向外扩散。

(2)对于检测数据,除本单位有关部门外,非经正式渠道,任何人不得以任何方式向外泄露。

(3)对本单位内部有关会议或试验室形成的内部意见不得随意向外透露。

(4)试验人员必须遵守《保密制度》中的有关规定,因不执行而造成不良后果者,必追究当事人的责任,并给予必要的处分。

七、取样、送检管理制度

(1)试验检测一般采用抽样检验的方式,而很少采用全数检验。抽样检验是从一批或一个过程的产品中随机抽取少量个体进行检验,来判定一批产品或一个过程是否合格,所以个体的抽取方法非常重要,直接影响检验结果的准确性。试验工作者要特别重视此项工作。

(2)取样要有代表性,严格按试验标准规范要求随机抽取样品,避免造成检测试验结果与实际产品不符。

(3)取样工作必须由试验室派人按有关标准、规定完成,不得受任何干扰,严禁施工现场工作人员取样送检。

(4)抽取样品的数量依据现行国家标准或交通运输部颁布的标准中有关规定一次性抽够;抽取样品的频率严格按试验规程要求进行。

(5)样品抽取完毕,要妥善保管;填写试验委托单,并将试验委托单和样品一起送到试验室进行检测。

(6)试验室对照试验委托单检查样品外观是否符合要求、数量是否足够,检查后进行来样登记,将样品放入样品室或工作间备检。

(7)对于水泥、外加剂、外掺料,要按标准、规定留取复检样品,作为试验存在争议时仲裁使用。一般情况下,水泥留置40d、外加剂和外掺料留置90d。

八、样品室管理制度

(1)进入样品室的样品应按型号、规格、品种登记编号,样品的试验状态,用“未检”“在检”“检毕”标签加以标识。

样品储存在样品室,由专人负责。限制无关人员出入样品室。样品应分类存放,标识清楚,做到账物一致。样品的储存环境应安全,无腐蚀,清洁干燥。

(2)对要求在特定环境下储存的样品,应严格控制环境条件,对环境条件应定期加以记录。

(3)对易燃、易爆、有毒的危险样应隔离存放,作出明显标记。

(4)检后样品留样期一般不超过60d,特殊样品根据要求另行商定。

(5)客户要求领回样品的(客户委托处理样品),在留样期满后,办理手续后方可领回。若需提前(留样期内)领回样品时,应在抽样单上签注“对本检验报告无异议”后,方可办理退样手续。

(6)客户不要求领回,但有利用价值的样品,由样品管理员填写样品处理申请表,提出处理意见,技术负责人批准后执行。

(7)对报废、报损的样品,样品管理员列出样品处理申请单,技术负责人批准后将统计表销毁。

(8)对于会造成公害,必须监护处理的样品,应按有关环保规定运输,防止污染环境及造成危害,监护处理应记录,处理记录一般保存三年。

九、仪器设备管理制度

(1)试验室指定专人管理试验检测仪器设备。

(2)建立仪器设备总台账,写明设备名称、规格型号、产地、数量、性能状况、检定情况、购买时间、价格、量程、精度等内容;仪器设备分为A、B、C三类,A类指送检设备,B类指自校设备,C类指一次性验收设备及工具,三类设备需在总台账中注明。

(3)对贵重、精密、大型仪器设备应指定仪器负责人;制定操作细则;建立档案,内装仪器设备说明书、检定证书,使用维修情况记录等,填写记录要整洁、清晰,不得涂改,做到准确无误,具有可追溯性。

(4)主要、常用仪器设备操作规程应贴在墙上醒目位置,并配备“仪器设备使用维修记录簿”,使用或维修保养后,认真填写。

(5)仪器设备出现故障或损坏,修理或维修后需经试用或检定合格,填写仪器设备事故与中、大修理或其他履历,方可移交检验人员使用。

(6)对于送检仪器设备,应编制检定计划,按周期送检,取得检定合格证后才能使用,严禁不检或超过检定周期使用;在检定周期内,仪器设备如果经过修理,影响力值系统或经过搬运、移动等,要重新送检。

(7)对于自校设备,应编制自校计划。对没有检定系统和规定规程的仪器设备,应自编检验方法进行校验,确保设备精度可靠。

(8)施工过程中需要购置试验仪器设备,首先应编制购置计划,提出购置申请。购置仪器设备时要注意性能的先进性和质量的可靠性,以及量程、精度是否满足测试要求等。仪器设备的报废,应经主管领导批准后办理。

(9)试验检测人员要严格按操作规程使用仪器,使用过程中要注意设备和人身安全,使用完毕应进行断电和必要的常规保养,保持仪器设备的清洁,保持工作间的整洁。

(10)试验室主任要组织试验人员对仪器设备进行定期和不定期的维护保养,使仪器设备保持良好工作状态。

(11)水泥抗压强度试验标准养护试件采用“水养”,温度控制在20℃ ±1℃,各级试验室应配备相应设备;混凝土、砂浆标准养护室必须采用自动控温控湿装置,工作人员每天分早、中、晚固定时间三次人工记录温、湿度,并妥善保管原始记录资料。

(12)水泥、混凝土工作间配备空调,保证在试验规程要求的工作环境下进行试验检测。

十、试验检测质量保证制度

(1)试验检测人员必须符合试验检测人员的基本条件,具备试验检测人员的各项要求。

(2)试验检测人员必须认真学习有关标准、规范、规程,互相学习,交流经验,工作要精益求精,不断提高业务能力,遇特殊情况必须经试验室主任审查确认具有资格后,才可进行操作。

(3)对仪器设备必须定期进行检验标定,未经校验标定(或已超期)的仪器设备不得投入使用。

(4)遇突发事件(如停水停电)中断检测工作的,检测工作重新开始后记录情况备案。

(5)发生事故,应保护现场,按规定上报,组织有关人员认真分析事故原因,采取有效措施尽快恢复仪器设备的正常使用。

(6)原始记录和报告的审核工作,严格按检验报告审查制度执行。

十一、技术资料档案操作规程

(1)技术资料档案包括试验记录、报告、技术标准和规范、仪器设备说明书及其履历书、计量检定资料等。

(2)技术资料和档案由专职资料人员管理。

(3)管理人员应做好技术规范标准的编目工作,要求收集齐全,以满足试验需要。科技交流资料、仪器设备说明书及其履历书、计量检定的报告应及时归档,不得留存在任何人手中。

(4)归档资料放在统一的资料盒里,并标明分项、试样名称和试验日期。归档工作由资料员负责。

(5)借阅资料应办理登记手续。借阅时间原则上不得超过一个星期,如确需要延长时间,要办理续借手续。试验记录、报告不得借阅。

(6)资料管理员要根据科技发展的需要,收集复制资料或制订计划。

任务四　试验台账

试验台账是试验管理的一种有效手段,它对整个施工过程中试验质量控制、试验资料管理有着重要作用。

一、试验台账的种类

1. 试验资料台账

对工地的各种原材料、试件,必须分别建立试验台账和试验报告台账,每种台账必须按规定项目认真填写,字迹清楚,不得任意涂改,坚持签字制度。

2. 试验设备台账

对各种试验机建立保养维修台账,记录试验机的维修使用鉴定情况,以便了解设备状况,决定大修和设备更新时间。

3. 试验仪器使用台账

确保仪器在检定的有效期内使用,了解仪器现状,保证试验数据的准确性。

4. 试验药品台账

将各种试剂建立台账,由专人保管,严格执行使用、发放签字制度。

5. 规程、规范、技术资料台账

做好规程、规范、技术资料台账,便于随时查找。试验用表格、台账用于控制表格发放数量,及时增添新表格。试验用具及零用物品台账记录进料数量、使用情况,以杜绝浪费。

二、台账示例

表1-1所示为细集料报验台账。

细集料报验台账

施工单位：××局集团第五工程有限公司××试验室　　　　表1-1

序号	委托日期	试验日期	工程名称及部位	规格型号	代表数量(t)	生产厂家	含泥量(%)	泥块含量(%)	云母含量(%)	轻物质含量(%)	细度模数	报告编号	见证取样人	见证
1	2009.9.20	2009.9.22	××桥预制箱梁	中砂	463.95	××砂场	1.0	0.0	0.3	0.3	2.9	S090924	××	××
2	2009.9.24	2009.9.26	××桥预制箱梁	中砂	580.15	××砂场	0.6	0.0	0.4	0.2	2.7	S090928	××	××
3	2009.10.1	2009.10.4	××桥预制箱梁	中砂	588.14	××砂场	1.0	0.0	0.3	0.3	2.8	S091005	××	××
4	2009.11.3	2009.11.4	××桥预制箱梁	中砂	584.1	××砂场	0.8	0.0	0.2	0.3	2.8	S091106	××	××
5	2009.11.4	2009.11.6	××桥预制箱梁	中砂	583.74	××砂场	0.8	0.0	0.2	0.2	2.8	S091108	××	××

项目二　公路工程检测基本知识

任务一　公路工程质量检验与评定

根据设计任务、施工管理和质量检验评定的需要，应在施工准备阶段将建设项目划分为单位工程、分部工程和分项工程。施工单位、工程监理单位和建设单位应按相同的工程项目划分进行质量的监控和管理。

1. 一般规定

公路工程质量检验评定应按分项工程、分部工程、单位工程逐级进行：

(1)在合同段中，具有独立施工条件和结构功能的工程为单位工程。

(2)在单位工程中，按路段长度、结构部位及施工特点等划分的工程为分部工程。

(3)在分部工程中，根据施工工序、工艺或材料等划分的工程为分项工程。

公路工程质量检验评定应符合下列规定：

(1)在分项工程完工后，应根据《公路工程质量检验评定标准　第一册　土建工程》(JTG F80/1—2017)中的规定进行检验，对工程质量进行评定。隐蔽工程在隐蔽前应检查合格。

(2)分部工程、单位工程完工后，应汇总评定所属分项工程、分部工程质量资料，检查外观质量，对工程质量进行评定。

路基路面工程的工程划分，见表1-2。

路基路面工程划分　　　　表1-2

单位工程	分部工程	分项工程
路基工程(每10km或每标段)	路基土石方工程(1～3km路段)*	土方路基，填石路基，软土地基处治，土工合成材料处治层等
	排水工程(1～3km路段)*	管节预制，混凝土排水管施工，检查(雨水)井砌筑，土沟，浆砌水沟，盲沟，跌水，急流槽，水簸箕，排水泵站沉井、沉淀池等
	小桥及符合小桥标准的通道，人行天桥，渡槽(每座)	钢筋加工及安装，砌体，混凝土扩大基础，钻孔灌注桩，混凝土墩、台，墩、台身安装，台背填土，就地浇筑梁、板，预制安装梁、板，就地浇筑拱圈，混凝土桥面板桥面防水层，支座垫石和挡块，支座安装，伸缩装置安装，栏杆安装，混凝土护栏，桥头搭板，砌体坡面护坡，混凝土构件表面防护，桥梁总体等
	涵洞、通道(1～3km路段)*	钢筋加工及安装，涵台，管节预制，管座及涵管安装，波形钢管涵安装，盖板预制，盖板安装，箱涵浇筑，拱涵浇(砌)筑，倒虹吸竖井、集水井砌筑，一字墙和八字墙，涵洞填土，顶进施工的涵洞，砌体坡面防护，涵洞总体等

续上表

单位工程	分部工程	分项工程
路基工程（每10km或每标段）	防护支挡工程（1～3km路段）*	砌体挡土墙，墙背填土，边坡锚固防护，土钉支护，砌体坡面防护，石笼防护，导流工程等
	大型挡土墙、组合挡土墙（每处）	钢筋加工及安装，砌体挡土墙，悬壁式挡土墙，扶壁式挡土墙，锚杆、锚定板和加筋土挡土墙，墙背填土等
路面工程（每10km或每标段）	路面工程(1～3km路段)*	垫层、底基层、基层、面层、路缘石、路肩等

注：* 按路段长度划分的分部工程，高速公路、一级公路宜取低值，二级及二级以下公路可取高值。

2. 工程质量检验

(1)分项工程质量检验内容包括基本要求、实测项目、外观鉴定和质量保证资料四个部分。

(2)对于分项工程质量，应在所使用原材料、半成品、成品及施工控制要点等符合基本要求的规定，无外观缺陷，质量保证资料真实并基本齐全时，才能对其进行检验评定。

(3)基本要求检查应符合下列规定：

①对分项工程所列基本要求逐项检查，经检查不符合规定时，不得进行工程质量的评定。

②分项工程所用的各种原材料的品种、规格、质量及混合料配合比和半成品、成品应符合有关技术标准规定并满足设计要求。

(4)实测项目检验应符合下列规定：

①对检查项目按规定的检查方法和频率进行随机抽样检验并计算合格率。

②《公路工程质量检验评定标准　第一册　土建工程》(JTG F80/1—2017)规定的检查方法为标准方法，采用其他高效检测方法应经比对确认。

③《公路工程质量检验评定标准　第一册　土建工程》(JTG F80/1—2017)中以路段长度规定的检查频率为双车道路段的最低检查频率，对多车道应按车道数与双车道之比相应增加检查数量。

④应按下式计算检查项目合格率：

$$\text{检查项目合格率}=\frac{\text{检查合格的点(组)数}}{\text{该检查项目的全部检查点(组)数}}\times 100\% \tag{1-1}$$

⑤检查项目合格判定应符合下列规定：

A. 关键项目的合格率应不低于95%（机电工程为100%），否则该检查项目为不合格。

B. 一般项目的合格率应不低于80%，否则该检查项目为不合格。

C. 有规定极值的检查项目，任一单个检测值不应突破规定极值，否则该检查项目为不合格。

(5)对外观质量应进行全面检查，并满足规定要求，否则该项目为不合格。

(6)工程应有真实、准确、齐全、完整的施工原始记录、试验检测数据、质量检验结果等质量保证资料。质量保证资料应包括下列内容：

①所用原材料、半成品和成品质量检验结果。

②材料配合比、拌和加工控制检验和试验数据。

③地基处理、隐蔽工程施工记录和桥梁、隧道施工监控资料。

④质量控制指标的试验记录和质量检验汇总图表。

⑤施工过程中遇到的非正常情况记录及其对工程质量影响分析评价资料。

⑥施工过程中如发生质量事故，经处理补救后达到设计要求的认可证明文件等。

(7)检验项目评为不合格的，应进行整修或返工处理直至合格。

3. 工程质量评定

工程质量等级分为合格和不合格。

(1)分项工程质量评定合格应符合下列规定：

①检验记录应完整。

②实测项目应合格。

③外观质量应满足要求。

(2)分部工程质量评定合格应符合下列规定：

①评定资料应完整。

②所含分项工程及实测项目应合格。

③外观质量应满足要求。

(3)单位工程质量评定合格应符合下列规定：

①评定资料应完整。

②所含分部工程应合格。

③外观质量应满足要求。

(4)评定为不合格的分项工程、分部工程，经返工、加固、补强或调测，满足设计要求后，可重新进行检验评定。

(5)所含单位工程合格，该合同段评定为合格；所含合同段合格，该建设项目评定为合格。

4. 数理统计方法评定项目及规定

1)压实度评定

(1)路基和路面基层、底基层压实度以重型击实标准为准。沥青压实度以《公路沥青路面施工技术规范》(JTG F40—2004)的规定为准。

(2)标准密度应做平行试验，求其平均值作为现场检验的标准值。对于均匀性差的路基土质和路面结构层材料，应根据实际情况增补标准密度试验，求得相应的标准值，以控制和检验施工质量。

(3)路基、路面压实度以 1 ~ 3km 长的路段为检验评定单元，按要求的检查频率进行现场压实度的抽样检查，求算每一测点的压实度 K_i。

检验评定段的压实度代表值 K(算术平均值的下置信界限)由式(1-2)计算。

$$K = \overline{K} - \frac{t_\alpha}{\sqrt{n}} S \geqslant K_0 \tag{1-2}$$

式中：$\overline{K}$——检验评定段内各测点压实度的平均值；

t_α——t 分布表中随测点数和保证率（或置信度 α）而变的系数，t_α见附录 B；采用的保证率：高速公路、一级公路的基层、底基层为 99%，路基、路面面层为 95%；其他公路基层、底基层为 95%，路基、路面面层为 90%；

S——检测值的标准差；

n——检测点数；

K_0——压实度规定值。

（4）路基、基层和底基层：当 $K \geqslant K_0$，且单点压实度 K_i全部大于或等于规定值减 2 个百分点时，评定路段的压实度合格率为 100%；当 $K \geqslant K_0$，且单点压实度全部大于或等于规定极值时，按测定值不低于规定值减 2 个百分点的测点数计算合格率；当 $K < K_0$或某一单点压实度 K_i小于规定极值时，该评定路段压实度为不合格，相应分项工程评为不合格。

（5）路基施工段较短时，分层压实度应全部符合要求，且样本数不少于 6 个。

（6）沥青面层：当 $K \geqslant K_0$且全部测点大于或等于规定值减 1 个百分点时，评定路段的压实度合格率为 100%；当 $K \geqslant K_0$时，按测定值不低于规定值减 1 个百分数点的测点数计算合格率。

当 $K < K_0$时，评定路段的压实度为不合格，相应分项工程评为不合格。

2）水泥混凝土弯拉强度评定

（1）水泥混凝土弯拉强度试验方法应使用标准小梁法或钻芯劈裂法，试件使用标准方法制作，标准养护时间为 28d，路面钻芯劈裂时间宜控制在 28 ~ 56d，不掺粉煤灰宜用 28d，掺粉煤灰宜用 28 ~ 56d。

试件数量为：

高速公路和一级公路每工作班制作 2 ~ 4 组：日进度 ≥1000m 取 4 组，≥500m 取 3 组，<500m 取 2 组。

其他公路每工作班制作 1 ~ 3 组：日进度≥1000m 取3 组，≥500m 取 2 组，<500m 取 1 组。每组 3 个试件的平均值作为一个统计数据。

（2）水泥混凝土弯拉强度的合格标准。

①试件组数大于 10 组时，平均弯拉强度合格判断见式(1-3)。

$$f_{cs} \geqslant f_r + k\sigma \tag{1-3}$$

式中：f_{cs}——混凝土合格判定平均弯拉强度（MPa）；

f_r——设计弯拉强度标准值（MPa）；

k——合格判定系数；试件组数在 11 ~ 14 组取 0.75；组数在 15 ~ 19 时取 0.70；组数≥20组取 0.65；

σ——强度标准差（MPa）；等于实际弯拉强度统计变异系数 C_V与实测弯拉强度统计平均值 f_c的积。

②当试件组数为 11 ~ 19 组时，允许有一组最小弯拉强度 f_{min}，小于 0.85 f_r，但不得小于 0.80 f_r。当试件组数大于或等于 20 组时，高速公路和一级公路均不得小于 0.85 f_r，其他公

路允许有一组最小弯拉强度小于 0.85 f_r,但不得小于 0.80 f_r。

(3)试件组数等于或少于 10 组时,试件平均强度不得小于 1.15 f_r,任一组强度均不得小于 0.85 f_r。

(4)当标准小梁合格判定平均弯拉强度 f_{cs} 和最小弯拉强度 f_{min} 和统计变异导数 C_v 中有一个不符合上述要求时,应在不合格路段车道每 1km 钻取 3 个以上 ϕ150mm 的芯样,实测劈裂强度,通过各自工程的经验统计公式换算弯拉强度,其合格判定平均弯拉强度 f_{cs} 和最小值 f_{min} 必须合格,否则,应返工重铺。

(5)评定路段内水泥混凝土弯拉强度评为不合格时,相应分项工程应评为不合格。

3)水泥混凝土抗压强度评定

(1)评定水泥混凝土的抗压强度,应以标准养生 28d 龄期的试件为准。试件为边长 150mm 的立方体。每组试件 3 个,制取组数应符合下列规定:

①不同强度等级及不同配合比的混凝土应在浇筑地点或拌和地点分别随机制取试件。

②浇筑一般体积的结构物(如基础、墩台等)时,每一单元结构物应制取 2 组。

③连续浇筑大体积结构时,每 80 ~ 200m^3 或每一工作班应制取 2 组。

④上部结构,主要构件长 16m 以下应制取 1 组,16 ~ 30m 制取 2 组,31 ~ 50m 制取 3 组,50m 以上者不少于 5 组。小型构件,每批或每工作班至少应制取 2 组。

⑤每根钻孔桩至少应制取 2 组;桩长 20m 以上者不少于 3 组;桩径大、浇筑时间很长时,不少于 4 组。如换工作班时,每工作班应制取 2 组。

⑥构筑物(小桥涵、挡土墙)每座、每处或每工作班制取不少于 2 组。当原材料和配合比相同并由同一拌和站拌制时,可几座或几处合并制取 2 组。

⑦应根据施工需要,另制取几组与结构物同条件养护的试件,作为拆模、吊装、张拉预应力、承受荷载等施工阶段的强度依据。

(2)水泥混凝土抗压强度的合格标准。

水泥混凝土抗压强度以标准条件下养护 28d 龄期试件的抗压强度进行评定,合格条件为:

①强度等级相同、配合比相同、生产工艺和生产条件相同、龄期相同的混凝土组成同一验收批的混凝土强度以同批内所有各组标准尺寸试件强度测定值(非标准尺寸试件的强度需进行换算)的统计计算结果为代表值。

②同批试件组数≥10 组时,应以数理统计方法按式(1-4)、式(1-5)评定:

$$m_{f_{cun}} \geq f_{cu,k} + \lambda_1 S_n \tag{1-4}$$

$$f_{cu,min} \geq \lambda_2 f_{cu,k} \tag{1-5}$$

式中:n——同批混凝土试件组数;

m_{fcun}——同批 n 组试件强度的平均值(MPa),精确到 0.1MPa;

S_n——同批 n 组试件强度的标准差(MPa),精确到 0.01MPa;当 S_n <2.5MPa 时,取 S_n = 2.5MPa;

$f_{cu,k}$——混凝土设计强度等级(MPa);

$f_{cu,min}$——n 组试件中强度最低一组的值(MPa),精确到 0.1MPa;

λ_1、λ_2——合格判定系数，当 n 为 10～14 时，$\lambda_1=1.15$，$\lambda_2=0.9$；当 n 为 15～19 时，$\lambda_1=1.05$，$\lambda_2=0.85$；当 $n\geq20$ 时，$\lambda_1=0.95$，$\lambda_2=0.85$。

③同批试件组数<10 组时，可用非统计方法按下述条件进行评定：

$$m_{fcu}\geq\lambda_3 f_{cu,k} \tag{1-6}$$

$$f_{cu,min}\geq\lambda_4 f_{cu,k} \tag{1-7}$$

式中：λ_3、λ_4——合格判定系数，当混凝土强度等级小于 C60 时，λ_3取 1.15；大于或等于 C60 时 λ_3取 1.10。λ_4 混凝土强度等级无论大于 C60 还是小于 C60，λ_4都取 0.95。

(3)检查项目中，水泥混凝土抗压强度评为不合格时，相应分项工程为不合格。

4)喷射混凝土抗压强度评定

(1)喷射混凝土抗压强度系指在喷射混凝土板件上，切割制取边长为 100mm 的立方体试件，在标准养护条件下养护至 28d，用标准试验方法测得的极限抗压强度，乘以 0.95 的系数。

(2)双车道隧道每 10 延米，至少在拱脚部和边墙各取 1 组(3 个)试件。

其他工程，每喷射 50～100m^3混合料或小于 50m^3混合料的独立工程，不得少于 1 组。

材料或配合比变更时，需重新制取试件。

(3)喷射混凝土强度的合格标准。

①同批试件组数 $n\geq10$ 时，试件抗压强度平均值不低于设计值；任一组试件抗压强度不低于 0.85 倍设计值。

②同批试件组数 $n<10$ 时，试件抗压强度平均值不低于 1.05 倍设计值；任一组试件抗压强度不低于 0.9 倍设计值。

(4)实测项目中，喷射混凝土抗压强度评为不合格时，相应分项工程为不合格。

5)水泥砂浆强度评定

(1)评定水泥砂浆的强度，应以标准养护 28d 的试件为准。试件为边长 70.7mm 的立方体。每组 3 个试件。制取组数应符合下列规定：

①不同强度等级及不同配合比的水泥砂浆应分别制取试件，试件应随机制取。

②重要及主体砌筑物，每工作班制取 2 组。

③一般及次要砌筑物，每工作班可制取 1 组。

④试件组数应不少于 3 组。

⑤拱圈砂浆应同时制取与砌体同条件养生试件，以检查各施工阶段强度。

(2)水泥砂浆强度的合格标准。

①同强度等级试件的平均强度不低于设计强度等级的 1.1 倍。

②任意一组试件的强度最低值不低于设计强度等级的 85%。

(3)实测项目中，水泥砂浆强度评为不合格时，相应分项工程为不合格。

6)无机结合料稳定材料强度评定

(1)无机结合料稳定材料强度，以规定温度下保湿养护 6d、浸水 1d 后的 7d 无侧限抗压强度为准。

(2)在现场按规定频率取样，按工地预定达到的压实度制备试件。每 2000m^2 或每工作班制备 1 组试件：不论稳定细粒土、中粒土或粗粒土，当多次偏差系数 $C_V \leqslant 10\%$ 时，可为 6 个试件；$C_V = 10\% \sim 15\%$ 时，可为 9 个试件；$C_V > 15\%$ 时，则需 13 个试件。

(3)试件的平均强度应满足下式要求：

$$\overline{R} \geqslant R_d(1 - Z_a C_V) \tag{1-8}$$

式中：R_d——设计抗压强度(MPa)；

C_V——试验结果的偏差系数(以小数计)；

Z_a——标准正态分布表中随保证率而变的系数。高速公路、一级公路：保证率为 95%，$Z_a = 1.645$；其他公路：保证率为 90%，$Z_a = 1.282$。

(4)评定路段内无机结合料稳定材料强度评为不合格时，相应分项工程为不合格。

7)路面结构层厚度评定

(1)评定路段内路面结构层厚度按代表值和单个合格值的允许偏差进行评定。

(2)按规定频率，采用挖验或钻取芯样测定厚度。

(3)厚度代表值为厚度的算术平均值的下置信界限值，即：

$$X_L = \overline{X} - t_\alpha / \sqrt{n} \times S \tag{1-9}$$

式中：X_L——厚度代表值(算术平均值的下置信界限)；

$\overline{X}$——厚度平均值；

S——标准差；

n——检测点数；

t_α——t 分布表中随测点数和保证率(或置信度 α)而变的系数，可查附表 B。采用的保证率：高速公路、一级公路基层、底基层为 99%，面层为 95%；其他公路基层、底基层为 95%，面层为 90%。

(4)当厚度代表值大于或等于设计厚度减去代表值允许偏差时，则按单个检查值的偏差不超过单点合格值来计算合格率；当厚度代表值小于设计厚度减去代表值允许偏差时，相应分项工程评为不合格。

(5)沥青面层一般按沥青铺筑层总厚度进行评定，高速公路和一级公路分 2 ~ 3 层铺筑时，还应进行上面层厚度检查和评定。

8)弯沉值评定

(1)弯沉值每一双车道评定路段(不超过 1km)测量检查点数采用落锤式弯沉仪(FWD)时测点数为 40 点、采用自动弯沉仪或贝克曼梁测量时点数为 80 点。多车道公路应按车道数与双车道之比，相应增加测点。

(2)路基、沥青路面弯沉代表值为弯沉测量值的上波动界限，用下式表示

$$l_r = (\bar{l} + \beta \cdot S) K_1 \cdot K_3 \tag{1-10}$$

式中：l_r——弯沉代表值(0.01mm)；

$\bar{l}$——实测弯沉的平均值；

S——标准差；

β——目标可靠指标，见表 1-3；

K_1——湿度影响系数，路基顶面弯沉测定时，根据当地经验确定；路表弯沉测定时，根据实测弯沉值通过反算得到路基模量值，修正后得到结构模量值，然后得出测试状态下的弯沉湿度修正系数，或根据当地经验确定；

K_3——温度影响系数，路基顶面弯沉测定时取1。

目标可靠指标 β 值　　表1-3

公路等级	高速公路	一级公路	二级公路	三级公路	四级公路
目标可靠度(%)	95	90	85	80	70
目标可靠指标 β	1.645	1.28	1.04	0.84	0.52

(3)粒料类基层底基层顶面弯沉代表值用下式计算：

$$l_r = \bar{l} + Z_a S \tag{1-11}$$

式中：l_r——弯沉代表值(0.01mm)；

$\bar{l}$——实测弯沉的平均值(0.01mm)；

S——标准差(0.01mm)；

Z_a——与要求保证率有关的系数，沥青面层时，高速公路、一级公路 Z_a 为1.645；二、三级公路 Z_a 为1.5。路基时，高速公路、一级公路 Z_a 为2.0；二、三级公路 Z_a 为1.645。

(4)当路基和柔性基层、底基层的弯沉代表值不符合要求时，可将超出 $+(2\sim3)S$ 的弯沉特异值舍弃，重新计算平均值和标准差。对舍弃的弯沉值大于 $+(2\sim3)S$ 的点，应找出其周围界限，进行局部处理。

(5)弯沉代表值大于设计要求的弯沉值时，相应分项工程为不合格。

任务二　路基土石方工程

一、一般规定

(1)土方路基和填石路基的实测项目的规定值或允许偏差按高速公路、一级公路和其他公路(指二级及以下公路)两档确定，其中土方路基压实度按高速公路和一级公路、二级公路、三四级公路三档确定。

(2)路基压实度须分层检测，上路床压实度应符合本项目任务一中的相关规定。路基工程其他检查项目应在上路床进行检查测定。

(3)土质路肩工程可作为路面工程的一个分项工程进行检查评定。

(4)服务区停车场、收费广场的土方工程压实标准可按土方路基要求进行检验。

二、土方路基

1.基本要求

(1)在路基用地和取土坑范围内，应清除地表植被、杂物、积水、淤泥和表土，处理坑塘，并按施工技术规范和设计要求对基底进行压实，表土充分利用。

(2)填方路基须分层填筑压实,每层表面平整,路拱合适,排水良好。不得有明显碾压轮迹,不得亏坡。

(3)应设置施工临时排水系统,避免冲刷边坡,路床顶面不得有积水。

(4)在设定取土区内合理取土,不得滥开滥挖。完工后,应按要求对取土坑和弃土场进行修整。

2. 实测项目

土方路基实测项目,见表1-4。

土方路基实测项目 表1-4

项次	检查项目			规定值或允许偏差			检查方法和频率
	路基部位		路床顶面以下深度(m)	高速公路/一级公路	二级公路	三、四级公路	
1	压实度(%)	上路床	0~0.3	≥96	≥95	≥94	密度法:每200m每压实层测2处
		下路床	0.3~0.8	≥96	≥95	≥94	
			0.3~1.2	≥96	≥95	—	
		上路提	0.8~1.5	≥94	≥94	≥93	
			1.2~1.9	≥94	≥94	—	
		下路提	>1.5	≥93	≥92	≥90	
			>1.9				
2	弯沉(0.01mm)			不大于设计要求值			按弯沉值评定规定检查
3	纵断高程(mm)			+10,-15	+10,-20		水准仪:每200m测2点
4	中线偏位(mm)			50	100		全站仪:每200m测2点,弯道加HY、YH两点
5	宽度(mm)			满足设计要求			米尺:每200m测4处
6	平整度(mm)			≤15	≤20		3m直尺:每200m测2处×5尺
7	横坡(%)			±0.3	±0.5		水准仪:每200m测2个断面
8	边坡			满足设计要求			尺量:每200m测4处

注:1. 表列压实度以重型击实试验法为准,评定路段内的压实度平均值下置信界限不得小于规定标准,单个测定值不得小于极值(表列规定值减5%)。按不小于表列规定值减2%的测点,按其数量占总数检查点的百分率计算合格率。

2. 特殊干旱、特殊潮湿地区或过湿土路基,可按路基设计、施工规范所规定的压实度标准进行评定。

3. 三、四级公路铺筑沥青混凝土或水泥混凝土路面时,其路基压实度应采用二级公路标准。

3. 土方路基外观质量的规定

(1)路基边线与边坡不应出现单向累计长度超过50m的弯折。

(2)路基边坡、护坡道、碎落台不得有滑坡、塌方或深度超过100mm的冲沟。

三、填石路基

1. 基本要求

(1)填石路基应分层填筑压实,每层表面平整,路拱合适,排水良好,上路床不得有碾压轮迹,不得亏坡。

(2)修筑填石路基时应进行地表清理,填筑层厚度应符合规范规定并满足设计要求,填石空隙用石渣、石屑嵌压稳定。

(3)填石路基应通过试验路确定沉降差控制标准。

2. 实测项目

实测项目,见表1-5。

填石方路基实测项目 表1-5

项次	检查项目		规定值或允许偏差		检查方法和频率
			高速公路、一级公路	其他公路	
1	压实*		孔隙率满足设计要求		密度法:每200m每压实层测1处
			沉降差≤试验路确定的沉降差		精密水准仪:每50m测1个断面,每个断面测5点
2	弯沉(0.01mm)		不大于设计值		按弯沉值评定规定检查
3	纵断高程(mm)		+10,-20	+10,-30	水准仪:每200m测2点
4	中线偏位(mm)		≤50	≤100	全站仪:每200m测2点,弯道加HY、YH两点
5	宽度(mm)		满足设计要求		尺量:每200m测4点
6	平整度(mm)		≤20	≤30	3m直尺:每200m测2处×5尺
7	横坡(%)		±0.3	±0.5	水准仪:每200m测2断面
8	边坡	坡度	满足设计要求		每200m测4点
		平顺度	满足设计要求		

注:*上下路床填土时压实度检验标准同土方路基。

3. 填石路基外观质量规定

(1)路基边线与边坡不应出现单向累计长度超过50m的弯折。

(2)上边坡不得有危石。

四、软土地基处治

1. 基本要求

(1)换填地基的填筑压实要求同土方路基。

(2)砂垫层:应分层碾压施工;砂垫层宽度应宽出路基边脚0.5~1.0m,两侧端以片石护砌;砂垫层厚度及其上铺设的反滤层应满足设计要求。

(3)反压护道:护道高度、宽度应满足设计要求,压实度不低于90%。

(4)袋装砂井、塑料排水板:砂袋和塑料排水板下沉时不得出现扭结、断裂等现象。井(板)底高程应满足设计要求,塑料排水板超过孔口的长度应伸入砂垫层不小于500mm。

(5)粒料桩:施工工艺应符合规范规定;施工前应进行成桩工艺和成桩挤密试验,桩体应连续、密实。

(6)加固土桩:施工前应进行成桩工艺和成桩强度试验;施工设备必须安装喷粉(浆)自动记录装置,施工工艺应符合规范规定。

(7)水泥粉煤灰碎石桩:施工前应进行成桩工艺和成桩强度试验;混合料应拌和均匀,桩体施工应选择合理的施打顺序,成桩过程中应对已打桩的桩顶进行位移监测。

(8)刚性桩:施工前应进行成桩试验;施工工艺应符合规范规定。

(9)软土地基上的路堤,应满足沉降标准和稳定性的设计要求。

2. 实测项目

软土地基处置实测项目应符合表1-6~表1-9规定。

砂垫层实测项目 表1-6

项次	检查项目	规定值或允许偏差	检查方法和频率
1	砂垫层厚度	不小于设计值	尺量:每200m测2点,且不少于5点
2	砂垫层宽度	不小于设计值	尺量:每200m测2点,且不少于5点
3	反滤层设置	满足设计要求	尺量:每200m测2点,且不少于5点
4	压实度(%)	≥90	密度法:每200m测2点,且不少于5点

袋装砂井、塑料排水板实测项目 表1-7

项次	检查项目	规定值或允许偏差	检查方法和频率
1	井(板)间距(mm)	±150	尺量:抽查2%且不少于5点
2	井(板)长度	不小于设计值	查施工记录
3	井径(mm)	+10,0	挖验2%且不少于5点
4	灌砂率(%)	-5	查施工记录

粒料桩实测项目 表1-8

项次	检查项目	规定值或允许偏差	检查方法和频率
1	桩距(mm)	±150	抽查2%且不少于5点
2	桩径	不小于设计值	抽查2%且不少于5点
3	桩长	不小于设计值	查施工记录并结合重型动力触探
4	粒料灌入率	不小于设计值	查施工记录
5	地基承载力	满足设计要求	抽查桩数的0.1%且不少于3处

加固土桩实测项目 表1-9

项次	检查项目	规定值或允许偏差	检查方法和频率
1	桩距(mm)	±100	尺量:抽查2%且不少于5点
2	桩径	不小于设计值	尺量:抽查2%且不少于5点
3	桩长	不小于设计值	查施工记录并结合0.2%成桩取芯检查
4	单桩每延米喷粉(浆)量	不小于设计值	查施工记录
5	强度	不小于设计值	取芯法:抽查桩数的0.5%,且不少于3组
6	地基承载力	满足设计要求	抽查桩数的0.1%且不少于3处

五、土工合成材料处置层

1. 基本要求

(1)土工合成材料应无老化,外观应无破损污染。

(2)工合成材料应紧贴下承层,按设计和施工要求铺设、张拉、固定。

(3)土工合成材料的接缝搭接、粘接强度和长度应满足设计要求,上、下层土工合成材料搭接缝应交替错开。

2. 实测项目

实测项目见表1-10～表1-12。

加筋工程土工合成材料实测项目　　表1-10

项次	检 查 项 目	规定值或允许偏差	检查方法和频率
1	下承层平整度、拱度	满足设计要求	每200m检查4处
2	搭接宽度(mm)	±50，-0	尺量:抽查2%
3	搭接缝错开距离	满足设计要求	尺量:抽查2%
4	锚固长度	满足设计要求	尺量:抽查2%

隔离工程土工合成材料实测项目　　表1-11

项次	检 查 项 目	规定值或允许偏差	检查方法和频率
1	下承层平整度、拱度	满足设计要求	每200m检查4处
2	搭接宽度(mm)	±50，-0	尺量:抽查2%
3	搭接缝错开距离(mm)	满足设计要求	尺量:抽查2%

防裂工程土工合成材料实测项目　　表1-12

项次	检 查 项 目	规定值或允许偏差	检查方法和频率
1	下承层平整度、拱度	满足设计要求	每200m检查4处
2	搭接宽度(mm)	≥50(横向) ≥150(纵向)	尺量:抽查2%
3	黏结力(N)	≥20	抽查2%

3. 土工合成材料外观质量规定

(1)土工合成材料无重叠、皱折。

(2)土工合成材料固定处不应松动。

任务三　排 水 工 程

一、一般规定

(1)排水工程应按设计要求并符合施工规范的规定,依照实际地形,选择合适的位置,将地面水和地下水排出路基以外。

(2)土沟、排水沟、截水沟按《公路工程质量检验评定标准》(JTG F80/1—2017)中规定的土沟及浆砌水沟的要求进行检验。

(3)跌水、急流槽、水簸箕等其他排水工程按《公路工程质量检验评定标准》(JTG F80/1—2017)中规定的浆砌水沟的要求进行检验。

(4)路面拦水带纳入路缘石分项工程,排水基层可按照路面排水的相关标准进行评定。

(5)沟槽回填土应符合施工规范的规定并满足设计要求。

(6)排水泵站明开挖基础可按《公路工程质量检验评定标准》(JTG F80/1—2017)中规定的桥梁工程标准进行检验。

(7)钢筋混凝土构件包含钢筋加工及安装分项工程,预应力混凝土构件包括预应力钢筋的加工和张拉分项工程。

二、管节预制

1. 基本要求

(1)混凝土应符合耐久性(抗冻、抗渗、抗侵蚀)等设计要求。

(2)不得出现露筋和空洞现象。

2. 实测项目

实测项目见表1-13。

管节预制实测项目 表1-13

项次	检查项目	规定值或允许偏差	检查方法和频率
1	混凝土强度(MPa)	在合格标准内	按混凝土抗压强度评定标准
2	内径(mm)	不小于设计值	尺量:抽查10%管节,每管节测2个断面,且不少于5个断面
3	壁厚(mm)	-3	尺量:抽查10%管节,每管节测2个断面,且不少于5个断面
4	顺直度	矢度不大于0.2%管节长	抽查10%管节,沿管节拉线量,取最大矢高
5	长度(mm)	-5,0	尺量:抽查10%管节,每管节测1点,且不少于5点

3. 管节预制外观质量规定

不应出现结构混凝土外观质量限制缺陷中小型预制构件外观限制性缺陷。

三、混凝土排水管安装

1. 基本要求

(1)排水管基础应满足设计要求。

(2)管材必须逐节检查,不得有裂缝、破损。

(3)管节铺设应平顺、稳固,管底坡度不得出现反坡,管节接头处流水面高差不得大于5mm。管内不得有泥土、砖石、砂浆等杂物。

(4)管径大于750mm时,应在管内做整圈勾缝。

(5)抹带前,管口必须洗刷干净,管口表面应平整密实,无裂缝现象。抹带后,应及时覆盖养护。

(6)设计中要求防渗漏的排水管须做渗漏试验,渗漏量应满足设计要求。

2. 实测项目

实测项目见表1-14。

混凝土排水管安装实测项目　　表1-14

项次	检查项目		规定值或允许偏差	检查方法和频率
1	混凝土抗压强度或砂浆强度(MPa)		在合格标准内	按有关方法检查
2	管轴线偏位(mm)		15	全站仪或尺量:每两井间测3处
3	管内底高程(mm)		±10	水准仪、尺量:每两井间进出水口各1处,中间1~2处
4	基础厚度(mm)		不小于设计值	尺量:每两井间测3处
5	管座	肩宽(mm)	+10,-5	尺量:每两井间测2处
		肩高(mm)	±10	
6	抹带	宽度	不小于设计值	尺量:按10%抽查
		厚度	不小于设计值	

3. 混凝土排水管安装外观质量规定

(1)不应出现结构混凝土外观质量限制缺陷中基础外观限制性缺陷。

(2)管口缝带圈不得开裂脱皮;管口内缝砂浆不得有空鼓。

(3)抹带接口表面不应有间断和空鼓。

四、检查(雨水)井砌筑

1. 基本要求

(1)砌筑材料及井基混凝土强度应满足设计要求。

(2)井盖质量应满足设计要求

(3)砌筑砂浆配合比准确,井壁砂饱满、灰平整。检查井内壁应平顺,抹面密实光洁无裂缝。

2. 实测项目

实测项目见表1-15。

检查(雨水)井砌筑实测项目　　表1-15

项次	检查项目	规定值或允许偏差		检查方法和频率
1	砂浆强度(MPa)	在合格标准内		按相关方法检查
2	中心点位(mm)	50		全站仪:逐井检查
3	圆井直径或方井长、宽(mm)	±20		尺量:逐井检查,每井测2点
4	壁厚(mm)	-10,0		尺量:逐井检查,每井测2点
5	井底高程(mm)	±15		水准仪:逐井检查
6	井盖与相邻路面高差(mm)	雨水井	0,-4	水准仪、水平尺:逐井检查
		检查井	+4,0	

3. 检查(雨水)井砌筑外观质量规定

井框、井盖安装不应松动,井口周围不得有积水。

五、土沟

1. 基本要求

土沟边坡必须平整、坚实、稳定。

2. 实测项目

实测项目见表1-16。

土沟实测项目 表1-16

项次	检查项目	规定值或允许偏差	检查方法和频率
1	沟底高程(mm)	0,-30	水准仪:每200m测4点,且不少于5点
2	断面尺寸(mm)	不小于设计值	尺量:每200m测2点,且不少于5点
3	边坡坡度	不陡于设计值	尺量:每200m测2点,且不少于5点
4	边棱直顺度(mm)	50	尺量:20m拉线,每200m测2点,且不少于5点

3. 土沟外观质量规定

沟内不得有杂物,无排水不畅。

六、浆砌水沟

1. 基本要求

(1)砌体砂浆配合比准确,砌缝内砂浆均匀饱满,勾缝密实。

(2)浆砌片(块)石、混凝土预制块的质量和规格应符合国家和行业强制性标准以及合同约定的其他标准的规定,并满足设计要求。

(3)基础中缩缝应与墙身缩缝对齐。

2. 实测项目

实测项目见表1-17。

浆砌排水沟实测项目 表1-17

项次	检查项目	规定值或允许偏差	检查方法和频率
1	砂浆强度(MPa)	在合格标准内	按相关方法检查
2	轴线偏位(mm)	50	全站仪或尺量:每200m测5点
3	沟底高程(mm)	±15	水准仪:每200m测5点
4	墙面直顺度(mm)	30	20m拉线
5	坡度	满足设计要求	坡度尺:每200m测2点
6	断面尺寸(mm)	±30	尺量:每200m测2个断面,且不少于5个断面
7	铺砌厚度(mm)	不小于设计值	尺量:每200m测2点
8	基础垫层宽、厚(mm)	不小于设计值	尺量:每200m测2点

3. 浆砌水沟外观质量规定

(1)砌体抹面不得有空鼓。

(2)沟内不应有杂物。无排水不畅。

七、盲沟

1. 基本要求

盲沟的设置及填料规格、质量等应符合规范规定,并满足设计要求。

2. 实测项目

实测项目见表1-18。

盲沟实测项目　　表1-18

项次	检查项目	规定值或允许偏差	检查方法和频率
1	沟底高程(mm)	±15	水准仪:每20m测1点
2	断面尺寸(mm)	不小于设计值	尺量:每20m测1点

3. 盲沟外观质量规定

进出水口不应排水不畅。

八、排水泵站沉井

1. 基本要求

(1)地基应具有足够的承载能力。

(2)井壁混凝土应密实,混凝土强度达到合格标准后方可进行下沉。

(3)沉井下沉过程中,应随时注意正位,发现偏位及倾斜时须及时纠正。

(4)沉井封底应密实不漏水。

(5)水泵、管及管件应安装牢固,位置正确。

2. 实测项目

实测项目见表1-19。

排水泵站沉井实测项目　　表1-19

项次	检查项目	规定值或允许偏差	检查方法和频率
1	混凝土强度(MPa)	在合格标准内	按相关方法检查
2	轴线平面偏位(mm)	50	全站仪:纵、横向各2点
3	竖直度(mm)	1%H	铅垂线:纵、横向各1点
4	几何尺寸(mm)	±50	尺量:长、宽、高各2点
5	壁厚(mm)	-5,0	尺量:每井测5点
6	井口高程(mm)	±50	水准仪:测4点

注:H为井深,计算规定值和允许值偏差时以mm计。

3. 排水泵站沉井外观质量规定

不应出现结构混凝土外观质量限制缺陷中沉井外观限制缺陷。

九、沉淀池

1. 基本要求

(1)进出水口位置及高程应满足设计要求。

(2)设计中对要求防渗漏的沉淀池应做渗漏试验,渗漏量应符合要求。

2. 实测项目

实测项目见表1-20。

沉淀池实测项目 表1-20

项次	检查项目	规定值或允许偏差	检查方法和频率
1	混凝土强度(MPa)	在合格标准内	按相关方法检查
2	轴线平面偏位(mm)	±50	全站仪:纵、横向各2点
3	几何尺寸(mm)	±50	尺量:长、宽、高、壁厚各2点
4	底板高程(mm)	±50	水准仪:测2点

3. 沉淀池外观质量规定

不应出现结构混凝土外观质量限制缺陷中沉井外观限制缺陷。

任务四 路面工程质量检测项目

一、路面工程质量评定与检测特点

路面是在路基建成后铺筑的,路面质量的评定与检测通常是公路竣工验收工作的一部分。

由于交通量大小的不同,材料的来源可能也不同,路面所采用的材料多种多样,形成了不同类型的结构,如水泥混凝土路面和沥青路面、各种稳定土结构等。不同类型路面的质量评定与检测内容有较大的差异,要求也不一样。

由上述对质量的基本要求可见,由于路面受行车直接作用和受外界条件的影响,尤其对高等级公路,其质量评定与检测要求高、项目多。

现代化公路路面的修筑,一般是机械化施工,部分路面材料已实行工厂化生产,路面施工质量的管理及其评定与检测工作趋向于更为严格、完善和规范化。

二、检验与评定的一般要求

(1)路面工程的实测项目规定值或允许偏差按高速公路、一级公路和其他公路(指二级及以下公路)两档设定。路面结构层厚度检验标准均为允许偏差。

(2)垫层按相同材料的底基层检验;透层、黏层和封层的基本要求应与沥青表面处治层相同;水泥混凝土面层中钢筋加工及安装分项工程应按桥梁工程标准的要求进行检验。

(3)水泥混凝土上加铺沥青面层的复合式路面,两种结构均应进行检验评定。其中混凝土路面结构可不检验抗滑构造深度,平整度应符合相应等级公路标准;沥青面层可不检查弯沉。

(4)稳定土基层和底基层包括水泥土、石灰土、石灰粉煤灰、石灰粉煤灰土等;稳定粒料基层和底基层包括水泥稳定材料、石灰稳定材料、石灰粉煤灰稳定材料、水泥粉煤灰稳定材料等。

(5)粒料基层完工后应及时洒布透层油并铺筑封层。透层油透入深度应不小于5mm,

无机结合料稳定材料基层透层油透入深度宜不小于3mm。

三、水泥混凝土面层

1. 基本要求

(1)基层质量必须符合规范规定并满足设计要求，表面洁净、无浮尘。

(2)接缝填缝应符合规范规定并满足设计要求。

(3)接缝的位置、规格、尺寸及传力杆、拉力杆的设置应满足设计要求。

(4)混凝土路面铺筑后按施工规范要求养护。

(5)应对干缩、温缩产生的裂缝进行处理。

2. 实测项目

实测项目见表1-21。

水泥混凝土面层实测项目　　表1-21

项次	检查项目		规定值或允许偏差		检查方法和频率
			高速公路、一级公路	其他公路	
1	弯拉强度(MPa)		在合格标准之内		按相关方法检查
2	板厚度(mm)	代表值	-5		按相关方法检查每200m每车道2点
		合格值	-10		
		极值	-15		
3	平整度	σ(mm)	≤1.32	≤2.0	平整度仪：全线每车道连续检测，每100m计算σ、IRI
		IRI(m/km)	≤2.2	≤3.3	
		最大间隙h(mm)	3	5	3m直尺：每半幅车道每200m测2处×5尺
4	抗滑构造深度(mm)		一般路段不小于0.7且不大于1.1；特殊路段不小于0.8且不大于1.2	一般路段不小于0.5且不大于1.0；特殊路段不小于0.6且不大于1.1	铺砂法：每200m测1处
5	相邻板高差(mm)		≤2	≤3	尺量：胀缝每条测2点；纵、横缝每200m抽查2条，每条测2点
6	纵、横缝顺直度(mm)		≤10		纵缝20m拉线，每200m测4处；横缝沿板宽拉线，每200m测4条
7	中线平面偏位(mm)		20		全站仪：每200m测2点
8	路面宽度(mm)		±20		尺量：每200m测4点
9	纵断高程(mm)		±10	±15	水准仪：每200m测2断面
10	横坡(%)		±0.15	±0.25	水准仪：每200m测2断面
11	横坡率(%)		≤0.2	≤0.4	目测：全部检查，数断板面板块数占总块数比例

注：表中σ为平整度仪测定的标准差；IRI为国际平整度指数；h为3m直尺与面层的最大间隙。

3. 水泥混凝土面层外观质量规定

(1)不应出现结构混凝土外观质量限制缺陷中板的外观限制缺陷。

(2)面板不应有坑穴、鼓包和掉角。

(3)接缝填注不得漏填、松脱,不应污染路面。

(4)路面不应有积水。

四、沥青混凝土面层和沥青碎(砾)石面层

1. 基本要求

(1)基层质量应符合规范规定并满足设计要求,表面应干燥、清洁、无浮土。

(2)应严格控制沥青混合料拌和的加热温度。拌和后的沥青混合料应均匀、无花白、无粗细料分离和结团成块现象。

(3)应按规定要求控制碾压工艺,严格控制摊铺和碾压温度。

2. 实测项目

实测项目见表1-22。

沥青混凝土面层和沥青碎(砾)石面层 表1-22

项次	检查项目		规定值或允许偏差		检查方法和频率
			高速公路	其他公路	
1	平整度	σ(mm)	≤1.2	≤2.5	平整度仪:全线每车道连续按每100m计算IRI或σ
		IRI(m/km)	≤2.0	≤4.2	
		最大间隙h(mm)	—	≤5	3m直尺:每200m测2处×5尺
2	压实度①		≥试验室标准密度的96%(98%*) ≥最大理论密度的92%(94%*) ≥试验段密度的98%(99%*)		按相关方法检查,每200m测1点;核子(无核)密度仪每200m测1处,每处测5点
3	弯沉值(0.01mm)		不大于设计验收弯沉值		按相关方法检查
4	厚度②(mm)	代表值	总厚度:-5%H 上面层:-10%h	-8%H	按相关方法检查:每200m测1点
		合格值	总厚度:-10%H 上面层:-20%h	-15%H	
5	渗水系数(mL/min)	SMA路面	≤120	—	渗水试验仪:每200m测1处
		其他沥青混凝土路面	≤200		
6	沥青含量		满足生产配合比要求		按相关方法:每台班1次
7	中线平面偏位(mm)		20	30	全站仪:每200m测2点
8	纵断高程(mm)		±15	±20	水准仪:每200m测2个断面
9	宽度(mm)	有侧石	±20	±30	尺量:每200m测4个断面
		无侧石	不小于设计值		

续上表

项次	检查项目	规定值或允许偏差		检查方法和频率
		高速公路	其他公路	
10	横坡(%)	±0.3	±0.5	水准仪:每200m测2断面
11	摩擦系数	满足设计要求		摆式仪:每200m测1处; 横向力系数测定车:按相关方法,全线连续检测
12	构造深度	满足设计要求		铺砂法:每200m测1处
13	矿料级配	满足生产配合比要求		按相关方法:每台班1次
14	马歇尔稳定度	满足生产配合比要求		按相关方法:每台班1次

注:①表内压实度,高速公路、一级公路应选用2个标准评定,以合格率低的作为评定结果;其他公路选用一个标准进行评定。带*的指SMA路面。

②表列沥青层厚度仅规定负允许偏差。H为沥青层总厚度,h为沥青上面层厚度;其他公路的厚度代表值和合格值允许偏差按总厚度计,当$H \leq 60$mm时,允许偏差分别为-5mm和-10mm;当$H > 60$mm时,允许偏差分别为-8%H和-15%H。

3. 沥青贯入式面层(或上拌下贯式面层)外观质量规定

(1)表面裂缝、松散、推挤、碾压轮迹、油丁、泛油、离析的累计长度不得超过50m。

(2)搭接处烫缝应无枯焦。

(3)路面无积水。

五、沥青表面处治面层

1. 基本要求

(1)下承层面表面坚实、稳定、平整、清洁、干燥。

(2)沥青浇洒应均匀,无露白,不得污染其他构筑物。

(3)集料应趁热撒铺,扫布均匀,不得有重叠现象,压实平整。

2. 实测项目

实测项目见表1-23。

沥青表面处治面层实测项目　　表1-23

项次	检查项目		规定值或允许偏差	检查方法和频率
1	平整度	σ(mm)	≤4.5	平整度仪:全线每车道连续每100m计算IRI或σ
		IRI(m/km)	≤7.5	
		最大间隙h(mm)	≤10	3m直尺:每200m测2处×5尺
2	弯沉值(0.01mm)		不大于设计验收弯沉值	按相关方法检查
3	厚度(mm)	代表值	-5	按相关方法检查:每200m每车道测1点
		合格值	-10	
4	沥青用量		±0.5%	每工作日每层撒布查1次
5	中线平面偏位(mm)		30	全站仪:每200m测2点

续上表

项次	检查项目		规定值或允许偏差	检查方法和频率
6	纵断高程(mm)		±20	水准仪:每200m测2断面
7	宽度(mm)	有侧石	±30	尺量:每200m测4处
		无侧石	不小于设计值	
8	横坡(%)		±0.5	水准仪:每200m测2断面

3. 沥青表面处治面层外观质量规定

(1)表面应无拖痕,松散、推挤、油丁、泛油、离析的累计长度不得超过50m。

(2)路面无积水。

六、沥青贯入式面层(或上拌下贯式面层)

1. 基本要求

(1)对于上拌沥青混合料,每日应做沥青含量、矿料级配和马歇尔稳定度试验。

(2)沥青贯入式面层施工前,应先做好路面结构层与路肩的排水。

(3)碎石层应平整坚实,嵌挤稳定;沥青贯入应深透、浇洒应均匀,不得污染其他构筑物。

(4)嵌缝料应趁热撒铺,扫料均匀,不应有重叠现象。

(5)上层采用拌和料时,混合料应均匀、无花白、无粗细分离和结团成块现象;摊铺应平整,接茬平顺,及时碾压。

2. 实测项目

实测项目见表1-24。

沥青贯入式面层实测项目 表1-24

项次	检查项目		规定值或允许偏差	检查方法和频率
1	平整度	σ(mm)	≤3.5	平整度仪:全线每车道连续每100m计算IRI或σ
		IRI(m/km)	≤5.8	
		最大间隙h(mm)	≤8	3m直尺:每200m测2处×5尺
2	弯沉值(0.01mm)		不大于设计验收弯沉值	按相关方法检查
3	厚度*(mm)	代表值	-%8H或-5	按相关方法检查:每200m每车道测2点
		合格值	-15%H或-10	
4	沥青总用量		±0.5%	每工作日每层撒布查1次
5	中线平面偏位(mm)		30	全站仪:每200m测2点
6	纵断高程(mm)		±20	水准仪:每200m测2断面
7	宽度(mm)	有侧石	±30	尺量:每200m测4点
		无侧石	不小于设计值	
8	横坡(%)		±0.5	水准仪:每200m测2断面
9	矿料级配		满足生产配合比要求	按相关方法:每台班1次
10	沥青含量		满足生产配合比要求	按相关方法:每台班1次

注:*H为设计厚度。当H≥60mm时,按厚度百分率计算;当H<60mm时,直接选用固定值。

3. 沥青贯入式面层外观质量规定

(1)面层不得松散、不得漏洒,应无波浪、油包。

(2)路面无积水。

七、稳定土基层和底基层

1. 基本要求

(1)石灰应充分消解,路拌深度应达到层底。

(2)石灰类材料应在最佳含水率状态下碾压,水泥类材料碾压终了的时间不应超过水泥的终凝时间。

(3)碾压检查合格后立即覆盖或洒水养护,养护期要符合规范要求。

2. 实测项目

实测项目见表1-25。

稳定土基层和底基层实测项目　表1-25

项次	检查项目		规定值或允许偏差				检查方法和频率
			基层		底基层		
			高速公路、一级公路	其他公路	高速公路、一级公路	其他公路	
1	压实度(%)	代表值	—	≥95	≥95	≥93	按相关方法检查:每200m测2点
		极值	—	≥91	≥91	≥89	
2	平整度(mm)		—	≤12	≤12	≤15	3m直尺:每200m测2处×5尺
3	纵断高程(mm)		—	+5,-15	+5,-15	+5,-20	水准仪:每200m测2个断面
4	宽度(mm)		满足设计要求		满足设计要求		尺量:每200m测4个断面
5	厚度(mm)	代表值	—	-10	-10	-12	按相关方法检查:每200m测2点
		合格值	—	-20	-25	-30	
6	横坡(%)		—	±0.5	±0.3	±0.5	水准仪:每200m测2个断面
7	强度(MPa)		满足设计要求		满足设计要求		按相关方法检查

3. 稳定土基层和底基层外观质量规定

表面应无松散、无坑洼、无碾压轮迹。

八、稳定粒料基层和底基层

1. 基本要求

(1)应选择质坚干净的粒料,石灰应充分消解,矿渣应分解稳定,未分解渣块应予剔除。

(2)路拌深度要达到层底。

(3)石灰类材料应处于最佳含水率状态下碾压,水泥类材料碾压终了的时间不应超过水泥的终凝时间。

(4)碾压检查合格后立即覆盖或洒水养护,养护期要符合规范要求。

2. 实测项目

实测项目见表1-26。

稳定粒料基层和底基层实测项目 表1-26

项次	检查项目		规定值或允许偏差				检查方法和频率
			基层		底基层		
			高速公路、一级公路	其他公路	高速公路、一级公路	其他公路	
1	压实度（%）	代表值	≥98	≥97	≥96	≥95	按相关方法检查：每200m测2点
		极值	≥94	≥93	≥92	≥91	
2	平整度（mm）		≤8	≤12	≤12	≤15	3m直尺：每200m测2处×5尺
3	纵断高程（mm）		+5，-10	+5，-15	+5，-15	+5，-20	水准仪：每200m测2个断面
4	宽度（mm）		满足设计要求		满足设计要求		尺量：每200m测4点
5	厚度（mm）	代表值	-8	-10	-10	-12	按相关方法检查：每200m测2点
		合格值	-15	-20	-25	-30	
6	横坡（%）		±0.3	±0.5	±0.3	±0.5	水准仪：每200m测2个断面
7	强度（MPa）		满足设计要求		满足设计要求		按相关方法检查

3. 稳定粒料基层和底基层外观质量规定

（1）表面应无松散、无坑洼、无碾压轮迹。

（2）表面连续离析不得超过10m，累计离析不得超过50m。

九、级配碎（砾）石基层和底基层

1. 基本要求

（1）配料应准确。

（2）塑性指数应满足设计要求。

2. 实测项目

实测项目见表1-27。

级配碎（砾）石基层和底基层实测项目 表1-27

项次	检查项目		规定值或允许偏差				检查方法和频率
			基层		底基层		
			高速公路、一级公路	其他公路	高速公路、一级公路	其他公路	
1	压实度（%）	代表值	≥98		≥96		按相关方法检查：每200m测2点
		极值	≥94		≥92		
2	弯沉值（0.01mm）		满足设计要求		满足设计要求		按相关方法检查

续上表

项次	检查项目		规定值或允许偏差				检查方法和频率
			基层		底基层		
			高速公路、一级公路	其他公路	高速公路、一级公路	其他公路	
3	平整度(mm)		≤8	≤12	≤12	≤15	3m 直尺:每 200m 测 2 处×5 尺
4	纵断高程(mm)		+5,-10	+5,-15	+5,-15	+5,-20	水准仪:每 200m 测 2 个断面
5	宽度(mm)		满足设计要求		满足设计要求		尺量:每 200m 测 4 点
6	厚度(mm)	代表值	-8	-10	-10	-12	按相关方法检查:每 200m 测 2 点
		合格值	-10	-20	-25	-30	
7	横坡(%)		±0.3	±0.5	±0.3	±0.5	水准仪:每 200m 测 2 个断面

3. 级配碎(砾)石基层和底基层外观质量规定

(1)表面应无松散、无坑洼、无碾压轮迹。

(2)表面连续离析不得超过 10m,累计离析不得超过 50m。

十、填隙碎石(矿渣)基层和底基层

1. 基本要求

(1)所用材料规格、质量应满足设计要求。

(2)应用振动压路机碾压至填隙饱满密实。

2. 实测项目

实测项目见表 1-28。

填隙碎石(矿渣)基层和底基层实测项目 表 1-28

项次	检查项目		规定值或允许偏差				检查方法和频率
			基层		底基层		
			高速公路、一级公路	其他公路	高速公路、一级公路	其他公路	
1	固体体积率(%)	代表值	—	≥98	≥96		密度法:每 200m 测 2 点
		极值	—	≥82	≥80		
2	弯沉值(0.01mm)		满足设计要求		满足设计要求		按相关方法检查
3	平整度(mm)		—	≤12	≤12	≤15	3m 直尺:每 200m 测 2 处×5 尺
4	纵断高程(mm)		—	+5,-15	+5,-15	+5,-20	水准仪:每 200m 测 2 个断面
5	宽度(mm)		满足设计要求		满足设计要求		尺量:每 200m 测 4 点
6	厚度(mm)	代表值	—	-10	-10	-12	按相关方法检查:每 200m 测 2 点
		合格值	—	-20	-25	-30	
7	横坡(%)		—	±0.5	±0.3	±0.5	水准仪:每 200m 测 2 个断面

3. 填隙碎石(矿渣)基层和底基层外观质量规定

见《公路工程质量检验评定标准》(JTG F80/1—2017)第37页。

十一、路缘石铺设

1. 基本要求

(1)水泥混凝土强度应满足设计要求。

(2)应砌筑稳固,顶面平整,缝宽均匀,勾缝密实,线条直顺。

(3)槽底基础和后背填料应夯打密实。

2. 实测项目

实测项目见表1-29。

路缘石铺设实测项目 表1-29

项次	检查项目		规定值或允许偏差	检查方法和频率
1	直顺度(mm)		15	20m拉线:每200m测4处
2	预制铺设	相邻两块高差(mm)	3	水平尺:每200m测4点
		相邻两块缝宽(mm)	±3	尺量:每200m测4点
	现浇	宽度(mm)	±5	尺量:每200m测4点
3	顶面高程(mm)		±10	水准仪:每200m测4点

3. 路缘石铺设外观质量规定

(1)路缘石不应破损。

(2)平缘石不应阻水。

十二、路肩

1. 基本要求

(1)路肩表面应平整密实,无积水。

(2)肩线应直顺,曲线圆滑。

2. 实测项目

实测项目见表1-30。

路肩实测项目 表1-30

项次	检查项目		规定值或允许偏差	检查方法和频率
1	压实度(%)		不小于设计值,设计未规定时不小于90%	按相关方法检查:每200m测1点
2	平整度(mm)	土路肩	≤20	3m直尺:每200m测2处×5尺
		硬路肩	≤10	
3	横坡(%)		±1.0	水准仪:每200m测2个断面
4	宽度(mm)		满足设计要求	尺量:每200m测2点

3. 路肩外观质量规定

路肩无阻水、无杂物。

任务五　试验检测数据的处理

工程施工过程中,要进行大量的原材料试验和工程质量控制检验,这些数据必须经过分析处理才能得到可靠的试验检测结果。所以检测人员要具备数理统计方面的基本知识。在进行试验结果分析整理时,要做到理论实际统一,且用数据说话的原则。以现场工程条件为依据、以实测数据为基础、以数理统计分析为手段、区分不同条件、针对不同要求、采用不同方法。

一、常用的数理统计方法和数据处理方法

1. 总体和样本

在工程质量检验中,对无限总体中的个体逐一考察其某个质量特性是显然不可能的,即使对有限总体,若所含个体数量虽不大,但要做全部破坏性考察也是不可取的。所以,通过抽取总体中的一小部分个体加以检测,以了解和分析总体质量状况,是工程质量检验的主要方法,因此除特殊项目外,大多采用抽样检验,这就涉及总体与样本的概念,见图 1-2。

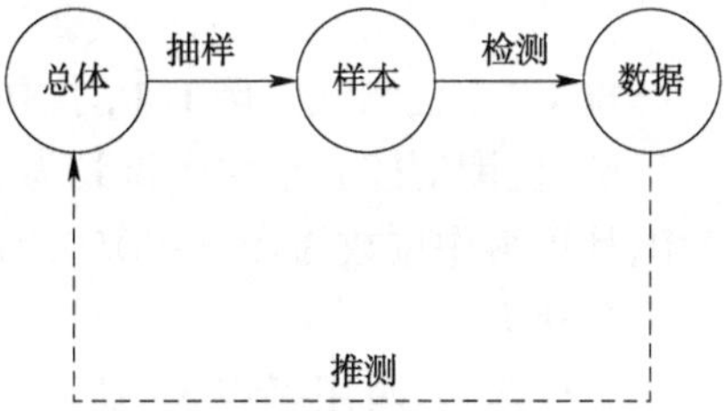

图 1-2　总体与样本的关系

总体又称母体,是统计分析中所需研究对象的全体。组成总体的每个单元称为个体。例如,1km 路基的压实度为总体,这段路基中的一个测点的压实度就是个体。总体分有限总体和无限总体,如果一批产品数量有限,就称其为有限总体;如果一道工序总在源源不断地生产出产品,有时是一个连续的整体,这样总体称为无限总体。

从总体中抽取一部分个体就是样本。例如,一批沥青有 100 桶,从每一桶沥青中抽取 2 个试样,共抽查 200 个试样,这 200 个试样就是样本。组成样本的每一个个体就是样品。例如,上述的 200 个试样中的某一个就是该样本中的一个样品。

样本容量是样本中所含样品的数量,用 n 表示。上例中样本容量 $n=200$。样本容量的大小直接关系到判断结果的可靠性。一般来讲,样本容量愈大,可靠性就愈好,但检测所耗费的工作量亦愈大,成本也愈高。样本容量与总体中所含个体的数量相等时,是一种极限情况,因此,全数检验是抽检的极限。

2. 数据的统计特征量

用来表示统计数据分布及其某些特性的特征量分为两类:一类表示数据的集中位置,例如算术平均值、中位数等;另一类表示数据的离散程度,主要有极差、标准方差等。有时候也把这两类基本特征联合起来说明问题,如变异系数。

1)算术平均值

算术平均值是表示一组数据集中位置最有用的统计特征量,经常用样本的算数平均值来代表总体的平均水平。设 $x_1, x_2, \cdots, x_n$ 代表样本数据,n 表示容量,则算术平均值为:

$$\bar{x}=\frac{1}{n}(x_1+x_2+\cdots+x_n)=\frac{1}{n}\sum_{i=1}^{n}x_i \tag{1-12}$$

例 1-1 某路段垫层施工质量检查中,用标准轴载测得 15 个点的弯沉值分别为 100、101、110、108、98、96、95、102、110、95、98、93、96、103、104 (0.01mm),试计算该结构层弯沉值的算术平均值。

解:

$$\bar{x}=\frac{100+101+110+108+98+96+95+102+110+95+98+93+96+103+104}{15}$$

$$=100.6(0.01\text{mm})$$

2)中位数

在一组数据 $x_1,x_2,\cdots,x_n$ 中,按其大小次序排序,以排在正中间的一个数表示总体的平均水平,称为中位数,或称中值,用 $\tilde{x}$ 表示。n 为奇数时,正中间的数只有一个;n 为偶数时,正中间的数有两个,取这两个数的平均值作为中位数,即:

$$\tilde{x}=\begin{cases}x_{\frac{n+1}{2}} & (n\text{ 为奇数})\\ \frac{1}{2}\left(x_{\frac{n}{2}}+x_{\frac{n}{2}+1}\right) & (n\text{ 为偶数})\end{cases} \tag{1-13}$$

例 1-2 检测值同例 1.1,求中位数。

解:检测值按大小次序排列为 93、95、95、96、96、98、98、100、101、102、103、104、108、110、110,计算得中位数为:$\tilde{x}=100(0.01\text{mm})$。

3)极差

在生产中,只用平均水平反映产品是远远不够的,例如,混凝土的强度。如果平均值符合要求,但是波动太大,产品质量也不能符合质量要求。所以,需要了解数据波动范围的大小。这种波动的大小用极差 R 表示。

在一组数据中最大值与最小值之差,称为极差,记作 R:

$$R=X_{\max}-X_{\min} \tag{1-14}$$

例 1-3 数据同例 1-1,求检测数据的极差。

解:

$$R=110-93=17(0.01\text{mm})$$

极差没有充分利用数据的信息,但是计算简单,仅适用于样本容量较小的情况。

4)标准偏差

标准偏差有时也称标准离差、标准差或称均方差,它是衡量样本数据波动性(离散程度)的指标。在质量检验中,总体的标准偏差 σ 一般不易求得。样本的标准偏差 S 按下式计算:

$$S=\sqrt{\frac{(x_1-\bar{x})^2+(x_2-\bar{x})^2+\cdots+(x_n-\bar{x})^2}{n-1}}=\sqrt{\frac{\sum_{i=1}^{n}(x_i-\bar{x})^2}{n-1}} \tag{1-15}$$

例 1-4 仍然用例 1-1 的数据求样本的标准偏差。

解:

$$S=\sqrt{\frac{(100-100.6)^2+(101-100.6)^2+(110-100.6)^2+(108-100.6)^2+(98-100.6)^2+(96-100.6)^2+\cdots+(104-100.6)^2}{15-1}}$$

$$=5.53(0.01\text{mm})$$

5)变异系数

标准偏差反映样本数据的绝对波动状况,当测量较大的量值时,绝对误差一般较大;而测量较小的量值时,绝对误差一般较小。因此,用相对波动的大小,即变异系数更能反映样本数据的波动性。

变异系数用 C_V 表示,是标准偏差 S 与算术平均值 $\bar{x}$ 的比值,即:

$$C_V = \frac{S}{\bar{x}} \times 100\% \tag{1-16}$$

变异系数可以表示出标准偏差表示不出来的数据波动情况。

以例 1-4 为例计算:

$$C_V = \frac{5.53}{100.6} = 5.5\%$$

变异系数越小,说明施工管理和质量控制得越好。

3. 可疑数据的取舍

在一组条件完全相同的重复试验中,当发现有某个过大或过小的可疑数据时,应按数理统计方法进行鉴别,并决定取舍。常用的方法有 3 倍标准差法、格拉布斯法和肖维纳特法。这三种方法中 3 倍标准差法最简单,但要求宽,几乎绝大部分数据都不舍弃;格拉布斯法适用于标准差未知的情况;肖维纳特法较古老,已逐渐被格拉布斯法所代替。后两种方法计算比较复杂。因此,试验数据的取舍大都采用 3 倍标准差法。

下面简单介绍 3 倍标准差法:

当某一测量数据(x_i)与其测量结果的算术平均值之差大于 3 倍标准偏差时,用公式表示为:

$$|x - \bar{x}| > 3S$$

由于该方法是以 3 倍标准偏差作为判别标准,所以亦称 3 倍标准偏差法,简称 3S 法。

这是美国混凝土标准(ACT 214—65 的修改建议)中所采用的方法,例如:试验室内进行同配比的混凝土强度试验,其试验结果为($n = 10$)23.0、24.5、26.0、25.0、24.8、27.0、25.5、31.0、25.4、25.8(MPa),试用 3S 法决定其取舍。

解:分析上述 10 个测量数据,$x_{min} = 23.0$MPa 和 $x_{max} = 31.0$MPa 最可疑。故应首先判别 x_{min} 和 x_{max}。

经计算:$\bar{x} = 25.8$MPa,$S = 2.10$MPa。

由于

$$|x_{max} - \bar{x}| = |31.0 - 25.8| = 5.2\text{MPa} < 3S = 6.3\text{MPa}$$

$$|x_{max} - \bar{x}| = |23.0 - 25.8| = 2.82\text{MPa} < 3S = 6.3\text{MPa}$$

故上述测量数据均不能舍弃。

二、数字修约规则

1. 测量、测量结果

测量是以确定量值为目的的一组操作。量值是由一个数(值)乘以测量单位所表示的特定量的大小。

测量有间接和直接之分:直接测量的结果可直接测到而不必通过函数计算;而间接测量的结果需将直接测量的结果代入函数计算才能得到。

由测量所得的赋予被测量的值称为测量结果。

例如,用分析天平称得一个试样的质量为 1.1080g, 1.1080g 就是一个测量结果。

由测量与测量结果的概念可看出,测量结果可表示如下:

$$测量结果 = 数(值) \times 单位量值$$

根据误差公理,测量总是存在误差的,测量结果只能是接近于测量真值的估计值,因而表示测量结果的数(值)是含有误差的数(值),也就是说,表示测量结果的数值是一个近似值。

2. 数值修约规则

修约间隔系确定修约保留位数的一种方式。修约间隔的数值一经确定,修约值即应为该数值的整数倍。

例 1-5 如指定修约间隔为 0.1,修约值即应在 0.1 的整数倍中选取,相当于将数值修约到 1 位小数。

例 1-6 如指定修约间隔为 100,修约值即应在 100 的整数倍中选取,相当于将数值修约到"百"数位。

根据《数值修约规则》(GB/T 8170—2008),试验数据需要修约时,应按下列规则进行:

(1)拟舍弃数字的最左一位数字小于 5 时,则舍去,即保留其余各位数字不变。

例 1-7 将 12.1496 修约到一位小数,得 12.1。

例 1-8 将 12.1496 修约到个位,得 12。

(2)拟舍弃数字的最左一位数字大于 5,则进一,即保留的末位数字加 1。

例 1-9 将 1269 修约到"百"数位,得 13×10^2(特定场合可写为 1300)。

注:"特定场合"系指修约间隔明确时。

(3)拟舍弃数字的最左一位数字为 5,且其后有非 0 数字时进一,即保留数字的末位数字加 1。

例 1-10 将 10.5003 修约到个位数,得 11。

(4)拟舍弃数字的最左一位数字为 5,且其后无数字或皆为 0 时,若所保留的末位数字为奇数(1,3,5,7,9)则进一,即保留数字的末位数字加 1;若所保留的末位数字为偶数(2,4,6,8,0)则舍去。

例 1-11 修约间隔为 0.1(或 10^{-1})。

拟修约数	修约值
1.050	10×10^{-1}(特定场合可写成 1.0)
0.550	6×10^{-1}(特定场合可写成 0.6)

例 1-12 修约间隔为 1000(或 10^3)。

拟修约数	修约值
4500	4×10^3(特定场合可写成 4000)
5500	6×10^3(特定场合可写成 6000)

(5)负数修约时,先将它的绝对值按上述的规定进行修约,然后在修约值前面加上负号。

例1-13　将下列数修约到“十”数位。

拟修约数　　　　　修约值

-375　　　　　-38×10(特定场合可写成-380)

-305　　　　　-30×10(特定场合可写成-300)

例1-14　将下列数修约成三位小数,即修约间隔为10^{-3}。

拟修约数　　　　　修约值

-0.0385　　　　　-38×10^{-3}(特定场合可写成-0.038)

(6)单位修约

在对数值进行修约时,若有必要,也可采用0.5单位修约或0.2单位修约。

①0.5单位修约(半个单位修约)

0.5单位修约是指按指定修约间隔对拟修约的数值0.5单位进行的修约。

0.5单位修约方法:将拟修约数值X乘以2,按指定修约间隔对$2X$依上述规定进行修约后,所得数值($2X$修约值)再除以2。

例1-15　将下列数修约到“个”数位的0.5单位,见表1-31。

将下列数修约到“个”数位的0.5单位　　　　表1-31

拟修约数	乘以2	修约为整数	再除以2
60.25	120.50	120	60.0
60.41	120.82	121	60.5
-60.75	-121.50	-122	-61.0

②0.2单位修约

0.2单位修约是指按指定修约间隔对拟修约的数值0.2单位进行修约。

0.2单位修约方法:将拟修约数值X乘以5,按指定修约间隔对$5X$依上述规定进行修约后,所得数值($5X$修约值)再除以5。

例1-16　将下列数修约到“百”数位的0.2单位,见表1-32。

将下列数修约到“百”数位的0.2单位　　　　表1-32

拟修约数	乘以5	修约为整数	再除以5
830	4150	4200	840
844	4220	4200	840
-944	-4720	-4700	-940

(7)不允许连续修约

①拟修约数字应在修约的间隔或指定修约数位后一次修约获得结果,不得多次连续修约。

例1-17　修约15.4546,修约间隔为1。

正确的做法:15.4546→15。

不正确的做法:15.4546→15.455→15.46→15.5→16。

②在具体实施中,为防止测试与计算部门先将获得数值按指定修约数位多一位或几位报出,而后由其他部门判定所产生的连续修约错误,应按下面步骤进行。

A. 报出数值最右的非零数字为 5 时,应在数值右上角加“ + ”或加“ - ”或不加符号,分别表明过舍、进或未舍未进。

例 1-18 16.50^{+}表示实际值大于 17.50,经修约舍弃为 17.50;17.50^{-}表示实际值小于 17.50,经修约进一为 17.50。

B. 如对报出值进行修约,当拟舍弃数字的最左一位数字为 5,且其后无数字或为零时,数值右上角有“ + ”则进一,有“ - ”者舍去,其他仍按上述修约规则进行。

例 1-19 将下列数字修约到个位数(报出值多留一位至一位小数)

实测值	报出值	修约值
15.4546	15.5^{-}	15
-15.4546	-15.5^{-}	-15
16.5203	16.5^{+}	17

3. 有效数字

有效数字是指在分析和测量中所能得到的有实际意义的数字。对没有小数位且以若干个零结尾的数值,从非零数字最左一位向右数得到的位数减去无效零(即仅为定位用的零)的个数;对其他十进位数,从非零数字最左一位向右数而得到的位数,就是有效位数。

测量结果是由有效数字组成的(前后定位用的“0”除外)。我们来看前面的测量结果 1.1080g,组成数字 1、1、0、8、0 都是实际测读到的,它们是表示试样质量大小的,因而都是有实际意义的。

有效数字的前几位都是准确数字,只有最后一位是可疑数字。

如前述的 1.1080, 前几位数字 1、1、0、8 都是称量读到的准确数字,而最后一位数字 0 则是在没有刻度的情况下估读出来的,是不准确的或者说是可疑的。

有效数字处于表示测量结果的数值的不同数位上。所有有效数字所占有的数位个数称为有效数字位数。

例 1-20 数值 3.5,有两个有效数字,占有个位、十分位两个数位,因而有效数字位数为两位;3.501 有四个有效数字,占有个位、十分位、百分位等四个数位,因而是四位有效数字。

测量结果的数字,其有效位数反映了测量结果的精确度,它直接与测量的精密度有关。这也是有效数字实际意义的体现,是非常重要的体现。

如前述例子中,若测量结果为 1.1080g,则表示测量值的误差在 10^{-4}量级上,天平的精度为万分之一;若测量结果为 1.108g,则表示测量值的误差在 10^{-3}量级上,天平的精度为千分之一。

在确定有效数字位数时应遵循下列原则:

(1)数值中数字 1 ~9 都是有效数字。

(2)数字“0”在数值中所处的位置不同,起的作用也不同,可能是有效数字,也可能不是有效数字。判定方法如下:

①“0”在数字前,仅起定位作用,不是有效数字。

例如,0.0357, “3”前面的两个“0”均非有效数字。

②数值末尾的“0”属于有效数字。

例如,0.3000, “3”后面的三个“0”均为有效数字。

③数值中夹在数字中间的“0”是有效数字。

例如,1.004,两个“0”是均是有效数字。

④以“0”结尾的正整数,“0”是不是有效数字不确定,应根据测试结果的准确度确定。例如3500,后面的两个“0”如果不指明测量准确度,就不能确定是不是有效数字。

测量中遇到这种情况,最好根据实际测试结果的精确度确定有效数字的位数,有效数字用小数表示,把“0”用10的乘方表示。如将3500写成3.5×10^3表示此数有两位有效数字;写成3.50×10^3表示此数有三位有效数字;写成3.500×10^3表示此数有四位有效数字。

4.数据的表达方法

测量数据的表达方法通常有图示法、表格法和经验公式法三种。

1)图示法

在自然科学和工程技术中,用图形表示测量数据是普遍的一种方法。图示法的最大优点是一目了然,即从图形中可以非常直观地看出函数的变化规律,如递增性和递减性、最大值或最小值、是否具有周期性变化规律等。但是,从图形上只能得到函数变化关系而不能进行数学分析。

图示法基本要点是:

(1)在直角坐标系中绘制测量数据图形时,应以横坐标为自变量、纵坐标为对应的函数量。

(2)坐标纸的大小和分度的选择与测量数据的精度相适应。分度过粗时,影响原始数据的有效数字,绘图精度将低于试验中参数测量的精度;分度过细时会高于原始数据的精度。

坐标分度值不一定自零起,可用低于试验数据的某一数值作起点和用高于试验数据的某一数值作终点,曲线以基本占满全幅坐标纸为宜。

(3)坐标轴应注明分度值的有效数字和名称、单位,必要时还应标明试验条件,坐标的文字书写方向与该坐标轴平行,在同一图上表示不同数据时应用不同的符号加以区别。

(4)曲线平滑方法。测量数据往往是分散的,如果用短线连接各点得到的就不是光滑的曲线,而是折线。由于每一个测点总存在误差,按带有误差的各数据所描的点不一定是真实值的正确位置。根据足够多的测量数据,完全有可能作出一光滑曲线,决定曲线的走向时应考虑曲线尽可能通过或接近所有的点,但是不必强求曲线通过所有的点,尤其是两端的点。当不可能时,应移动曲线尺,尽量使所绘制的曲线与实测值之间的误差的平方和最小,此时曲线两边的点数接近相等。

2)表格法

用表格来表示函数的方法,在自然科学和工程技术上用得特别多。在科学实验中,对一系列测量数据都是首先列成表格,然后再进行其他的处理。表格法简单方便,但不能满足深入分析要求。首先,尽管测量次数相当多,但不能给出所有的函数关系;其次,从表格中不易看出自变量变化时函数的变化规律,而只能大致估计出函数是递增的、递减的或是周期性变化的等。列成表格是为了表示出测量结果,或是为了以后的计算方便,同时也是图示法和经验公式法的基础。

表格有两种:一种是试验检测数据记录表,另一种是试验检测结果表。

试验检测数据记录表是该项试验检测的原始记录表,包括:试验检测的目的、内容摘要、试验日期、环境条件、测量数据、结果分析以及参加人员、校核人员和技术负责人。

试验检测结果表只反映试验检测结果的最终结论,一般只有几个变量间的对应关系。试验检测结果表应力求简明扼要、能说明问题。

3)经验公式法

测量数据不仅可用图形表示出函数之间的关系,而且可用与图形相对应的一个公式来表示所有的测量数据,当然这个公式不可能完全准确地表达全部数据。因此,常把曲线对应的公式称为经验公式,在回归分析中则称为回归方程。

把全部测量数据用一个公式来代替,不仅有紧凑扼要的优点,而且可以对公式进行必要的数学运算,以研究各自变量与函数的关系。

根据一系列测量数据,如何建立公式、建立什么形式的公式,这是首先要解决的问题。所建立的公式能够正确表达测量数据的函数关系,往往不是一件容易的事情,这在很大程度上取决于试验人员的经验和判断能力,而且建立公式的过程比较繁琐,有时还要多次反复才能得到与测量数据更接近的公式。

建立公式的步骤大致可归纳如下:

(1)描绘曲线。以自变量为横坐标、函数量为纵坐标,将测量数据描绘在坐标纸上,并把数据点描绘成测量曲线。

(2)对所描绘的曲线进行分析,确定公式的基本形式。

如果数据点描绘的是曲线,则要根据曲线的特点判断曲线筛余为何种类型。判断时可参考现成的数学曲线形状加以选择,对选择的曲线则按一元非线性回归方法处理。

如果对测量曲线很难判断属何种类型,则可按多项式回归处理。

(3)曲线画直。如果测量数据描绘的曲线被确定为某种类型的曲线,则可将该曲线方程变换成直线方程,然后按一元线性回归方法处理。

(4)确定公式中的常量。代表测量数据的直线方程或经曲线化直后的直线方程表达式为 $y=ax$,可根据一组测量数据确定方程的常量 a 和 b,其方法一般有图解法、端值法、平均法和最小二乘法等。

(5)检验所确定的公式的准确性。即用测量数据中自变量值代入公式,计算出函数值,看它与实际测量值是否一致,如果差别很大,说明所确定的公式基本形式可能有错误,则应建立另外形式的公式。

5. 数据处理分析方法

若两个自变量 x 和 y 之间存在一定的关系,并通过试验获得 x 和 y 的一组数据,用数学处理方法得出这两个自变量的关系式,这就是回归分析,也就是工程上所说的拟合问题,所得关系式称为经验公式,或称回归方程或拟合方程。

在处理试验数据时,经常遇到两个变量因素的试验值,如抗压强度和抗折强度、快速试验强度和标准试验强度、混凝土强度与水泥强度及承载比试验等,可利用试验数据,找出它们之间的关系,建立两个变量因果经验相关公式。

如果两个变量 x 和 y 间的关系是线性关系,就称为一元线性回归或直线拟合。如果两个变量 x 和 y 间的关系是非线性关系,就称为一元非线性回归或曲线拟合。

设两个变量间的关系为 $y=F(x)$,通过试验可得到若干组对应数 (x_1,y_1),(x_2,y_2),…,

(x_n, y_n)。根据这些数据，在平面坐标系中绘出相应的数据点，当点大致分布在一条直线附近时，说明两变量 x 和 y 间存在线性关系，即可以用一条适当的直线来表示这两个变量关系，此直线方程为：

$$y = ax + b \tag{1-17}$$

式中：a、b——回归系数。

平面上的直线很多，而 a、b 值构成的最优直线必须使 $y = a + bx$ 方程的函数值 y 与实际测量值 y_i 之间的偏差最小。理论分析和工程实践均表明，最小二乘法确定的回归方程偏差最小，平均法次之，端值法最大。为此，下面仅讨论最小二乘法。最小二乘法的基本原理：当所有测量数据的偏差平方和最小时，所拟合的曲线最优。

最小二乘法是一种最常用的统计方法。经过数学推导，得到二元一次直线方程的截距 a、斜率 b、相关系数 r 计算公式为：

截距
$$a = \frac{\sum xy \cdot \sum x - \sum y \cdot \sum x^2}{(\sum x)^2 - n\sum x^2} \tag{1-18}$$

斜率
$$b = \frac{\sum x \cdot \sum y - n\sum xy}{(\sum x)^2 - n\sum x^2} \tag{1-19}$$

相关系数
$$r = \frac{n\sum xy - \sum x \sum y}{\sqrt{\left[n\sum x^2 - (\sum x)^2\right]\left[n\sum y^2 - (\sum y)^2\right]}} \tag{1-20}$$

工程示例

对一组混凝土试件进行强度试验，分析测定其抗压强度 R、回弹值 N，试验结果见表 1-33，试确定 R-N 之间的线性方程。

试验结果　　表 1-33

项目	$y(R)$(MPa)	$x(N)$	xy	x^2
1	28.3	36.0	1018.8	1296
2	23.2	37.8	876.96	1428.84
3	25.4	36.7	932.18	1346.89
4	18.6	29.7	552.42	882.09
5	14.6	30.4	443.84	924.16
6	12.9	30.5	393.45	930.25
7	10.6	22.9	242.74	524.41
8	32.5	37.6	1222.0	1413.76
9	27.0	38.4	1036.8	1474.56
Σ	193.1	300	6719.19	10220.96
	$\sum y = 193.1$	$\sum x = 300$	$\sum xy = 6719.19$	$\sum x^2 = 10220.96$
$(\sum x)^2 = 90000$				
$a = -21.165$		$b = 1.28$		
$Y = -21.165 + 1.28x$ 或 $R = -21.165 + 1.286N$				

三、抽样检验基础

工程质量检验是工程质量控制的一个重要环节,是保证工程质量的必要手段。检验可分为全数检验和抽样检验两大类。全数检验是对一批产品中的每一个产品进行检验,从而推断该批产品质量状况;抽样检验是从一批产品中抽出少量的单个产品进行检验,从而推断出该批产品的质量状况。全数检验可靠性好,但检验工作量大,往往难以实现。抽样检测的方法是以数理学统计为理论依据,具有很强的科学性和经济性,在许多情况下,只能采用抽样检验方法。公路工程不同于一般产品,它是一个连续的整体,且采用的质量检测手段又多属于破坏性的。所以,就公路工程质量检验而言,不可能采用全数检验,只能采用抽样检验。即从待检工程中抽取样本,根据样本的质量结果,推断整个待检工程的质量状况。质量检验的目的在于准确判断工程质量状况,以促进工程质量的提高。其有效性取决于检验的可靠性,而检验的可靠性又与以下因素有关:

(1)质量检测手段的可靠性。

(2)抽样检验方法的科学性。

(3)抽样检验方案的科学性。

只有综合考虑上述三方面因素才能提高质量检验的可靠性。

1. 抽样检验类型

抽样是从总体样本中抽取样本的过程,并通过样本了解总体。抽样检验可分为非随机抽样和随机抽样两类。

(1)非随机抽样

进行人为的有意识的挑选取样即为非随机抽样。非随机抽样中,人的主观因素占主导作用,会对总体作出错误的判断,采用这种方法所得到的检验结论可信度低。

(2)随机抽样

随机抽样排除了人的主观因素,使待检总体中每一个产品具有同等被抽取的机会。只有随机抽样的样本才能客观反映总体的质量状况。这类方法得到的数据具有代表性,质量检验的可靠性可得到基本保证。因此,随机抽样是以数理统计的原理,根据样本取得的质量数据来推测、判断总体的一种科学抽样检验方法,因而被广泛使用。

2. 随机抽样的方法

随机抽样的方法有单纯随机抽样、系统抽样、分层抽样、密集群抽样等。适合公路工程质量检验的随机抽样法一般有以下三种方式。

(1)单纯随机抽样

在总体中,直接抽取样本的方法即为单纯随机抽样。如一批产品,共 100 箱,每箱 20 件,从整批中任意抽取 200 件。这种抽样方法就是单纯随机抽样。这是一种不完全随机化的抽样方法。在进行单纯随机抽样时,应对总体中各个个体进行编码。随机抽样并不意味着随便地、任意地取样,而应采取一定方式获取随机数,以确保抽样的随机性。而随机数可以利用随机数表获得,也可以利用掷骰子和抽签的方法获得。

(2)系统抽样

系统地将总体分成若干部分,然后从每一个部分抽取一个或若干个个体,组成样本,称系统抽样。如上述的100箱产品,先把整批分成10组,每组为10箱,然后分别从各组中任意抽取20件就是系统抽样。在工程质量控制中,系统抽样的实现主要有三种方式。

第一种方式:将比较大的工程分为若干部分,根据样本容量大小,在每部分按比例进行单纯随机抽样,将各部分抽取的样品组合成一个样本。

第二种方式:间隔定时法。每隔一定时间,从工作面抽取一个或若干个样品。该方法适合于工序质量控制。

第三种方式:间隔定量法。每隔一定数量的产品,抽取一个或若干个样品,该方法主要适合工序质量控制。

(3)分层抽样

一项工程或工序往往是由若干不同的班组施工的。分层抽样法就是依据此类情况,将工程或工序分为若干层。例如:同一个班组施工的工程或工序作为一层,若某工程或工序由3个不同班组施工,则分为3层,然后按一定比例确定每层应抽取样品数,对每层则按单纯抽样法抽取样品。分层抽样便于了解每层质量状况、分析每层产生质量问题的原因。

3. 抽样检验的评定方法

抽样检验的目的,就是根据样本取得的质量数据来推测样本所属的一批产品或工序的质量状况,并判断该产品是否合格。公路工程施工中,路基路面压实度、弯沉值、路面结构层厚度,半刚性基层材料强度、水泥混凝土抗折等检验项目,应采用数理统计的方法进行计分。下面以示例说明上述项目评定方法,具体方法参阅《公路工程质量检验评定标准》(JTG F80/1—2017)。

例1-21　某新建高速公路竣工后,在不利季节测得某路段路面弯沉值如表1-34所示,路面设计弯沉值为38(0.01mm),试判断该路段的弯沉值是否符合要求。取保证率系数$Z_a=1.645$。

弯沉值检测结果　　表1-34

序号	1	2	3	4	5	6	7	8	9	10	11
l_i(0.01mm)	31	31	30	33	32	33	31	30	30	30	31
序号	12	13	14	15	16	17	18	19	20	21	22
l_i(0.01mm)	29	27	26	32	29	26	28	27	29	28	28

解:

经计算

$$\bar{l}=29.6(0.01\text{mm})\qquad S=2.09(0.01\text{mm})$$

代表弯沉值为弯沉检测值的上波动界限,即:

$$l=\bar{l}+Z_a\cdot S=29.6+1.645\times2.09=33.0(0.01\text{mm})$$

因为代表弯沉值$l<l_d=38(0.01\text{mm})$,所以该路段的弯沉值是满足要求的。

例1-22　某路段水泥混凝土路面板厚检测数据如表1-35所示。保证率为95%,设计厚度$h_d=25\text{cm}$,代表允许偏差$\Delta h=5\text{mm}$,试对该路段的板厚进行评价。

水泥混凝土路面板厚度检测结果　　表1-35

序号	1	2	3	4	5	6	7	8	9	10
厚度h_i(cm)	25.1	25.0	25.1	25.4	25.2	25.4	25.2	25.3	25.0	25.4

续上表

序号	11	12	13	14	15	16	17	18	19	20
厚度 h_i(cm)	24.9	24.8	25.3	25.3	25.2	25.1	25.0	24.8	25.1	25.0
序号	21	22	23	24	25	26	27	28	29	30
厚度 h_i(cm)	24.7	24.9	24.8	24.6	24.7	25.1	25.0	24.7	24.9	25.5

解：

经计算

$$\bar{h}=25.05\text{cm} \qquad S=0.24\text{cm}$$

根据 $n=30,\alpha=95\%$，查附录 B 得：$t_\alpha/\sqrt{n}=0.310$。

代表性厚度 h 为算术平均值的下置信界限，即：

$$h=\bar{h}-t_\alpha/\sqrt{n}\cdot S=25.05-0.310\times0.24=24.98(\text{cm})$$

因为 $h>h_d-\Delta h=24.5\text{cm}$，所以该路段的代表性厚度满足要求。

应该指出，路面结构层厚度评定中，当代表性厚度满足要求后，按单个检测值来评定合格率和计算评分。

例 1-23 某新建公路路基施工中，对其中一段压实质量进行检查，压实度检测结果如表 1-36所示，压实度标准 $K_0=95\%$。请按保证率 95% 计算该路段的代表性压实度并进行质量评定。

压实度检测结果 表 1-36

序号	1	2	3	4	5	6	7	8	9	10
压实度(%)	95.8	95.4	95.7	95.1	95.1	95.8	95.9	95.5	95.3	95.6
序号	11	12	13	14	15	16	17	18	19	20
压实度(%)	97.5	96.5	96.8	93.5	96.1	96.3	96.3	96.7	97.0	97.3

解：

经计算

$$\bar{K}=95.96\% \qquad S=0.91\%$$

代表性压实度 K 为算术平均值的下置信界限，即：

$$K=\bar{K}-t_\alpha/\sqrt{n}\cdot S=95.96\%-0.387\times0.91\%=95.61\%$$

由于代表性压实度 $K>K_0=95\%$，所以该路段的压实质量是合格的。

课后练习

一、单选题

1. 粒料基层完工后应及时洒布透层油并铺筑封层，透层油透入深度应不小于(　　)mm。

A. 3　　B. 2　　C. 5　　D. 4

2. 对于水泥混凝土上加铺沥青面层的复合式路面，沥青面层可不检测(　　)。

A. 强度　　B. 厚度　　C. 平整度　　D. 弯沉

3. 数值修约规则，当23.5和24.5修约至"个"数位时，分别为(　　)。

A. 24,24　　B. 23,24　　C. 23,25　　D. 24,25

4. 工程质量等级应分为(　　)。

A. 优良　　B. 合格与不合格

C. 及格与不及格　　D. 优秀与不合格

5. 对于水泥混凝土上加铺沥青面层的复合式路面，水泥混凝土路面结构不必检测(　　)。

A. 强度　　B. 厚度

C. 平整度　　D. 抗滑构造深度

6. 土方路基和石方路基实测项目的规定值或允许偏差按高速公路、一级公路和其他公路(　　)确定。

A. 两档　　B. 四档　　C. 三档　　D. 五档

7. 分项工程应按基本要求、(　　)、外观质量和质量保证资料等检验项目分别检查。

A. 合同段　　B. 建设项目

C. 实测项目　　D. 分部工程

8. 关键项目合格率应不低于(　　)%，否则该检查项目为不合格。

A. 80　　B. 85　　C. 90　　D. 95

9. 用 n 表示检测次数，S 表示标准偏差、$\bar{x}$ 表示平均值，则变异系数 C_V 为(　　)。

A. $\frac{S}{n}$　　B. $\frac{\bar{x}}{S}$

C. $\frac{n}{S}$　　D. $\frac{S}{\bar{x}}$

10. 压实度评定时，用(　　)来反映路段的总体压实质量。

A. 平均值　　B. 标准偏差

C. 代表值　　D. 合格率

11. 工程质量评定按(　　)顺序逐级进行。

A. 分项工程、分部工程、单位工程　B. 分部工程、分项工程、单位工程

C. 单位工程、分部工程、分项工程　D. 单位工程、分项工程、分部工程

12. 0.23和23.0两个数的有效数字分别为(　　)个和(　　)个。

A. 2,2　　B. 3,3　　C. 3,2　　D. 2,3

13. 公路工程质量检验评定的依据为(　　)。

A. 设计规范　　B. 施工规范

C. 质量检验评定标准　　D. 试验规程

14. 对土方路基质量评定影响最大的指标是(　　)。

A. 压实度　　B. 平整度

C. 宽度　　D. 纵断高程

15. 水泥混凝土面层应按(　　)进行质量评定。

A. 分项工程　　B. 分部工程

C. 单位工程　　　　　　　　　D. 单项工程

16. 如果对某测量值进行了 20 次重复测定，其平均值为 2，标准偏差为 1，则该组测定值的变异系数为(　　)。

A. 50%　　B. 200%　　C. 5%　　D. 10%

17. 下列检测项目中，用数理统计方法进行评分的项目是(　　)。

A. 纵断高程　　　　　　　　B. 中线偏位

C. 抗滑　　　　　　　　　　D. 厚度

18. 不属于表示数据离散程度的统计特征量是(　　)。

A. 标准偏差　　B. 变异系数　　C. 中位数　　D. 极差

19. 下列数字中有效数字位数是三位的是(　　)。

A. 340　　B. 0.0259　　C. 0.02　　D. 2.520

二、判断题

1. 路面结构层厚度评定保证率的取值与公路等级有关。(　　)

2. 土方路基实测项目的规定值或允许偏差按高速公路、一级公路、二级公路和三、四级公路三档设定。(　　)

3. 小桥工程在质量评定中，属于路基单位工程中的分部工程。(　　)

4. 弯沉代表值大于设计弯沉值时，相应分项工程应为合格。(　　)

5. 有规定极值的检查项目，任一单个检测值不应突破规定极值，否则该检查项目为不合格。(　　)

6. 在单位工程中，按路段长度、结构部位及施工特点等划分的工程为分项工程。(　　)

7. 一般项目的合格率不得低于 90%，否则该检查项目为不合格。(　　)

8. 分项工程对所列基本要求逐项检查，经检查不符合规定时，可进行工程质量的评定。(　　)

9. 所含单位工程合格，该合同段评定为合格。(　　)

10. 根据公路工程检验评定标准规定，当土方路基施工路段较短时，分层压实度必须全部符合要求，且实际样本数不小于 6 个。(　　)

11. 关键项目的合格率不得低于 90%，否则该项目为不合格。(　　)

12. 根据公路工程质量检验评定标准规定，纵断高程一般用水准仪测定。(　　)

13. 公路工程质量检验评定应按分项工程、分部工程、单位工程逐级进行。(　　)

14. 工程质量等级应分为合格与不合格。(　　)

15. 评定为不合格的分项工程、分部工程，经返工、加固、补强或调测，满足设计要求后，可重新进行检验评定。(　　)

16. 级配碎石、填隙碎石的压实质量用固体体积率控制。(　　)

17. 系统抽样、分层抽样属于非随机抽样方法。(　　)

18. 对于水泥混凝土路面，应测定其抗压强度。(　　)

19. 进行压实度评定时，高速公路、一级公路的保证率比二级公路的小。(　　)

20. 路基工程实测项目质量标准按高速公路、一级公路、二级公路和其他公路四档设定。(　　)

21. 抽样检验可分为随机和非随机抽样。（　）

22. 路基除压实度指标需分层检测外，其他检查项目均在路基完成后对路基顶面进行检查测定。（　）

23. 经检查不符合基本要求规定时，不得进行分项工程质量检验与评定。（　）

24. 极差和标准偏差均表示数据的离散程度，但极差比标准偏差利用的数据信息少。（　）

25. 将 15.45 修约成三位有效数字，其修约值为 15.0。（　）

三、简答题

1. 分项工程质量检验内容包括什么？

2. 工程质量评定顺序是什么？

3. 土方路基实测项目有哪些？

4. 石方路基实测项目有哪些？

四、计算题

1. 某路段垫层施工质量检查中，用标准轴载测得 15 个点的弯沉值分别为 100、101、110、108、98、96、95、102、110、95、98、93、96、103、104(0.01mm)，试计算该结构层弯沉值的算术平均值、中位数、极差、标准偏差和变异系数以及弯沉的代表值。（已知 $Z_a=1.645$）

2. 某新建二级公路设计弯沉值 $l_d=33(0.01\text{mm})$，其中一评定段（沥青混凝土面层）弯沉测试结果为 17、11、10、14、13、10、16、19、12、14、17、20(0.01mm)，试评定该路段弯沉检测结果。（保证率为 93.32%，$Z_a=1.5$）。

3. 中液限黏土填筑的路堤。试验室重型标准击实试验求得该土的最大干密度 $\rho_{dmax}=1.82\text{g/cm}^3$；按道路等级和标准确定要求压实度 $K_0=93\%$（重型击实标准）。检测组对已完工的一段作了压实质量测定，数据见表 1-37。试计算各测点的干密度、压实度，并按 95% 保证率计算该路段压实度的代表值。

计算题 3 数据　　表 1-37

测点编号	湿密度(g/cm^3)	含水率(%)	干密度(g/cm^3)	压实度(%)
1	1.98	14.8		
2	1.94	14.6		
3	1.97	14.7		
4	2.03	15.6	1.76	96.7
5	2.07	16.2		
6	2.05	16.3	1.76	96.7
7	1.94	15.8		
8	2.04	16.2	1.76	96.7
9	2.02	15.7	1.75	96.1
10	2.01	15.6	1.74	95.6
11	1.99	15.4	1.72	94.5
12	2.01	15.9	1.73	95.1

4. 某新建公路路基施工中，对其中一段压实质量进行检查，压实度检测结果为 95.8、

95.4、95.7、95.1、95.1、95.8、95.9、95.5、95.3、95.6、97.5、96.5、96.8、93.5、96.1、96.3、96.3、96.7、97.0、97.3，压实度标准 $K_0=95\%$，数据见表1-38。请按保证率95%计算该路段的代表性压实度并进行质量评定。

计算题4数据 表1-38

n	双边置信水平 $t_{\alpha/2}\sqrt{N}$		单边置信水平 $t_{\alpha}/\sqrt{N}$	
	保证率95%	保证率90%	保证率95%	保证率90%
	$\alpha/2$	$\alpha/2$	α	α
16	0.533	0.438	0.438	0.335
17	0.514	0.423	0.423	0.324
18	0.497	0.410	0.410	0.314
19	0.482	0.398	0.398	0.305
20	0.468	0.387	0.387	0.297

单元二　路基工程试验与检测

项目一　路基施工准备阶段试验检测

路基是用土或石料修筑而成的具有一定的路线位置和技术要求的带状构造物,承受由路面传递下来的行车荷载。它贯穿公路全线,与桥梁、隧道相连,构成公路的整体。土是路基工程最基本的填筑材料,所以对土的试验和检测无论从设计、施工还是科研的角度来说都是必不可少的工作。

任务一　路基土的工程分类

土的工程分类体系就是根据土的工程性质差异将土划分成一定的类别,目的在于通过通用的鉴别标准,便于在不同土类间作出有价值的比较、评价、积累以及学术与经验的交流。土的工程分类可以归纳为三级。

(1)第一级是成因类型分类:主要按土的成因和形成年代作为分类标准。

将土按土体的成因分为:残积土(包括泉水沉积、洞穴堆积等)、坡积土、洪积土、冲积土、冰积土、风积土、化学堆积土、生物堆积土(古植物层土)、火山堆积土、坠积土、崩积土、滑坡堆积土(包括土溜)、泥石流堆积土、三角洲堆积土(分河—湖相、河—海相)、湖泊堆积土、沼泽沉积土、海相沉积土、海陆交互相堆积土、冰水沉积土及人工堆积土等。或者是上述两种或两种以上成因的混合成因土。

将土按堆积年代划分为三类:第一类是老堆积土,是第四纪更新世 Q_3 及其以前堆积的土层;第二类是一般堆积土,是第四纪全新世(文化期以前 Q_4)堆积的土层;第三类是新近堆积土,是文化期以来 Q_4 新近堆积的土层。

(2)第二级是土质类型分类:主要考虑土的物质组成(颗粒级配和矿物成分)及其与水相互作用的特点(塑性指标),按土的形成条件和内部联结,将土划分为“普通土”和“特殊土”。

①“普通土”分类。

“普通土”分为碎石土、砂土、粉土和黏性土。碎石土(粒组表示为巨粒组)为粒径大于2mm 的颗粒含量超过总质量 50% 的土。碎石土根据粒组含量可分为漂石、块石、卵石、碎石、砾。砂土为粒径大于 2mm 的颗粒含量不超过总质量 50% 且粒径大于 0.075mm 的颗粒含量超过总质量的 50% 的土。砂土根据粒组含量分为砾砂、粗砂、中砂、细砂、粉砂。粉土为粒径大于 0.075mm 的颗粒含量等于或不超过总质量的 50% 且塑性指数小于或等于 10 的土；粉土分为黏质粉土和砂质粉土。黏性土为塑性指数 I_P 大于 10 的土。

②特殊土。

有些土类，由于地理环境、气候条件、地质成因、物质成分及次生变化等原因而各具有与一般土类显著不同的特殊工程性质，当其作为建筑场地、地基及建筑环境时，如果不注意这些特点，并采取相应的治理措施，就会造成工程事故。这类具有特殊工程性质的土称为特殊土。

在我国，具有一定分布区域和特殊工程意义的特殊土种类很多，包括软土、黄土、红黏土、膨胀土、人工填土等。

土的第二级分类即土质分类，考虑了决定土的工程地质性质的最本质因素，即土的颗粒级配与塑性特性，是土分类的最基本形式。

(3)第三级分类是工程建筑类型分类：主要考虑与水作用的特点（饱和状态、稠度状态、胀缩性、湿陷性等）、土的密实度或压缩固结特点将土进行详细的划分。

土的分类原则包括：第一，分类简明，既要综合反映土的主要工程性质，又要测定方法简单，使用方便；第二，土的分类体系所采用的指标要在一定程度上反映不同类工程用土的不同特性。

土的工程分类就是将颗粒粒径相近、工程性质相似的土划分为同一类型土。

(1)土的工程分类的目的：通过对公路工程用土的鉴别、定名和描述，对土的性状做定性评价，为工程设计和施工提供依据。

(2)土的分类依据为：

①土颗粒组成特征。

②土的塑性指标：液限 w_L、塑限 w_P 和塑性指数 I_P。

③土中有机质存在情况。

(3)本分类应按筛分法确定各粒组的含量；按液塑限联合测定法确定液限、塑限和塑性指数。

(4)土的颗粒应按表 2-1 所列粒组范围划分。

粒组划分图　　表 2-1

巨粒组(mm)		粗粒组(mm)						细粒组(mm)	
漂石（块石）	卵石（小块石）	砾（角砾）			砂			粉粒	黏粒
		粗	中	细	粗	中	细		
200		60	20	5	2	0.5	0.25	0.075	0.002(mm)

粗粒土的性质主要取决于土颗粒的粒径分布和特征；细粒土的性质主要取决于土粒与水相互作用的状态，即土的塑性。根据上述粒组划分规则将土划分为：巨粒土（包括漂石土、卵石土）、粗粒土（包括砾类土和砂类土）、细粒土（包括粉质土、黏质土、有机质土）和特殊土（包括黄土、膨胀土、红黏土、盐渍土、冻土）。

(5)土颗粒组成特征应以土的级配指标的不均匀系数 C_u 和曲率系数 C_c 表示。不均匀系数 C_u 反映粒径分布曲线上的土粒分布范围，按下式计算：

$$C_u = \frac{d_{60}}{d_{10}} \tag{2-1}$$

曲率系数 C_c：

$$C_c = \frac{(d_{30})^2}{d_{10} \times d_{60}} \tag{2-2}$$

式中：d_{10}、d_{30}、d_{60}——土的粒径分布曲线上对应通过率 10%、30%、60%的粒径(mm)。

①巨粒土分类。

根据巨粒组具体含量，巨粒土可细分为漂(卵)石，巨粒含量大于 75%；漂(卵)石夹土，巨粒含量为 50% ~75%；漂(卵)石质土，巨粒含量为 15% ~50%。

②粗粒土的分类。

试样中巨粒组土粒质量小于或等于总质量的 15%，且巨粒组土粒与粗粒组土粒质量之和多于总土质量 50% 的土称粗粒土。粗粒土中砾粒组质量多于砂粒组质量的土称砾类土，见图 2-1。

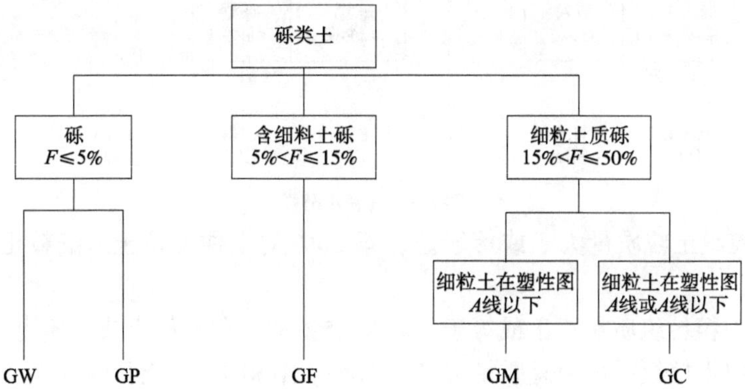

图 2-1　砾类土分类图

砾类土中细粒土质量小于或等于总质量 5% 的土称为砾。当 $C_u \geq 5$ 且 $C_c = 1 \sim 3$ 时称级配良好砾，记为 GW。当不满足上述条件时，为级配不良砾，记为 GP。砾类土中细粒组质量为总质量的 5% ~ 15%、粗粒土中砾粒组质量小于或等于砂粒组质量的土称为砂类土(图 2-2)。当 $C_u \geq 5$ 且 $C_c = 1 \sim 3$ 时称级配良好砂，记为 SW。当不满足上述条件时，为级配不良砂，记为 SP。

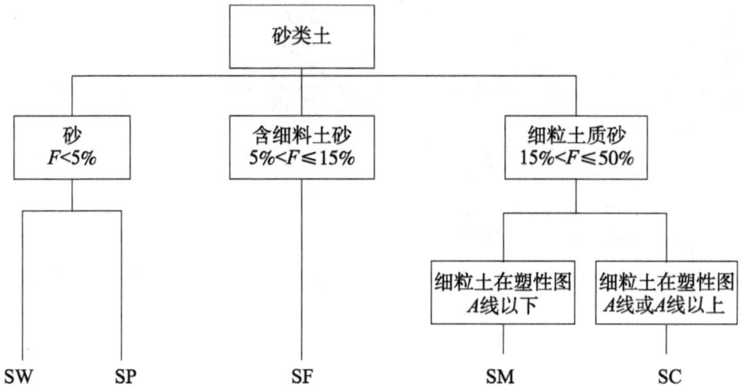

图 2-2　砂类土分类图

注：需要时，砂可以进一步分为粗砂、中砂、细砂。粗砂是指粒径大于 0.5mm 颗粒大于总质量 50%；中砂是指粒径大于 0.25mm 颗粒大于总质量 50%；细砂是指粒径大于 0.075mm 颗粒大于总质量 75%。

③细粒土分类(图 2-3)。

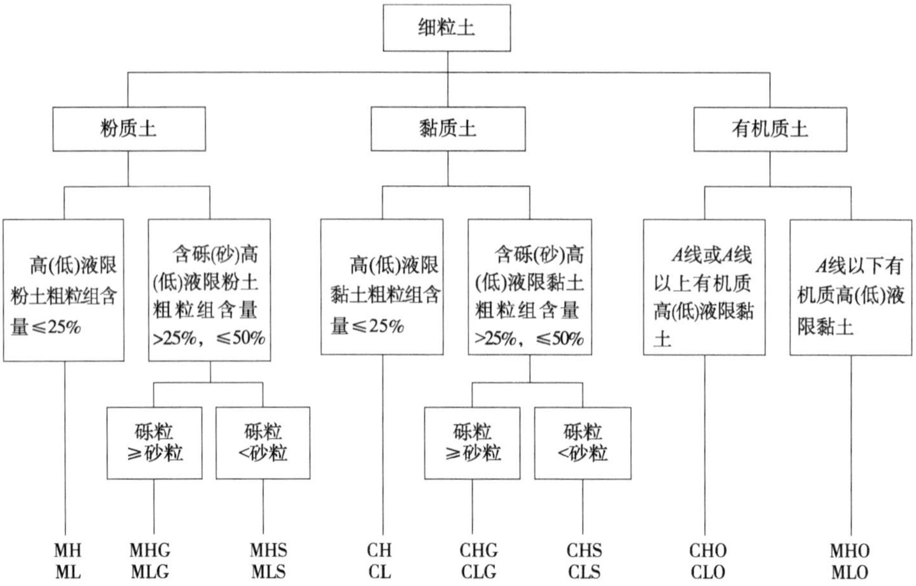

图 2-3　细粒土分类

试样中细粒组土粒质量大于或等于总质量 50% 的土称细粒土。细粒土应按下列规定划分：

A. 细粒土中粗粒组质量小于或等于总质量 25% 的土称粉质土或黏质土。

B. 细粒土中粗粒组质量为总质量 25% ~50%（含 50%）的土称含粗粒的粉质土或含粗粒的黏质土。

C. 试样中有机质含量大于或等于总质量 5% 且小于总质量 10% 的土称有机质土。有机质大于或等于 10% 的土称为有机土。

细粒土的分类按塑性图（图 2-4）进行分类。

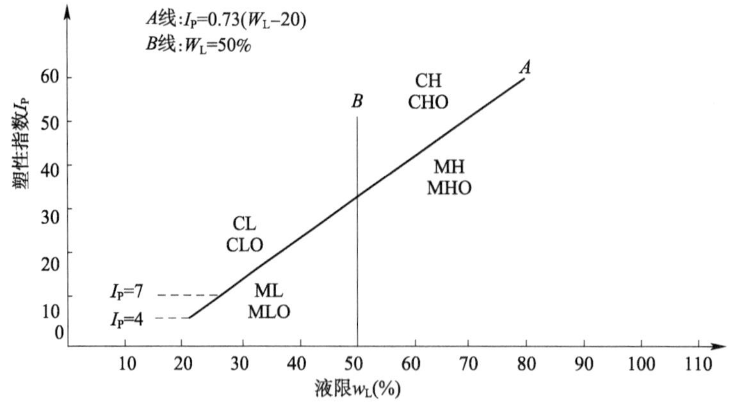

图 2-4　塑性图

本塑性图采用下列液限分区：高液限（w_L ≥50%）、低液限（w_L <50%）。细粒土按其在图 2-4 的位置确定土名称：

A. 当细粒土位于塑性图 *A* 线或 *A* 线以上时：

(a) 在 *B* 线或 *B* 线以右，称高液限黏土，记为 CH（如果是有机土就称为有机质高液限黏土,记为 CHO)。

(b)在 B 线以左,$I_P=7$ 线以上,称低液限黏土,记为 CL(如果是有机土就称为有机质低液限黏土,记为 CLO)。

B. 当细粒土位于 A 线以下时:

(a)在 B 线或 B 线以右称高液限粉土,记为 MH(如果是有机质土就称为有机质高液限粉土,记为 MHO)。

(b)在 B 线以左,$I_P=4$ 线以下,称低液限粉土,记为 ML(如果是有机质土就称有机质低高液限粉土,记为 MLO)。

④特殊土的分类。

本分类只给出黄土、红黏土、膨胀土在塑性图中的位置及其学名,以及盐渍土的含盐量标准和冻土的分类标准。黄土、红黏土和膨胀土按图 2-5 定名。

①黄土:低液限黏土(CLY),分布范围大部分在 A 线以上,$w_L<40\%$。

②膨胀土:高液限黏土(CHE),分布范围大部分在 A 线以上,$w_L>50\%$。

③红黏土:高液限粉土(MHR),分布范围大部分在 A 线以下,$w_L>55\%$。

④盐渍土按表 2-2 规定分类。

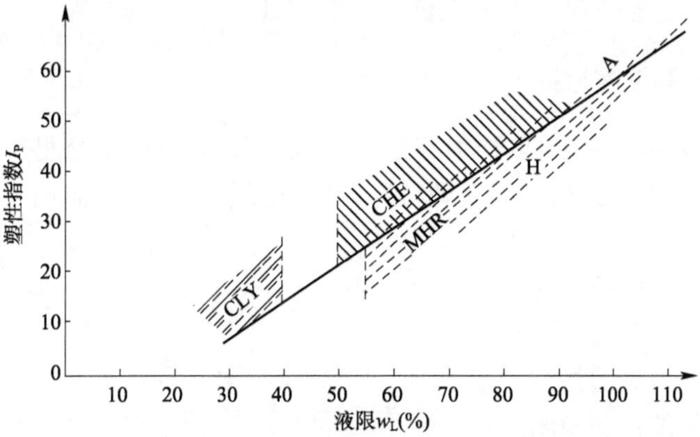

图 2-5　特殊土分类图

盐渍土工程分类　　表 2-2

名　　称	平均总盐量质量占比(%)			
	氯盐渍土	亚氯盐渍土	亚硫酸盐渍土	硫酸盐渍土
	土层中 Cl^-/SO_4^{2-} 比值			
	>2.0	1.0~2.0	0.3~1.0	<0.3
弱盐渍土	0.3~1.5	0.3~1.0	0.3~0.8	0.3~0.5
中盐渍土	1.5~5.0	1.0~4.0	0.8~2.0	0.5~1.5
强盐渍土	5.0~8.0	4.0~7.0	2.0~5.0	1.5~4.0
过盐渍土	>8.0	>7.0	>5.0	>4.0

⑤根据冻土冻结状态持续时间长短,我国冻土可分为多年冻土、隔年冻土和季节冻土三种类型,见表 2-3。

冻土按冻结状态持续时间分类　　表2-3

类　型	持续时间 t(年)	地面温度(℃)特征	冻 融 特 征
多年冻土	$t \geq 2$	年平均地面温度≤0	季节融化
隔年冻土	$2 > t \geq 1$	最低月平均地面温度≤0	季节冻结
季节冻土	$t < 1$	最低月平均地面温度≤0	季节冻结

各种土的性质不同,在实际工程施工时要认识清楚。在实际工程施工中,不同的土类采取不同的工程技术措施:巨粒土是良好的路基材料;砂类土是施工效果最优的路基建材;黏质土是较常见、效果也较好的路基路面建材;粉性土属于不良材料,最容易引起路基病害;特殊土用于路基时必须采取技术措施加以处理。

任务二　路基土石方工程质量检测内容

路基工程开工前,要进行以下两项检测工作:一是对路基原地面的土进行试验检测,二是对取料场的土进行试验检测。这两项内容完成并且符合规范和图纸要求后,施工单位向监理工程师申请开工,经监理工程师批准,才可以开工。

一、路基原地面的试验检测

路基原地面检测频率要求:取样须有监理工程师现场见证,每公里至少取2个试坑,每个试坑做一次全套土工试验检测。遇到特殊路段,土质变化较大,应加大频率,多取几个代表性的点。

路基原地面试验检测项目包括:

(1)土的天然含水率、天然干密度检测。

(2)土的颗粒分析试验检测。

(3)界限含水率的试验检测。

(4)土的标准击实试验检测。

(5)土的膨胀率试验检测(必要时)。

二、取料场土的试验检测内容

土工试验取样一般按设计文件提供的资料,每一种土类取样不少于3组,也可按桩号取样,须有监理工程师见证,频率一般每5000m^3取土样做一全套常规土工试验检测。

(1)土的天然含水率、天然干密度检测。

(2)土的颗粒分析试验检测。

(3)界限含水率的试验检测。

(4)土的标准击实试验检测。

(5)土的CBR试验检测。

(6)土的相对密度试验检测(必要时)。

(7)特殊土的试验检测(必要时)。

(8)石灰钙镁含量、石灰剂量测定、石灰土击实、石灰土无侧限抗压强度对雨水天气多的潮湿地区须增加的检测项目,详见单元三。

三、路基填料选取原则

路基填料最好用粒料土。如果在经济运距范围内没有粒料土,其他土在强度满足规范和设计要求,能达到规定的密实度时,也可以用作填料。下列材料不能直接用作路基填料:

(1)含草皮、生活垃圾、树根、腐殖质的土。

(2)淤泥、泥炭、冻土、强膨胀土,有机质和易溶盐超过允许含量的土,确需使用时须采取技术措施处理,满足设计要求方可使用。

(3)液限大于50%、塑性指数大于26%的土,含水率不适宜直接压实的细粒土,确需使用时须采取技术措施处理,满足设计要求方可使用。

(4)粉质土不宜直接填筑路床,不得直接填筑冰冻地区的路床及浸水部分的路堤。

任务三　路基土石方工程检测

检测项目一　土的含水率试验检测

土中水分为结晶水、结合水和自由水。结晶水是存在于矿物晶体内部或参与矿物构造的水,在高温(150～240℃,甚至400℃)下才能从土颗粒矿物中析出。结合水可划分强结合水和弱结合水。强结合水靠近土颗粒表面,在110～150℃才能从土体中析出。弱结合水远离土颗粒表面,是强结合水和自由水的过渡型水。自由水存在土颗粒空隙中。影响土物理、力学性质的主要是弱结合水和自由水。因此,测定含水率时主要测定的是这两部分水的含量。这两部分水在105～110℃下就可以从土中析出。所以土的含水率是土在105～110℃下,烘至恒重所失去水分和土颗粒之间的比值,用百分数表示。含水率的试验方法有烘干法、酒精燃烧法和比重法。

相关资源见二维码1。

1-土的含水率试验

一、烘干法

1. 目的和适应范围

烘干法是测试土的含水率的标准方法,适用于测定黏质土、粉质土、砂类土、砂砾石、有机质土和冻土土类的含水率。

2. 仪器设备

(1)烘箱:可采用电热烘箱或者温度能保持在105～110℃的其他能源烘箱。

(2)天平:称量200g,感量0.01g;称量1000g,感量0.1g。

(3)其他:干燥器、称量盒。

3. 试验步骤

(1)称称量盒质量。

(2)取代表性土样(细粒土15~30g,砂类土、有机质土50g,砂砾石为1~2kg),放入称量盒内,立即盖好盒盖,称盒与湿土的质量。

(3)打开盒盖,将试样和盒放入烘箱内在105~110℃恒温下烘干。烘干时间:对细粒土不得少于8h,对砂类土不得少于6h。含有机质超过5%的土或者含石膏的土,温度应控制在60~70℃,干燥12~15h。对于水泥稳定土,应事先将烘箱温度调至110℃以上,再将试样和盒放入烘箱,烘至恒重。

(4)将烘干后的试样和盒取出,放入干燥器内冷却至室温。冷却后盖好盒盖,称盒与干土质量,准确至0.01g。

4.结果整理

1)按下式计算含水率

$$w=\frac{m-m_s}{m_s}\times 100\% \tag{2-3}$$

式中:w——含水率,计算至0.1;

m——湿土质量(g);

m_s——干土质量(g)。

2)精密度和允许差值

本试验须进行二次平行测定,取其算术平均值,允许平行差值应符合表2-4的要求,如果试验检测结果超出表2-4要求的允许值,则试验结果无效,应重新取样闷土,重新做试验,直到满足表2-4的要求为止。

含水率测定的允许平行差值 表2-4

含水率(%)	允许平行差值(%)	含水率(%)	允许平行差值(%)
5以下	0.3	40以上	≤2
40以下	≤1	对层状和网状构造冻土	<3

工程示例

含水率试验(烘干法)记录

工程名称:××高速公路路基工程　　合同编号:××高速公路合字2015第1号

承包单位	××高速公路中铁××局×处			委托单编号	××01-××L-01
委托单位	××高速公路中铁××局×处			分项工程	土方路基
监理单位	辽宁××监理有限公司			试验者	×××
试验单位	辽宁××公路工程检测中心			校核者	×××
试验规程	JTG E40—2007			试验日期	2015年6月6日
试样描述	土样颜色黄色,黏土			报告日期	2015年6月9日
取样地点	K1+200	土样类型	黏土	材料产地	辽宁

续上表

盒号		39	45	68	60
盒质量(g)	(1)	24.99	24.68	24.92	24.45
盒+湿土质量(g)	(2)	47.57	37.67	42.51	43.85
盒+干土质量(g)	(3)	43.01	35.03	38.23	39.07
水分质量(g)	(4)=(2)-(3)	4.56	2.64	4.28	4.78
干土质量(g)	(5)=(3)-(1)	18.02	10.35	13.31	14.62
含水率(%)	$(6)=\frac{(4)}{(5)}\times100$	25.30	25.50	32.16	32.69
平均含水率(%)	(7)	25.4		32.4	
结论：		技术负责人意见： 签名：			
监督(理)工程师签字： 签名：		试验室盖章：			

二、酒精燃烧法

1. 目的和适用范围

本试验方法适用于快速简易测定细粒土(含有机质的土除外)的含水率。

2. 仪器设备

(1)称量盒。

(2)酒精：纯度95%。

(3)天平：感量0.01g。

(4)滴管、火柴、调土刀等。

3. 试验步骤

(1)称称量盒质量。

(2)取代表性试样(黏质土5~10g、砂类土20~30g)，放入称量盒内，称湿土质量，准确至0.01g。

(3)用滴管将酒精注入放有试样的称量盒中，直至盒中出现自由液面为止。为使酒精在试样中充分混合均匀，可将盒底在桌面上轻轻敲击。

(4)点燃盒中酒精，烧至火焰熄灭。

(5)将试样冷却数分钟，按(3)~(4)步规定再重复燃烧两次。当第3次火焰熄灭后，立即盖好盒盖，称干土质量，准确至0.01g。

其余同烘干法。

三、比重法

1. 目的和适用范围

本试验方法仅适用于砂类土。

2. 仪器设备

(1)玻璃瓶:容积500mL以上。

(2)天平:称量1000g,感量0.5g。

(3)漏斗、小勺、吸水球、土样盘及玻璃棒等。

3. 试验步骤

(1)取代表性砂类土试样200~300g,放入试样盘内。

(2)向玻璃瓶中注入清水至瓶高的1/3左右,然后用漏斗将试样盘中的试样倒入瓶中,并用玻璃棒搅拌1~2min,直到所含气体完全排出为止。

(3)向瓶中加清水至全部充满,静置1min后用吸水球吸去泡沫,再加清水使其充满,盖上玻璃片,擦干瓶外壁,称质量。

(4)倒去瓶中混合液,洗净,再向瓶中加清水至全部充满,盖上玻璃片,擦干瓶外壁,称质量,准确至0.5g。

4. 结果整理

按下式计算含水率:

$$w = \left[\frac{m(G_s - 1)}{G_s(m_1 - m_2)} - 1\right] \times 100\% \tag{2-4}$$

式中:w——砂类土的含水率,计算至0.1;

m——湿土质量(g);

m_1——瓶、水、土、玻璃片合质量(g);

m_2——瓶、水、玻璃片合质量(g);

G_s——砂类土的比重[1]。

5. 精密度和允许差

本试验须进行两次平行测定,取其算术平均值,允许平行差值应符合表2-4的要求。

检测项目二　土的界限含水率测定

一、概述

黏性土的工程性质受土的含水率影响极大。当黏性土的含水率发生变化时,土的状态随之而变。土的含水率由小变大时土体便从固态转化成半固态、可塑状态以至流动状态。土由可塑状态转变为半固体状态的界限含水率称为塑限含水率;土从流动状态转变为可塑状态的界限含水率称为液限含水率。半固态的水分蒸发,体积逐渐缩小,到体积不再缩小时的含水率称为缩限含水率。黏性土的物理状态与含水率的关系见图2-6,可用土处于塑性状态的含水率变化范围衡量。这个范围就是液限和塑限的差值,即塑性指数$I_P = w_L - w_P$,习惯上用不带百分号的数值表示。塑性越大表示土塑性越高。相关资源见二维码2。

2-土的界限含水率

[1] 即相对密度。为与《公路土工试验规程》(JTG E40—2007)保持一致,此处仍采用“比重”。

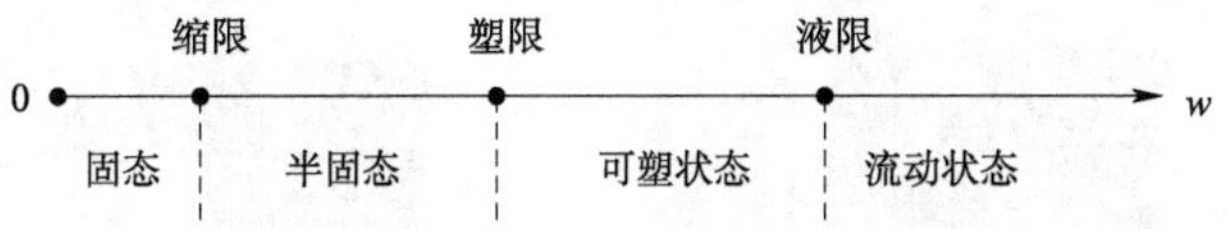

图 2-6　黏性土物理状态与含水率关系

土的天然含水率在一定程度上反映土中水量的多少。但仅用天然含水率并不能说明土处于何种物理状态，因此还需一个能够表示天然含水率与界限含水率关系的值，这就是液性指数 I_L。用 I_L 表示土的软硬程度，主要用于判断土的天然稠度状态，见表 2-5。

$$I_L = \frac{w - w_P}{I_P} \tag{2-5}$$

液性指数对(I_L)黏性土的天然稠度状态划分表　　表 2-5

状态	坚硬	硬塑	可塑	软塑	流塑
液性指数	$I_L \leqslant 0$	$0 < I_L \leqslant 0.25$	$0.25 < I_L \leqslant 0.75$	$0.75 < I_L \leqslant 1$	$I_L > 1$
稠度状态	半固体状态	塑性状态			流动状态

例 2-1　测试界限含水率时，测得液限 $w_L = 29.5\%$，$w_P = 11.5\%$，$w = 27.5\%$，试判断该土样的状态。

解：

$$I_P = w_L - w_P = 29.5 - 11.5 = 18$$

$$I_L = \frac{w - w_P}{w_L - w_P} = \frac{27.5 - 11.5}{18} = 0.89$$

故该土样为软塑状态。

二、液限和塑限联合测定法

1. 目的和适用范围

本试验的目的是联合测定土的液限和塑限，用于划分土类，计算天然稠度、塑性指数，供工程设计和施工使用。本试验适用粒径不大于 0.5mm、有机质含量不大于试样总质量 5% 的土。

2. 仪器设备

(1)圆锥仪：锥质量为 100g 或 76g，锥角为 30°，读数显示形式宜采用光电式、数码式、游标式、百分表式。

(2)盛土杯：直径 50mm，深度 40 ~ 50mm。

(3)天平：称量 200g，感量 0.01g。

(4)烘箱：电热烘箱或温度能保持在 105 ~ 110℃ 的其他能源烘箱。

(5)土筛(孔径 0.5mm)。

(6)称量盒及调土刀、调土皿、研钵、干燥器、凡士林等。

烘箱、光电式液塑限联合测定仪，如图 2-7、图 2-8 所示。

图 2-7　烘箱

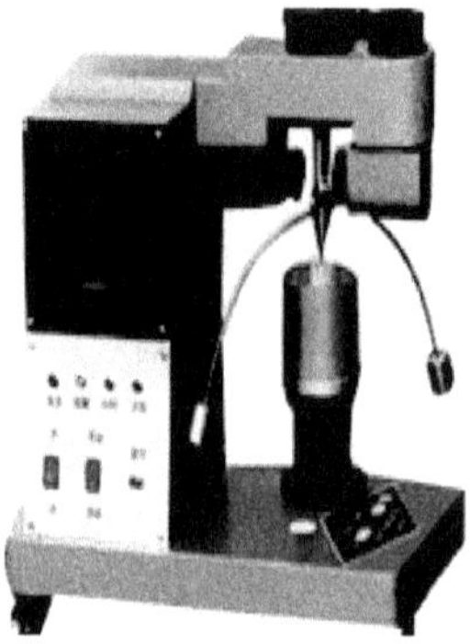

图 2-8　光电式液塑限联合测定仪

3. 试验步骤

(1)取具有代表性的天然含水率或风干土样过 0.5mm 的筛,取筛下土 200g 进行试验。如果土中大于 0.5mm 的土粒应用木棒在橡皮板上压碎,再过 0.05mm 筛。

(2)将土样分开放入三个盛土皿中,加入不同数量蒸馏水,土样的含水率分别控制在液限(a 点)、略大于塑限(c 点)和二者中间状态(b 点)。用调土刀调匀,盖上湿布,放置 18h 以上。测定 a 点锥入深度,对于 100g 锥应为 20mm ±0.2mm,对于 76g 锥应为 17mm。测定 c 点的锥入深度,对于 100g 锥应控制在 5mm 以下,76g 应控制在 2mm 以下。对于砂类土测定 c 点锥深时,100g 锥可比 5mm 大,76g 锥可比 2mm 大。

(3)将制备的土样充分搅拌均匀,分层装入盛土杯,用力压密,使空气逸出。对于较干的土样,应先充分搓揉,用调土刀反复压实。试杯装满后,刮成与杯边齐平。

(4)当用光电式或数码式液塑限联合测定仪测定时,接通电源,调平机身,打开开关,提起锥杆(此时刻度或数码显示读数为零)。

(5)将装好土样的试杯放在联合测定仪的升降座上,转动升降旋钮,试杯徐徐上升,锥尖与土样表面刚好接触,指示灯亮后停止转动旋钮,锥体立刻自行下沉,5s 时,读出显示窗的读数 h_1,改变锥尖位置(两次锥入位置距离不小于 1cm)测锥深 h_2。两次锥深允许平行误差为 0.5mm,否则重做。取 h_1、h_2 平均值作为该点锥入深度 h。

(6)取 10g 以上土样两份,分别装入称量盒内称质量(准确至 0.01g),测定其含水率 w_1、w_2(计算至 0.1%),计算含水率平均值 w。

(7)重复(3)~(6)步,对其他两个含水率土样进行试验,测其锥入深度和含水率。

4. 结果整理

(1)在双对数坐标曲线上,以含水率 w 为横坐标,锥入深度为纵坐标点绘 a、b、c 三点含水率的 h-w 图,连此三点应呈一条直线。如果三点不在一条直线上,要通过 a 点与 b、c 两点连成两条直线,根据液限(a 点含水率)在 h-w 图上查得 h_P,以此 h_P 再在 h-w 的 ab 及 ac 两直线上求出相应的两个含水率。当两个含水率的差值小于 2% 时,以该两点含水率的平均值与 a 连成一直线。当两个含水率的差值大于 2% 时,应重新做试验。

(2)液限的确定:

①若采用 76g 锥做液限试验,则在 h-w 图上,查得纵坐标入土深度 h = 17mm 所对应横坐标的含水率 w,即为该土样的液限 w_L。

②若采用100g锥做液限试验，则在 h-w 图上，查得纵坐标入土深度 $h=20$mm 所对应横坐标的含水率 w，即为该土样的液限 w_L。

(3)塑限的确定：

①根据求出的液限，通过76g锥入土深度 h 与含水率的关系曲线(图2-9)查得入土深度为2mm所对应的含水率即为该土样的塑限 w_P。

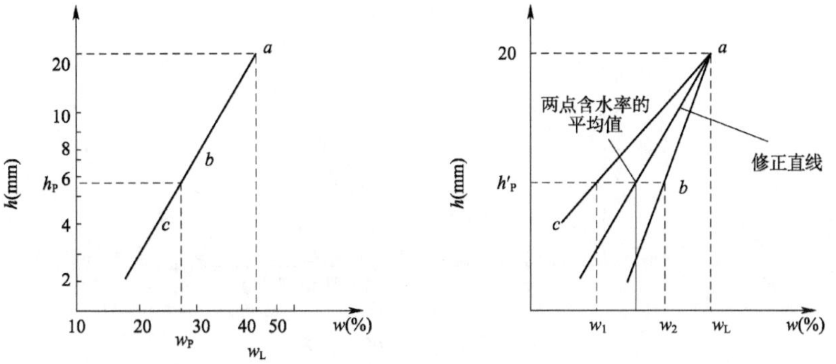

a)三点共线(100g)　　b)三点不共线(100g)

图2-9　锥入深度与含水率(h-w)关系图

②根据求出的液限(采用100g锥时)，对于细粒土采用式(2-6)确定锥入深度 h_P 值，求出 h_P 对应的含水率即为所求塑限含水率 w_P；对于砂类土采用式(2-7)确定锥入深度 h_P 值，求出 h_P 对应的含水率即为所求塑限含水率。

$$h_P=\frac{w_L}{0.524w_L-7.606} \tag{2-6}$$

$$h_P=29.6-1.22w_L+0.017w_L^2-0.000074w_L^3 \tag{2-7}$$

工程示例

液塑限联合试验记录

工程名称：××高速公路　　合同编号：××合字2015第3号

承包单位	××高速公路中铁××局××处			委托编号	××01－××××－11				
委托单位	××高速公路中铁××局××处			分项工程	土方路基				
监理单位	辽宁省××监理有限公司			试验者	××××				
试验单位	辽宁××公路工程质量检测中心			校核者	×××				
试验规程	JTG E40—2007			试验日期	2015－08－03				
试样描述	K10＋100路基土			报告日期	2015－08－05				
试样编号		取土深度		土样类型					
土的代号	CL	土的类别	砂类土	取土地点	K10＋200				
试验次数	入土深度(mm)			盒号	盒质量(g)	盒＋湿土质量(g)	盒＋干土质量(g)	干土质量(g)	平均含水率(%)
	1	2	平均						
1	4.7	4.7	4.7	1号	24.98	47.57	43.00	18.02	25.4
				2号	24.67	37.67	35.02	10.35	
2	9.4	9.4	9.4	3号	24.93	42.51	38.24	13.31	32.4
				4号	24.47	43.85	39.09	14.62	

续上表

<table>
<tr><td rowspan="2">3</td><td rowspan="2">19.8</td><td rowspan="2">20.2</td><td rowspan="2">20.0</td><td>5 号</td><td>25.53</td><td>47.72</td><td>41.69</td><td>16.16</td><td rowspan="2">37.4</td></tr>
<tr><td>6 号</td><td>24.45</td><td>54.18</td><td>46.08</td><td>21.63</td></tr>
<tr><td colspan="10">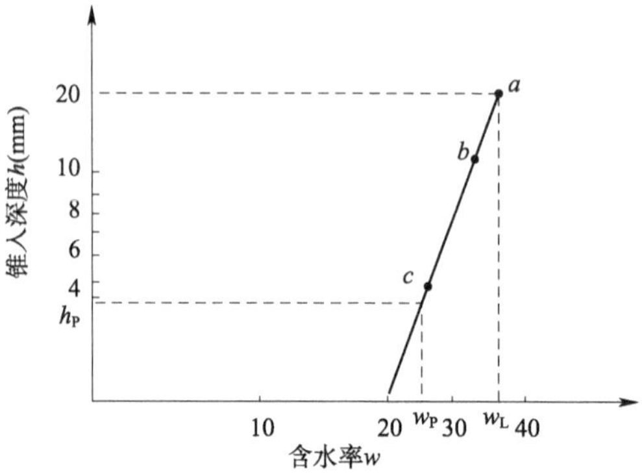

锥入深度与斜水率关系图</td></tr>
<tr><td colspan="2">液限 w_L</td><td colspan="2">37.4%</td><td>塑限 w_P</td><td colspan="2">25.7%</td><td colspan="2">塑性指数 I_P</td><td>11.7</td></tr>
<tr><td colspan="5">结论：</td><td colspan="5">技术负责人意见：
签名：</td></tr>
<tr><td colspan="5">监督(理)工程师签字：
签名：</td><td colspan="5">试验室盖章：</td></tr>
</table>

检测项目三　土的颗粒分析试验

一、概述

土是各种颗粒粒径的集合体，它是由固体、液体、气体三部分组成(称为三相系)。固体部分即为土的颗粒，土中包含着各种大小和形状不同的颗粒，在工程上把几何尺寸相近、工程性质相似的土颗粒划分为若干组，称为粒组。所谓土的颗粒组成就是土中各种粒组的相对含量，称为土的颗粒级配。确定土的粒组的相对含量的方法，称为颗粒分析试验。工程实践中常用颗粒分析试验有两大类：一类是机械分析法，如筛分法；一类是物理分析法，如密度计法和移液管法等。机械分析法适用于分析粒径大于 0.075mm 且不大于 60mm 的土颗粒，物理分析法适用于分析粒径小于 0.075mm 的土的颗粒。若土中粗细颗粒兼有，则联合采用筛分法及密度计法或移液管法。

二、土的颗粒分析试验——筛分法

1. 目的与适用范围

土的颗粒分析试验是测定土的粒径大小及级配状况，为土分类、定名及现场施工提供依据。本方法适用于分析粒径大于 0.075mm 的土颗粒组成。

2. 仪器设备

1）标准筛

粗筛（圆孔）孔径为60mm、40mm、20mm、10mm、5mm、2mm；细筛孔径2.0mm、1.0mm、0.5mm、0.25mm、0.075mm。土筛及摇筛机见图2-10。

2）天平

称量5000g，感量5g；称量1000g，感量1g；称量200g，感量0.2g。

3. 试样

从风干、松散的土样中，用四分法按照下列规定取代表性的试样：

（1）小于2mm的颗粒土100～300g。

（2）最大粒径小于10mm的土300～900g。

（3）最大粒径小于20mm的土1000～2000g。

（4）最大粒径小于40mm的土2000～4000g。

（5）最大粒径大于40mm的土4000g以上。

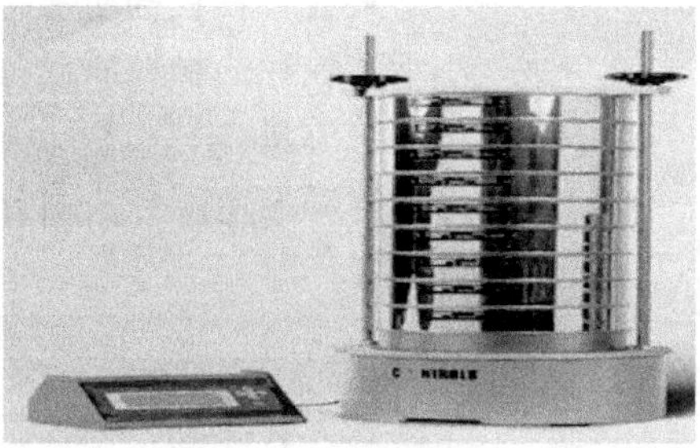

图2-10　土筛及摇筛机

4. 试验步骤

1）对于无黏聚性的土

（1）按规定称取试样，将试样分批过2mm筛。

（2）将大于2mm的试样按从大到小的次序，通过大于2mm的各级筛，将留在筛上的土分别称量。

（3）2mm筛下的土如数量过多，可四分缩分至300～800g。将试样按从大到小的次序通过小于2mm的各级细筛，可用摇筛机振摇10～15min。

（4）筛后各级筛上和筛底土总质量与筛前试样质量之差，不应大于1%。

（5）如2mm筛下土不超过试样总质量的10%，可省略细筛分析；如2mm筛上的土不超过试样总质量的10%，可省略粗筛分析。

2）对于含有黏土粒的砂砾土

（1）将土样放在橡皮板上，用木碾将黏结的土团充分碾散，拌匀、烘干、称量。若土样太多就四分法称取代表性土样。

（2）将试样置于盛有清水的瓷盆中，浸泡并搅拌使粗细颗粒分散。

（3）将浸润后的混合液过2mm的筛，边冲边洗，过筛，直至筛上仅留大于2mm以上的土粒为止，然后将筛上洗净的砂砾风干称量。按以上方法进行粗筛分析。

（4）通过2mm筛下的混合液存放在盆中。待沉淀，将上部悬液过0.075mm筛，用带橡皮头的玻璃棒研磨盆内浆液，再加清水、搅拌、研磨、静置、过筛，反复进行，直至盆内悬液澄清。最后，将全部土粒倒入0.075mm筛上，用水冲洗，至筛上仅留大于0.075mm的净砂为止。

（5）将大于0.075mm的净砂烘干称重，并进行细筛分析。

（6）将大于2mm颗粒及2～0.075mm的颗粒质量从原称量的总质量中减去，即为小于0.075mm颗粒质量。

(7)如果小于0.075mm颗粒质量超过总土质量的10%,有必要时,将这部分土烘干、取样,另做密度计或移液管分析。

5. 结果整理

(1)按下式计算小于某粒径颗粒质量百分数:

$$X = \frac{A}{B} \times 100\% \tag{2-8}$$

式中:X——小于某粒径颗粒的质量百分数,计算至0.01;

A——小于某粒径的颗粒质量(g);

B——试验总质量(g)。

(2)当2mm的颗粒用四分法缩分取样时,按下式计算试样中小于某粒径的颗粒质量占总土质量的百分数:

$$X = \frac{a}{b} \times p \times 100\% \tag{2-9}$$

式中:X——小于某粒径颗粒的质量百分数,计算至0.01;

a——通过2mm筛的试样中小于某粒径的颗粒质量(g);

b——通过2mm筛的土样中所取试样质量(g);

p——粒径小于2mm的颗粒质量百分数(%)。

(3)在半对数坐标纸上,以小于某粒径的颗粒质量百分数为纵坐标,以粒径(mm)为横坐标,绘制颗粒大小级配曲线,求出各粒组的颗粒质量百分数,以整数(%)表示。

(4)计算不均匀系数,同式(2-1)。

工程示例

颗粒分析试验(筛分法)记录

工程名称:××高速公路路基工程　　　　合同编号:辽高××合字2015第2号

承包单位	××高速公路中铁××局					委托编号	LJ08 - KLFX - 01	
委托单位	××高速公路中铁××局					分项工程	土方路基	
监理单位	辽宁省××监理有限公司					试验者	×××	
试验单位	辽宁××公路工程检测中心					校核者	×××	
试验规程	JTG E40—2007					试验日期	2015-08-01	
试样描述	K100+100 路基土					报告日期	2015-08-05	
筛前总质量=3000g			小于2mm颗粒试样质量 = 384g				取土土场	K100+100
小于2mm颗粒质量=384g			小于2mm颗粒质量占总土质量比例=12.8%				不均匀系数	>5
粗筛分析					细筛分析			
孔径(mm)	累积留筛土质量(g)	小于该径的土质量(g)	小于该孔径土质量百分比(%)	孔径(mm)	累积留筛土质量(g)	小于该孔孔径的土质量(g)	小于该孔径土质量百分比(%)	占总土质量百分比(%)
				2.0	0.0	384	100	12.8

续上表

60.0	800	2200	73.3	1.0	85	299	77.86	9.97
40.0	364	1836	61.2	0.5	60	239	62.23	7.97
20.0	560	1276	42.5	0.25	29	210	54.69	7.00
10.0	372	904	30.1	0.075	112	98	25.52	3.27
5.0	200	704	23.5	筛底	98	0.0	0.0	0.00
2.0	320	384	12.8					

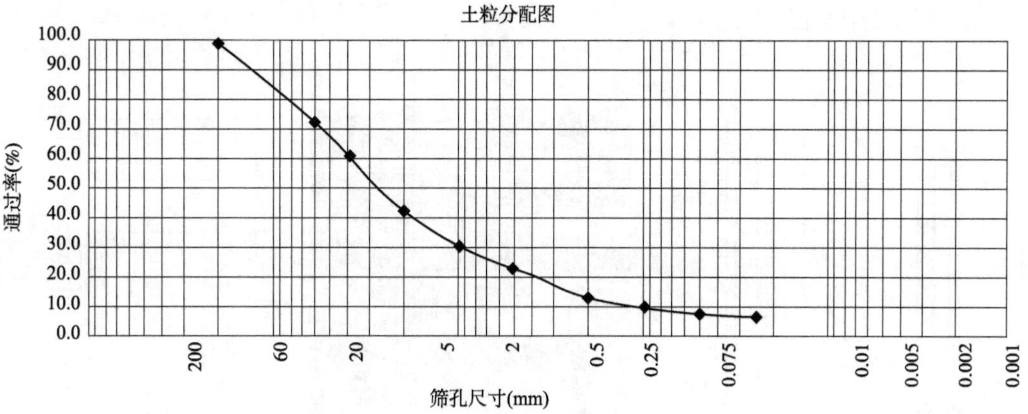

结论：	技术负责人意见： 签名：
监督(理)工程师签字： 签名：	试验室盖章：

检测项目四　路基土的击实试验

一、概述

在工程建设中，经常遇到工程上填土、换土以及软弱地基的问题，解决这些问题的办法就是采用压实使路基土变得密实。要想土密实就要研究土的压实性能、在室内进行击实试验。击实试验就是利用标准化的击实机具，模拟现场实际压实情况，获得最大干密度和最佳含水率。击实试验按击实功不同分为轻型击实和重型击实，公路等级不同，选用的击实方法也不同。采用哪种方法，应根据工程需要和有关规定。

二、试验方法的类型

击实试验分轻型和重型两类，其方法类型见表 2-6。

击实试验方法种类 表2-6

试验方法	类型	锤底直径(cm)	锤质量(kg)	落高(cm)	试筒尺寸		试样尺寸		层数	每层击数	击实功(kJ/m^2)	最大粒径(mm)	备注
					内径(cm)	高度(cm)	高度(cm)	体积(cm^3)					
轻型	Ⅰ-1	5	2.5	30	10	12.7	12.7	997	3	27	598.2	20	适用于低等级公路
	Ⅰ-2	5	2.5	30	15.2	17	12	2177	3	59	598.2	40	
重型	Ⅱ-1	5	4.5	45	10	12.7	12.7	997	5	27	2687.0	20	适用于粗粒土、细粒土或高等级公路
	Ⅱ-2	5	4.5	45	15.2	17	12	2177	3	98	2677.2	40	

(1)标准击实仪:包括击实筒、击实锤、导杆等,见图2-11。

(2)烘箱及干燥器。

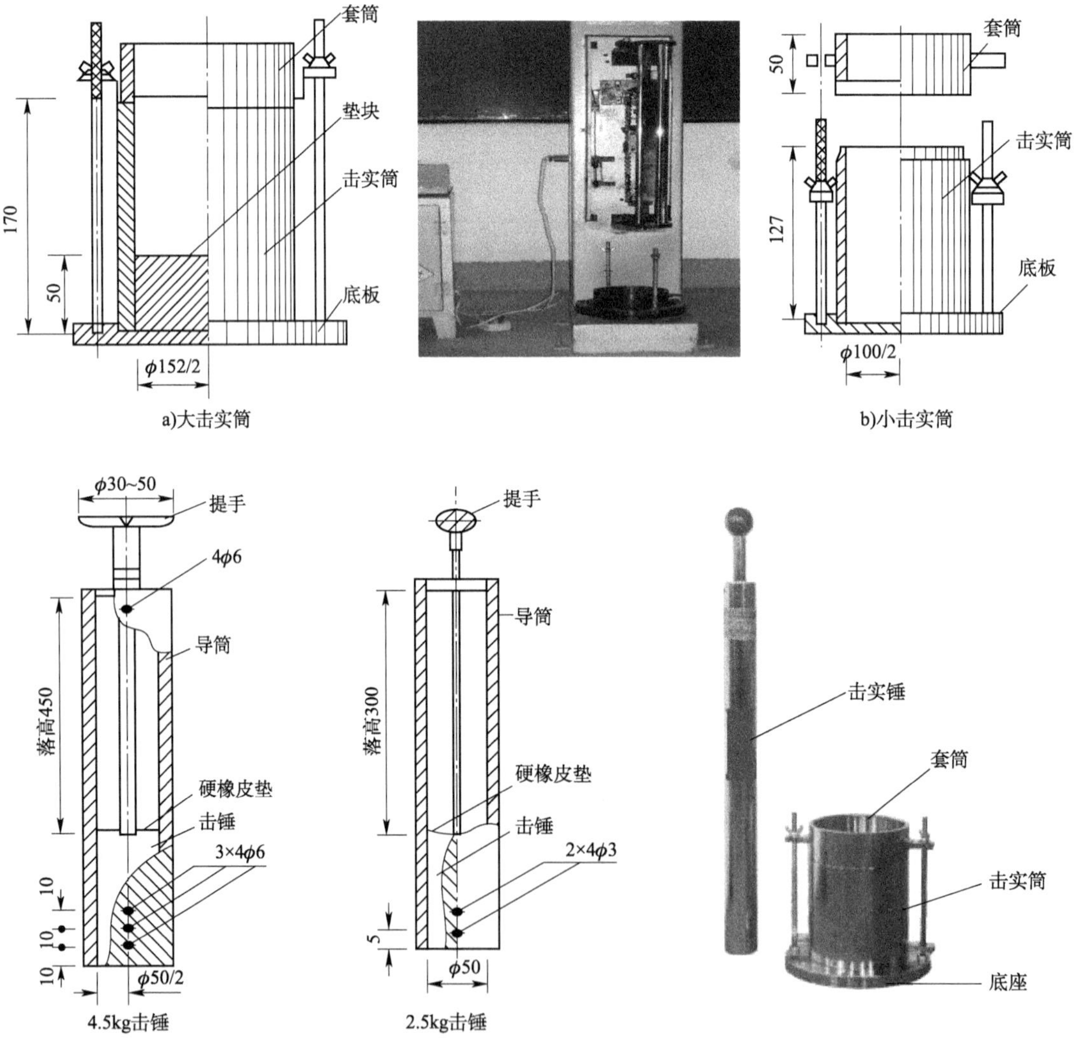

图2-11 标准击实仪(尺寸单位:mm)

(3)天平:感量0.01g;台秤:称量10kg,感量5g。

(4)圆孔筛:孔径40mm、20mm和5mm各一个。

(5)其他:拌和工具、方盘、铲子、喷水设备、量筒、铝盒、修土刀等。

三、检测方法

本试验可分别采用不同的方法准备试样。各方法可按表2-7准备试验用料。

试验用料 表2-7

使用方法	类别	试筒内径(cm)	最大粒径(mm)	试料用量(kg)
干土法试样不重复使用	b	10	至20	至少5个试样,每个3kg
		15.2	至40	至少5个试样,每个6kg
湿土法试样不重复使用	c	10	至20	至少5个试样,每个3kg
		15.2	至40	至少5个试样,每个6kg

1.干土法(土不重复使用)

按四分法至少准备5个试样,分别加入不同水分(含水率按2%~3%递增),拌匀后闷料一夜备用。

2.湿土法(土不重复使用)

对于高含水率土,可省略过筛步骤,用手拣除大于40mm的粗石子即可。保持天然含水率的第一个土样,可立即用于击实试验。其余几个试样,将土分成小土块,分别风干,使含水率按2%~3%递减。

3.试验步骤

(1)根据工程需要按表2-6选择轻型或重型试验方法,根据土的性质按规定选用干土法或湿土法。

(2)将击实筒放在坚硬的地面上,在筒壁上抹一薄层凡士林,并在筒底(小试筒)或垫块(大试筒)上放置蜡纸或塑料薄膜。取制备好的土样,分3~5次倒入筒内。小试筒按三层法时,每次800~900g(其量应使击实后的试样等于或略高于筒高的1/3;按五层法时,每次400~500g(其量应使击实后的土样等于或略高于筒高的1/5)。对于大试筒,先将垫块放入筒内底板上,按三层法,每层需试样约1700g。整平表面,并稍加压紧,然后按规定的击实次数进行第一层土的击实,击实时击锤应自由垂直下落,锤迹必须均匀分布于土样表面,第一层击实后,将试样层面拉毛,然后再装入第二层。重复上述方法,进行其余各层土的击实。击实后对于小试筒,试样高度不应超过试筒顶面5mm,对于大试筒,试样高度不应超过试筒顶面6mm。

(3)用修土刀沿套筒内壁削刮,使试样与套筒脱离后,扭动并取下套筒,齐筒顶削平试样,擦净筒外壁,称量,准确至1g。测定击实后土样的湿密度。

(4)用脱模器推出筒内试样,从试样中心出取样测其含水率,计算至0.1%。测定含水率用试样的数量按表 2-8 规定取样(取出代表性的土样)。两个试样含水率的精度应符合表 2-4 的规定。

测定含水率用试样的数量 表 2-8

最大粒径(mm)	试样质量(g)	个　数
<5	15~20	2
约 5	约 50	1
约 19	约 250	1
约 38	约 500	1

(5)对于干土法(试样不重复使用)和湿土法(试样不重复使用),应依次制备至少 5 个土样,洒水、拌和,每次增加试样 2%~3% 的含水率,其中有两个大于和两个小于最佳含水率。

重复上述(2)~(4)步骤,进行其他含水率试样的击实试验。所需加水量按式(2-10)计算:

$$m_w = \frac{m_i}{1+0.01w_i} \times (w - w_i) \times 0.01 \tag{2-10}$$

式中:m_w——所需的加水量(g);

m_i——含水率 w_i 时土样的质量(g);

w_i——土样原有的含水率(%);

w——要求达到的含水率(%)。

(6)结果整理。

①按下式计算各点的湿密度、干密度:

$$\rho = \frac{m_2 - m_1}{V} \tag{2-11}$$

$$\rho_d = \frac{\rho}{1+0.01w} \tag{2-12}$$

式中:m_1——筒质量(g);

m_2——筒与湿土和质量(g);

V——试筒体积(cm^3);

w——含水率(%);

ρ——湿密度(g/cm^3);

ρ_d——干密度(g/cm^3)。

②以干密度为纵坐标、含水率为横坐标,绘制干密度与含水率的关系曲线(图 2-12),曲线上峰值点的纵、横坐标分别为最大干密度和最佳含水率。如曲线不能绘出明显的峰制值点,应进行补点或重做。

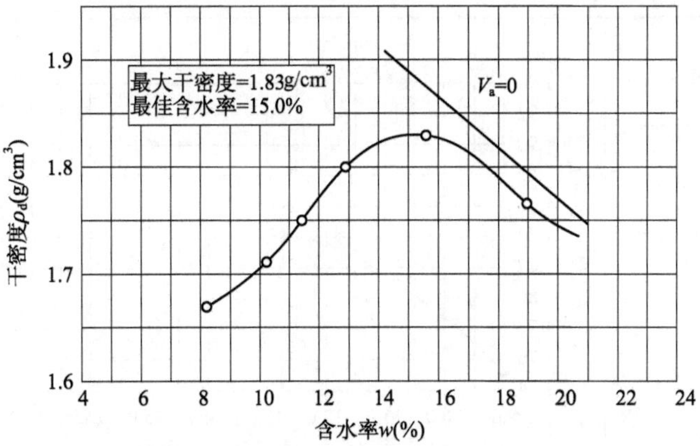

图 2-12　含水率与干密度关系曲线

工程示例

击实试验记录

工程名称		××高速公路路基工程				合同编号		辽高××合字 2015 第 1 号			
承包单位		××高速公路中铁十三局				委托单编号		LJ02 - ×× -019			
委托单位		××高速公路中铁十三局				试验者		×××			
监理单位		辽宁××监理有限公司				校核者		×××			
试验单位		辽宁××公路工程检测中心				分项工程		土方路基			
试验规程		JTG E40—2007				试验日期		2015 年 6 月 9 日			
试样描述		砾石土		试验方法		重型 II-2		试筒类型		大试筒	
试验次数		11		13		15		17		19	
干密度	筒+湿样质量(g)	10605		10823		10975		10958		10871	
	筒质量(g)	6447		6447		6447		6447		6447	
	湿密度(g/cm³)	1.91		2.01		2.08		2.07		2.03	
	干密度(g/cm³)	1.75		1.81		1.84		1.80		1.74	
含水率	盒号	39	53	40	54	48	47	78	65	51	89
	盒+湿样质量(g)	128.07	119.15	119.59	133.45	136.39	137.14	128.43	131.96	137.15	134.69
	盒+干样质量(g)	119.31	111.26	110.23	122.63	123.51	124.28	114.64	117.83	120.69	118.53
	盒质量(g)	23.03	22.65	22.80	23.34	23.63	22.99	23.30	24.27	23.31	22.93
	含水率(%)	9.1	8.9	10.7	10.9	12.9	12.7	15.1	15.1	16.9	16.9
	平均含水率(%)	9.0		10.8		12.8		15.1		16.9	

续上表

<table>
<tr><td>最佳含水率（%）</td><td>12.8</td><td rowspan="3">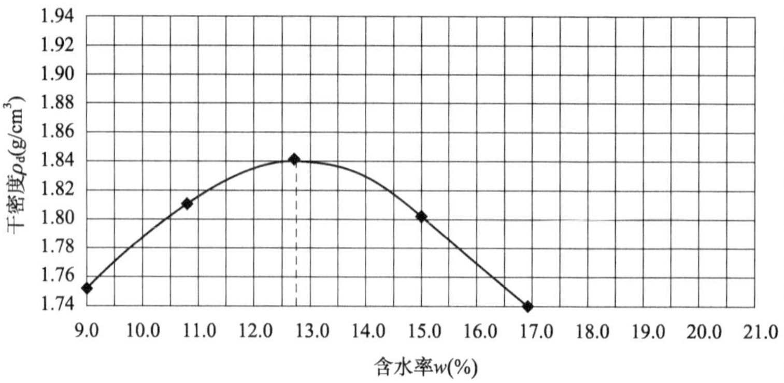
</td></tr>
<tr><td>最大干密度（g/cm³）</td><td>1.84</td></tr>
<tr><td colspan="2">结论：</td></tr>
<tr><td colspan="2" rowspan="2">监督（理）工程师签字：
签名：</td><td>技术负责人意见：
签名：</td></tr>
<tr><td>试验室盖章：</td></tr>
</table>

四、影响压实的因素

1. 土的含水率对整个压实过程的影响

从击实曲线图上可以看出，严格控制最佳含水率是至关重要的。但是，不同的土类其最佳含水率和最大干密度也是不同的。一般粉粒和黏粒含量多的土塑性指数大，它的最佳含水率也越大，同时最大干密度小。因此，一般砂性土的最佳含水率小于黏性土，而砂性土的最大干密度大于黏性土。

2. 击实功对最佳含水率和最大干密度的影响

对同一种土用不同的击实功进行击实试验的结果表明：击实功越大，土的最大干密度也越大，而土的最佳含水率则越小。但是这种增大是有一定限度的，超过这一限度，即使增加击实功，土的干密度的增加也很不明显。

3. 不同压实机械对压实的影响

比如光面压路机、羊足碾和振动压路机等，它们的压实效各不相同，作用于不同土类时，其效果也不同。

4. 土粒级配的影响

大量路基的施工经验表明，粒料的级配对压实的密实度也有明显的影响。均匀颗粒的砂、单一尺寸的砾石和碎石，都很难碾压密实。只有级配良好的材料才能达到相关的密实度要求，也才能满足强度和稳定性的要求。

除上述因素外，施工现场的条件对压实效果也有一定的影响。

检测项目五　路基土的承载比(CBR)试验

一、概述

承载比又称CBR,CBR是California Bearing Ratio的缩写,由美国加利福尼亚州公路局首先提出,是用于评定路基土和路面材料的强度指标。CBR是试料贯入量达到2.5mm或5mm时的单位压力与标准碎石压入相同贯入量时标准荷载强度(7MPa或10.5MPa)的比值,用百分数表示。具体应用于施工实际时由于公路等级和填料最大粒径不同,要求路基的最小强度不同。具体要求见路基最小强度和最大粒径要求(表2-9)。

路基填料最小强度和最大粒径要求　　表2-9

项目分类		路面地面下深度(m)	填料最小强度(CBR)(%)			填料最大粒径(mm)
			高速公路、一级公路	二级公路	三、四级公路	
填方路基	上路床	0~0.30	8	6	5	100
	下路床	0.30~0.80	5	4	3	100
	上路堤	0.80~1.50	4	3	3	150
	下路堤	>1.50	3	2	2	150
零填及路堑路床		0~0.30	8	6	5	100
		0.30~0.80	5	4	3	100

二、CBR测试

土的承载比相关资源见二维码3。

3-土的承载比试验

1. 目的和适用范围

本试验目的是为了测定路基填料的强度,评定该材料能否用于路基工程施工。本方法只适用于在规定试筒制件后,对各种图和路面基层、底基层材料进行承载比试验。试样的最大粒径宜控制在20mm以内,最大不得超过40mm且含量不超过5%　。

2. 仪器设备

(1)圆孔筛:孔径:40mm、20mm、5mm筛各一个。

(2)重型标准击实仪器设备:试筒[图2-13a)]、夯锤等。

(3)贯入杆:端面直径50mm、长100mm的金属柱。

(4)路面材料强度或其他载荷装置:能量不小于50kN,能调节贯入速度至每分钟贯入1mm。

(5)荷载板(直径150mm,中心孔眼直径52mm,每块质量1.25kg,共4块,并沿直径分为两个半圆块,见图2-14)、百分表、多孔板[图2-13b)]、百分表架、水槽、台秤、滤纸等。

3. 试验步骤

(1)试验采用风干试料,按四分法取代表性试样4份,每份质量6kg,供击实试验和制试

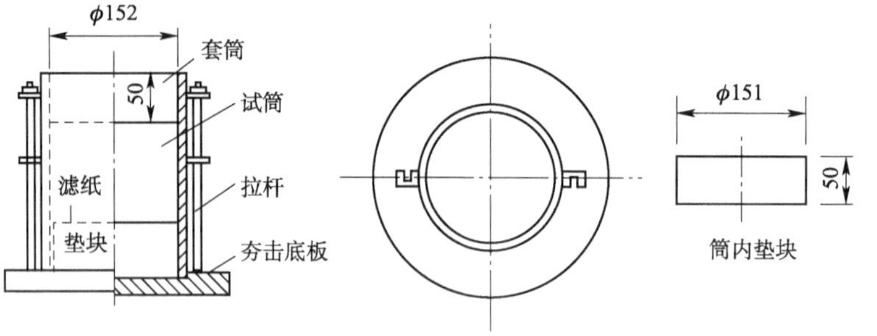

a)

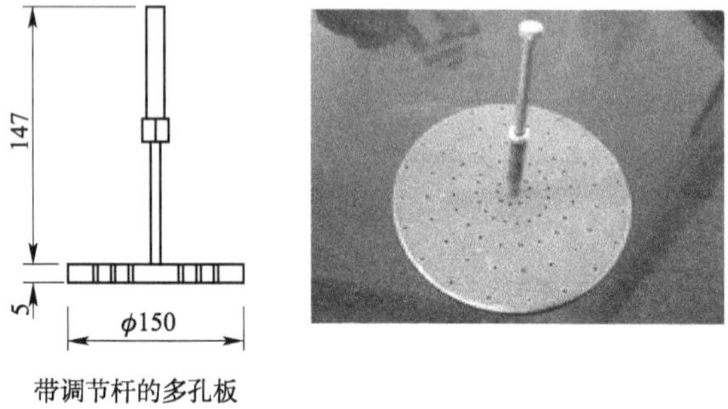

b)

图 2-13　试筒及多孔板(尺寸单位:mm)

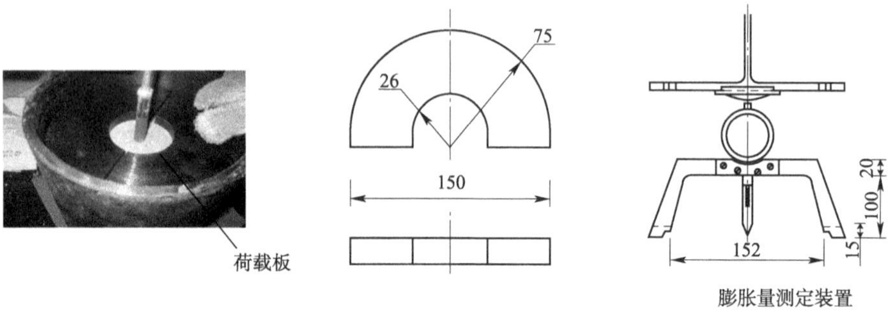

图 2-14　承载板、路面强度仪、膨胀量测定装置(尺寸单位:mm)

件之用。做击实试验前一天,取代表性试料,测定其风干含水率。做击实试验,求试料的最大干密度和最佳含水率。将其余 3 份料按最佳含水率制备 3 个试件,所加水量见式(2-13),

然后进行闷土。闷土时间:重黏土不得少于24h,轻黏土12h,砂土1h,天然砂砾2h。

$$m_w = \frac{m_i}{1+0.01w_i} \times 0.01(w - w_i) \tag{2-13}$$

式中:m_w——所需加水量(g);

m_i——含水率 w_i 时土样的质量(g);

w_i——土样原有的含水率(%);

w——要求达到的含水率(%)。

需要时,可制备三种干密度试件即9个试件。每三个试件为一组,采用大击实筒,分三层击实,每组击实次数分别按每层30次、50次、98次进行,使试件的干密度从低于95%到等于100%的最大干密度。9个试件一共需要试料55kg。

(2)称击实筒质量(m_1),组装仪器并分三层进行击实,每层击实98次。拉毛后再击实下一层,直到三层击实结束。

(3)击实刮平后,称出试件和试筒的质量(m_2)。

(4)泡水测膨胀量。

①将制成的试件顶面放一完好滤纸,并在其上安装附有调节杆的多孔板,在多孔板上加4块荷载板。

②将试筒与多孔板一起放入空水槽内,用拉杆拉紧模具,安装百分表读初读数。

③向水槽内放水,使水自由进到试件的顶部和底部。在泡水期间,槽内水面保持在试件顶面以上大约25mm,浸泡4d。

④泡水终了,读取试件上百分表终读数,用下式计算膨胀量:

$$膨胀量 = \frac{百分表初读数 - 百分表终读数}{原试件高度(120mm)} \times 100\% \tag{2-14}$$

⑤从水槽中取出试件,倒出试件顶面的水,静置15min,让其排水,然后卸去附加荷载和多孔板、底板和滤纸,并称量(m_3),以计算试件的湿度和密度的变化。

(5)贯入试验。

①将测完膨胀量的试件放到路面强度仪的升降台上,调整偏球座。对准、整平并使贯入杆与试件顶面全部接触,在贯入杆周围放4块荷载板。

②先在贯入杆上施加45N荷载,然后将测力计和测变形的百分表指针均调整至整数并记读起始读数。

③加荷使贯入杆以1~1.25mm/min的速度压入试件,同时测记三个百分表的读数。记录测力计内百分表某些整读数(如20、40、60)时贯入量,并注意使贯入量为250×10^{-2}mm时,能有5个以上的读数。因此,测力计内的第一个读数应是贯入量30×10^{-2}mm左右。

4. 结果整理

(1)绘制单位压力—贯入量曲线:以单位压力P为横坐标,贯入量l为纵坐标,绘制P-l关系曲线,如图2-15所示。图上曲线1是合适的;曲线2开始段是凹曲线,需

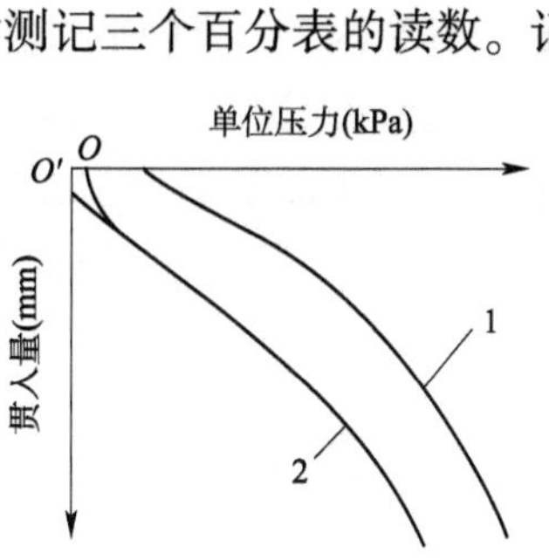

图2-15　单位压力与贯入量的关系曲线

要进行修正。修正时在变曲率点引一切线，与纵坐标交于 O'点，O'即为修正后的原点。

一般采用贯入量为 2.5mm 时单位压力 P 与标准压力之比作为材料的承载比 CBR(%)(计算至 0.1)，即：

$$CBR = \frac{P}{7000} \times 100\% \tag{2-15}$$

式中：P——贯入量为 2.5mm 时的单位压力(kPa)。

CBR——承载比(%)。

同时贯入量为 5mm 时的承载比为：

$$CBR = \frac{P}{10500} \times 100\% \tag{2-16}$$

式中：P——贯入量为 5.0mm 时的单位压力(kPa)。

CBR——承载比(%)。

如果贯入量为 5mm 时的承载比大于 2.5mm 时的承载比，则试验应重做。如结果仍然如此，则采用 5mm 时的承载比。

(2)试件湿密度计算见式(2-17)。

$$\rho = \frac{m_2 - m_1}{2177} \tag{2-17}$$

式中：ρ——试件湿密度(g/cm^3)(计算至 0.01)；

m_2——试筒与试件的合质量(g)；

m_1——试筒质量(g)；

2177——试筒容积(cm^3)。

(3)试件干密度计算同式(2-12)。

(4)泡水后吸水量按下式计算：

$$w_a = m_3 - m_2 \tag{2-18}$$

式中：w_a——试件泡水后的吸水量(g)；

m_3——泡水后试件和试筒合质量(g)；

m_2——试筒与试件的合质量(g)。

5. 精度要求

如根据三个平行试验结果计算得到承载比变异系数 C_V 大于 12%，则去掉一个偏离大的值，取其余两个结果的平均值。如果 C_V 小于 12%，且三个平行试验结果计算的干密度偏差小于 $0.03g/cm^3$，则取三个结果的平均值。如果三个试验结果计算的干密度偏差超过 $0.03g/cm^3$，则去掉一个偏离大的值，取其余两个结果的平均值。承载比小于 100，相对偏差不大于 5%；承载比大于 100，相对偏差不大于 10%。精度要求是对三个平行试验结果规定的。

6. 注意事项

(1)本试验采用风干试样，按四分法备料。先按击实试验求得试料的最佳含水率后，再按此最佳含水率制备所需试件。

(2)做 CBR 试验时，应模拟材料在使用过程中所处的最不利状态。如当地路基潮湿程度和一般情况下土试件饱水 4d 时的含水率有明显差异时，则可适当改变试件的饱水方法和时间(以与不利时期的含水率相同),使 CBR 试验更符合实际状况。

(3)绘制单位压力 P 与贯入量 l 的关系曲线,如发现曲线起始部分反弯,则应对曲线进行修正,以 O' 作为修正的原点。

工程示例

膨胀量试验记录

工程名称:××高速公路路基工程　　　　合同编号:辽高××合字 2016 第 3 号

承包单位	××高速公路中铁××局			编号	LJ04 - CBR - 01	
工程名称	×××高速公路路基工程第一合同段			委托单编号	LJ04 - CBR - 01	
监理单位	辽宁××监理有限公司			分项工程	土方路基	
试验单位	辽宁省×××公路工程质量检测中心			试验者	×××	
试验规程	JTG E40—2007			校核者	×××	
试样描述	取土地点:K219 +000 右 5m 深 1.5m			试验日期	2016 年 6 月 7 日	
膨胀量	试验次数			1	2	3
	筒号	(1)		23 号	24 号	25 号
	泡水前试件(原试件)高度(mm)	(2)		120	120	120
	泡水后试件高度(mm)	(3)		123.7	123.8	123.6
	膨胀量(%)	(4)	[(3) - (2)] ×100/(2)	3.08	3.17	3.00
	膨胀量平均值(%)			3.08		
密度	筒质量 m_1(g)	(5)		4507	4485	4526
	筒 + 试件质量 m_2(g)	(6)		9182	9101	9185
	筒体积 (cm^3)	(7)		2177	2177	2177
	湿密度 ρ (g/cm^3)	(8)	[(6) - (5)]/7)	2.147	2.120	2.140
	含水率 w(%)	(9)		12.9	12.6	13.0
	干密度 ρ_d(g/cm^3)	(10)	(8)/[1 +0.01 ×(9)]	1.90	1.88	1.89
	干密度平均值(g/cm^3)			1.89		
吸水率	泡水后筒 + 试件合计质量 m_3(g)	(11)		9355	9276	9362
	吸水量 w_a(g)	(12)	(11) - (6)	173	175	177
	吸水量平均值(g)			175		
结论:				技术负责人意见: 签名		
监督(理)工程师签字: 签名:				试验室盖章:		

贯入试验记录(1)

工程名称:××高速公路路基工程　　　　合同编号:辽高××合字2016第3号

<table>
<tr><td>委托单位</td><td colspan="3">×高速公路中铁××局</td><td>编号</td><td>LJ04 - CBR - 01</td></tr>
<tr><td>工程名称</td><td colspan="3">×××高速公路路基工程第一合同段</td><td>委托单编号</td><td>LJ04 - CBR - 01</td></tr>
<tr><td>监理单位</td><td colspan="3">辽宁××监理有限公司</td><td>分项工程</td><td>土方路基</td></tr>
<tr><td>试验单位</td><td colspan="3">辽宁×××公路工程质量检测中心</td><td>试验者</td><td>×××</td></tr>
<tr><td>试验规程</td><td colspan="3">JTG E40—2007</td><td>校核者</td><td>×××</td></tr>
<tr><td>试样描述</td><td colspan="3">取土地点　　K219 +000 右 5m 深 1.5m</td><td>试验日期</td><td>2016年6月7日</td></tr>
<tr><td>试件编号</td><td colspan="3">9</td><td>每层击数</td><td>98次</td></tr>
<tr><td rowspan="2">荷载测力计表读数 R</td><td rowspan="2">单位压力 P (MPa)</td><td colspan="2">百分表读数(0.01mm)</td><td rowspan="2">平均百分表读数 (0.01mm)</td><td rowspan="2">贯入量 l(mm)</td></tr>
<tr><td>左表读数</td><td>右表读数</td></tr>
<tr><td>9.1</td><td>205</td><td>20</td><td>48</td><td>34</td><td>0.34</td></tr>
<tr><td>13.8</td><td>310</td><td>40</td><td>76</td><td>58</td><td>0.58</td></tr>
<tr><td>18.7</td><td>421</td><td>80</td><td>86</td><td>83</td><td>0.83</td></tr>
<tr><td>24.1</td><td>542</td><td>120</td><td>110</td><td>115</td><td>1.15</td></tr>
<tr><td>29.7</td><td>668</td><td>150</td><td>142</td><td>146</td><td>1.46</td></tr>
<tr><td>35.4</td><td>796</td><td>200</td><td>190</td><td>195</td><td>1.95</td></tr>
<tr><td>41.4</td><td>931</td><td>250</td><td>230</td><td>240</td><td>2.40</td></tr>
<tr><td>45.7</td><td>1028</td><td>300</td><td>290</td><td>295</td><td>2.95</td></tr>
<tr><td>48.2</td><td>1084</td><td>350</td><td>342</td><td>346</td><td>3.46</td></tr>
<tr><td>50.2</td><td>1129</td><td>400</td><td>390</td><td>395</td><td>3.95</td></tr>
<tr><td>52.7</td><td>1186</td><td>450</td><td>436</td><td>443</td><td>4.43</td></tr>
<tr><td>55.2</td><td>1242</td><td>500</td><td>488</td><td>494</td><td>4.94</td></tr>
<tr><td>57.5</td><td>1293</td><td>550</td><td>528</td><td>539</td><td>5.39</td></tr>
<tr><td colspan="2">最大干密度(g/cm³)</td><td>1.84</td><td colspan="2">最佳含水率(%)</td><td>12.8</td></tr>
<tr><td colspan="2">测力环校正系数 C (N/0.01mm)</td><td>44.17</td><td colspan="2">贯入杆面积 A(cm²)</td><td>19.635</td></tr>
<tr><td colspan="6">$l=2.5$mm 时,$P_{2.5}=943$ kPa,$CBR_{2.5}=943/7000\times100\%=13.5\%$</td></tr>
<tr><td colspan="6">$l=5.0$mm 时,$P_5=1247$kPa,$CBR_5=1247/10500\times100\%=11.9\%$</td></tr>
<tr><td colspan="6">结论:$CBR_{2.5}>CBR_5$,符合规范要求</td></tr>
</table>

单位压力与承载比关系曲线(1)

工程名称:××高速公路路基工程　　　　　　　　合同编号:辽高××合字2016第3号

委托单位	××高速公路中铁××局	编号	LJ04-CBR-01
工程名称	×××高速公路路基工程第一合同段	委托单编号	LJ04-CBR-01
监理单位	辽宁××监理有限公司	分项工程	土方路基
试验单位	辽宁×××公路工程质量检测中心	试验者	×××
试验规程	JTG E40—2007	校核者	×××
试样描述	取土地点:K219+000右5m深1.5m	试验日期	2016年6月7日

单位压力与贯入量的关系曲线图

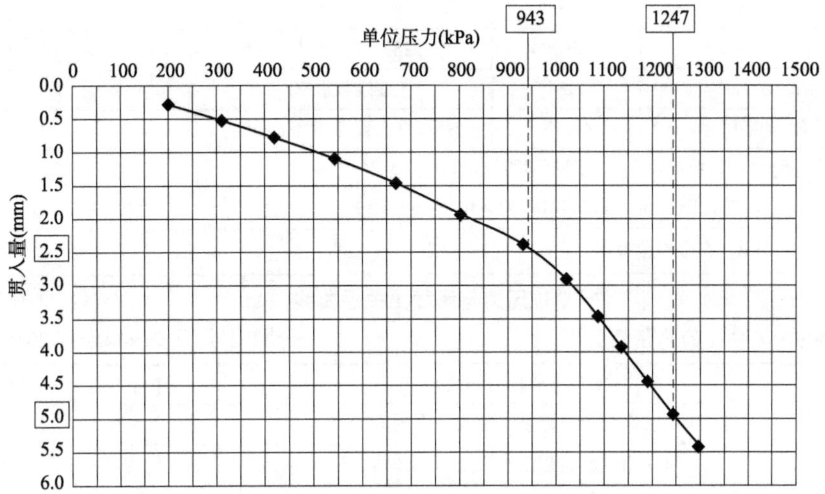

计算和说明	$l=2.5$mm时,$P_{2.5}=943$kPa,$CBR_{2.5}=943/7000\times100\%=13.5\%$ $l=5.0$mm时,$P_5=1247$kPa,$CBR_5=1247/10500\times100\%=11.9\%$

贯入试验记录(2)

工程名称:××高速公路路基工程　　　　　　　　合同编号:辽高××合字2016第3号

委托单位	××高速公路中铁××局			编号	LJ04-CBR-01
工程名称	××高速公路路基工程第一合同段			委托单编号	LJ04-CBR-01
监理单位	辽宁××监理有限公司			分项工程	土方路基
试验单位	辽宁×××公路工程质量检测中心			试验者	×××
试验规程	JTG E40—2007			校核者	×××
试样描述	取土地点　K219+000右5m深1.5m			试验日期	2016年6月7日
试件编号	9			每层击数	98次
荷载测力计表读数 R	单位压力 P (MPa)	百分表读数(0.01mm)		平均百分表读数(0.01mm)	贯入量 l (mm)
		左表读数	右表读数		
7.9	178	20	24	22	0.22
11.1	250	40	42	41	0.41
16.8	378	80	70	75	0.75
22.5	506	120	108	114	1.14

续上表

委托单位	×高速公路中铁××局			编号	LJ04－CBR－01
28.2	634	150	146	148	1.48
34.2	769	200	186	193	1.93
40.1	902	250	232	241	2.41
44.1	992	300	282	291	2.91
47.0	1057	350	344	347	3.47
49.0	1102	400	390	395	3.95
50.9	1145	450	440	445	4.45
53.2	1197	500	486	493	4.93
55.7	1253	550	528	539	5.39
最大干密度(g/cm^3)		1.84	最佳含水率(%)		12.8
测力环校正系数 C(N/0.01mm)		44.17	贯入杆面积 A (cm^2)		19.635
l=2.5mm 时,$P_{2.5}$=924kPa,$CBR_{2.5}$=924/7000×100%=13.2% l=5.0mm 时,P_5=1211kPa,CBR_5=1211/10500×100%=11.5%					
结论:$CBR_{2.5}$ > CBR_5,符合规范要求					

单位压力与承载比关系曲线(2)

工程名称:××高速公路路基工程　　　　合同编号:辽高××合字 2016 第 3 号

监理单位	辽宁××监理有限公司	编号	LJ04－CBR－01
工程名称	××高速公路路基工程第一合同段	委托单编号	LJ04－CBR－01
委托单位	××市政路桥建设有限公司二公司	分项工程	土方路基
试验单位	辽宁省×××公路工程质量检测中心	试验者	×××
试验规程	JTG E40—2007	校核者	×××
试样描述	取土地点:K219+000 右 5m 深 1.5m	试验日期	2016 年 6 月 7 日
试样编号	9	击实次数	98

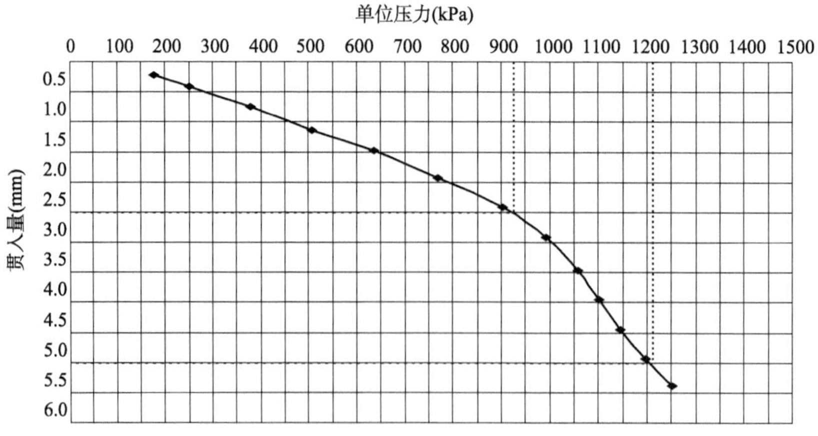

计算和说明	l=2.5mm 时,$P_{2.5}$=924kPa,$CBR_{2.5}$=924/7000×100%=13.2% l=5.0mm 时,P_5=1211kPa,CBR_5=1211/10500×100%=11.5%

贯入试验记录(3)

工程名称：× ×高速公路路基工程　　　　合同编号：辽高× ×合字 2016 第 3 号

委托单位	× ×高速公路中铁× ×局			编号	LJ04 - CBR - 01
工程名称	× × ×高速公路路基工程第一合同段			委托单编号	LJ04 - CBR - 01
监理单位	辽宁× ×监理有限公司			分项工程	土方路基
试验单位	辽宁省× × ×公路工程质量检测中心			试验者	× × ×
试验规程	JTG E40—2007			校核者	× × ×
试样描述	取土地点　K219 +000 右 5m 深 1.5m			试验日期	2016 年 6 月 7 日
试件编号	11			每层击数	98
荷载测力计表读数 R	单位压力 P(MPa)	百分表读数(0.01mm)		平均百分表读数(0.01mm)	贯入量 l (mm)
		左表读数	右表读数		
9.1	205	20	22	21	0.21
13.1	295	40	42	41	0.41
17.8	400	80	64	72	0.72
23.6	531	120	102	111	1.11
28.9	650	150	146	148	1.48
35.1	790	200	188	194	1.94
40.6	913	250	234	242	2.42
44.6	1003	300	290	295	2.95
47.3	1064	350	340	345	3.45
49.7	1118	400	392	396	3.96
52.4	1179	450	440	445	4.45
54.7	1231	500	486	493	4.93
57.3	1289	550	538	544	5.44
最大干密度(g/cm^3)	1.84	最佳含水率(%)		12.8	
测力环校正系数 C (N/0.01mm)	44.17	贯入杆面积 A (cm^2)		19.635	
$L=2.5$mm 时，$P_{2.5}=929$kPa，$CBR_{2.5}=929/7000\times100\%=13.9\%$					
$L=5.0$mm 时，$P_5=1236$kPa，$CBR_5=1236/10500\times100\%=11.8\%$					
结论：$CBR_{2.5}>CBR_5$，符合规范要求					

单位压力与承载比关系曲线(3)

工程名称：× ×高速公路路基工程　　　　合同编号：辽高× ×合字 2016 第 3 号

委托单位	× ×高速公路中铁× ×局	编号	LJ04－CBR－01
工程名称	× × ×高速公路路基工程第一合同段	委托单编号	LJ04－CBR－01
监理单位	辽宁× ×监理有限公司	分项工程	土方路基
试验单位	辽宁× × ×公路工程质量检测中心	试验者	× × ×
试验规程	JTG E40—2007	校核者	× × ×
试样描述	取土地点：K219＋000 右 5m 深 1.5m	试验日期	2016 年 6 月 7 日
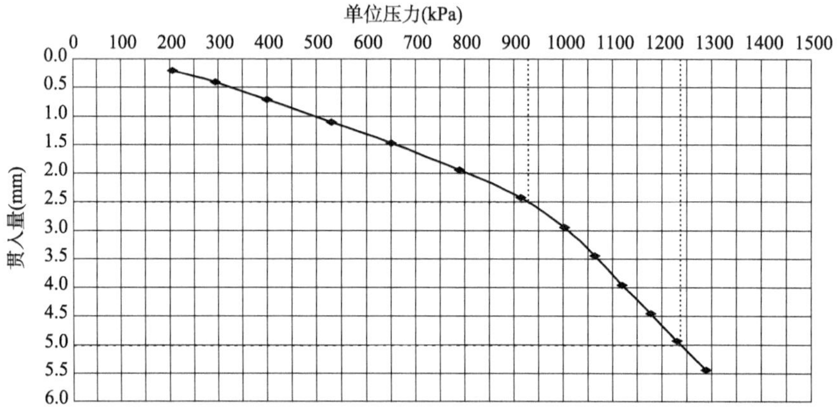			
计算和说明	$l=2.5$mm 时，$P_{2.5}=929$kPa，$CBR_{2.5}=929/7000\times100\%=13.3\%$ $l=5.0$mm 时，$P_5=1236$kPa，$CBR_5=1236/10500\times100\%=11.8\%$		
结论	该土样的 CBR 值为：$CBR_{2.5}=(13.3\%+13.2\%+13.5\%)\div3=13.3\%$ $CBR_{5.0}=(11.8\%+11.5\%+11.9\%)\div3=11.7\%$		

项目二　路基工程施工阶段试验检测

任务　路基施工阶段试验检测

为保证路基具有足够的强度和稳定性,满足“精心设计、精细施工、质量第一”的现场施工的方针,现场检测是施工过程控制的关键工序。要想保证施工过程的关键工序并及时发现施工过程中存在的质量问题,及时解决,减少损失,保证路基工程施工质量,必须对路基各结构层进行人工或机械压实。

一、压实的作用

(1)可以充分发挥路基土的强度。

(2)可以减少路基在行车荷载下产生的形变。

(3)可以增加路基的不透水性和强稳定性。

二、压实标准

填土路基、零填及路堑路床的压实标准按表2-10规定取用。

路基压实度　　表2-10

路基部位		路床顶面以下深度(m)	压实度		
			高级公路、一级公路	二级公路	三、四级公路
上路床		0～0.3	≥96	≥95	≥94
下路床	轻、中及重交通荷载等级	0.3～0.8	≥96	≥95	≥94
	特重、极重交通荷载等级	0.3～1.2	≥96	≥95	—
上路堤	轻、中及重交通荷载等级	0.8～1.5	≥94	≥94	≥93
	特重、极重交通荷载等级	1.2～1.9	≥93	≥92	—
下路堤	轻、中及重交通荷载等级	>1.5	≥93	≥92	≥90
	特重、极重交通荷载等级	>1.9			

注:1.表列数值以重型击实试验方法求得。

2.特别干旱地区的压实度标准可降低2%～3%。

3.路堤采用特殊填料或处于特殊气候地区时,压实度标准可根据试验在保证路基强度要求前提下适当降低。

三、压实质量试验与检测

压实质量的检测方法主要有灌砂法、环刀法、核子湿度密度仪法(简称核子法)。三种方法适用范围,见表2-11。

现场密度检测方法及适用范围 表2-11

检测方法	适用范围
灌砂法	适用于在现场测定路基土压实层的密度和压实度,但不适用于填石路堤等有大孔洞或大孔隙材料的压实度检测。该试验方法是仲裁试验方法
环刀法	适用于细粒土及无机结合料稳定细粒土的密度测试,但对无机结合料稳定细粒土,其龄期不宜超过2d,且宜用于施工过程中的压实度检测
核子法	适用于现场用核子密度仪以散射法或直接透射法测定路基的密度和含水率,并计算施工压实度,适用于施工质量现场快速评定,不作为仲裁试验或评定验收试验

如果在检测压实质量过程中,检测方和被检测方对检测方法产生异议,应以灌砂法检测出来的数据作为最后检测的结果。也就是说灌砂法是检测压实质量的仲裁试验。

检测项目一 灌 砂 法

1. 目的和适用范围

灌砂法是利用均匀颗粒的砂去置换试洞的体积,它是最通用的方法,该方法被很多工程列为现场检测密度的主要方法,适用于测试各种土或路面材料的密度。它的缺点是:检测时需要携带较多量砂,称量次数多,测试速度慢。采用此方法时,应符合下列规定:

当集料的最大粒径小于13.2mm,测定层的厚度不超过150mm时,宜采用ϕ100mm的小型灌砂筒测试;当集料的最大粒径大于或等于13.2mm,但不大于31.5mm,测定层的厚度超过150mm,但不超过200mm时,应用ϕ150mm的大型灌砂筒测试。

2. 仪器设备和材料

(1)灌砂筒:有大小两种,根据需要采用。形式和主要尺寸见图2-16和表2-12。储砂筒筒层中心有一个圆孔,下部装一倒置的圆锥形漏斗,漏斗上端开口,直径与储砂筒的圆孔相同,储砂筒筒底与漏斗之间设有开关。

(2)标定罐:见图2-15。

灌砂仪的主要尺寸要求 表2-12

结构		小型灌砂筒	大型灌砂筒
储砂筒	直径(mm)	100	150
	容积(cm^3)	2120	4600
流砂孔	直径(mm)	10	15
金属标定罐	内径(mm)	100	150
	外径(mm)	150	200
金属方盘基板	边长(mm)	350	400
	深度(mm)	40	50
	中孔直径(mm)	100	150

注:如集料的粒径超过31.5mm,则相应增大灌砂筒和标定罐的尺寸;如集料最大粒径超过53mm,灌砂筒和现场试洞的直径应为200mm。

(3)量砂:粒径0.30~0.60mm清洁干燥的砂,20~40kg。使用前须洗净、烘干,并放置足够时间,使其与空气的湿度达到平衡。

(4)天平或台秤:称量10~15kg,感量不大于1g。用于含水率测定的天平精度,对于细粒土0.01g、中粒土0.1g、粗粒土1.0g。

(5)基板、盛砂的容器、称量盒、盛土容器、凿子、改锥、铁锤、长把勺、小簸箕、毛刷等。

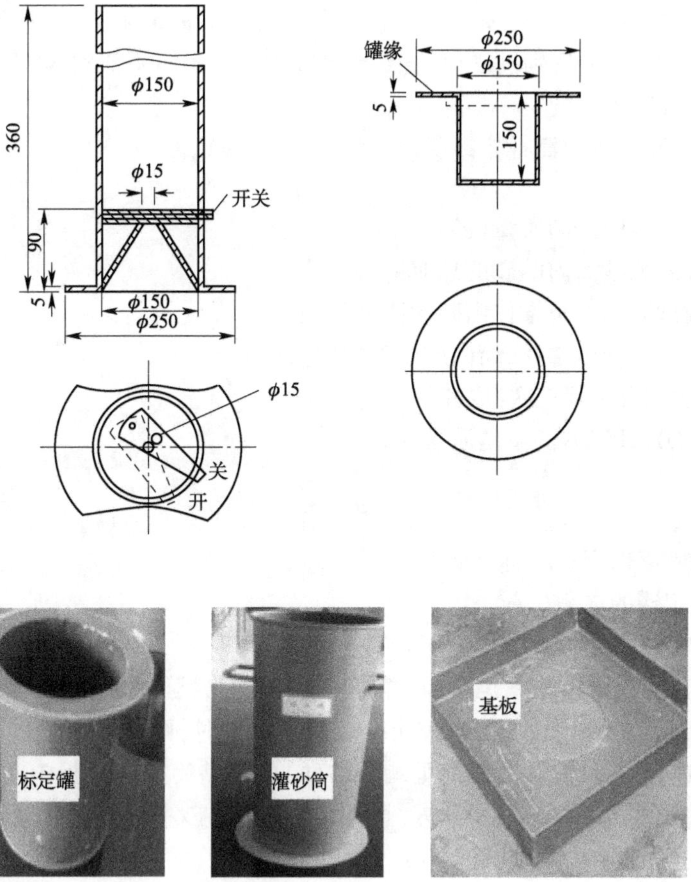

图2-16　灌砂筒、标定罐和基板(尺寸单位:mm)

3.试验准备工作

按现行试验方法对检测对象试样用同种材料进行击实试验,得到最大干密度和最佳含水率。

(1)选择合适的灌砂筒。

(2)标定灌砂筒下部圆锥内砂的质量。

①在灌砂筒筒口高度上,向灌砂筒内装砂至距筒顶15mm左右为止。称取装入筒内砂的质量m_1,准确至1g。以后每次标定及试验都应该维持装砂高度与质量不变。

②将开关打开,使灌砂筒筒底的流砂孔、圆锥形漏斗上端开口圆孔及开关及铁板中心的圆孔上下对准重叠在一起,让砂自由流出,并使流出砂的体积与工地所挖试坑内的体积相当(或等于标定罐的容积),然后关上开关。

③不晃动储砂筒的砂,轻轻地将罐砂筒移至玻璃板上,将开关打开,让砂流出,直到筒内砂不再下流时,将开关关上,并细心地取走灌砂筒。

④收集并称量留在玻璃板上的砂，准确至 1g。玻璃板上的砂就是填满筒下部圆锥体的砂 m_2。

重复上述测量步骤三次，取其平均值。

(3)标定量砂的松方密度 ρ_s(g/cm^3)。

①用水确定标定罐的容积 V，准确至 1mL。

②在储砂筒中装入质量为 m_1 的砂，并将灌砂筒放在标定罐上，将开关打开，让砂流出。在整个流砂过程中，不要碰到灌砂筒，直到储砂筒内的砂不再下流时，将开关关闭，取下灌砂筒，称取筒内剩余砂的质量 m_3，准确至 1g。

③按式(2-19)计算填满标定罐所需砂的质量 m_a(g)。

$$m_a = m_1 - m_2 - m_3 \tag{2-19}$$

式中：m_a——标定罐中砂的质量(g)；

m_1——装入灌砂筒内的砂的总质量(g)；

m_2——灌砂筒下部圆锥体内砂的质量(g)；

m_3——灌砂入标定罐后，筒内剩余砂的质量(g)。

④重复上述测量步骤三次，取其平均值。

⑤按式(2-20)计算砂的单位质量 ρ_s。

$$\rho_s = \frac{m_a}{V} \tag{2-20}$$

式中：ρ_s——量砂的松方密度(g/cm^3)；

V——标定罐的体积(cm^3)

4. 试验步骤

(1)在试验地点，选一块平坦表面，并将其清扫干净，其面积不得小于基板面积。

(2)将基板放在平坦表面上，当表面的粗糙度较大时，则将盛有量砂 m_5(m_5 是装满 m_1 的砂流满试坑或标定罐砂后，灌砂筒里剩余的砂)的灌砂筒放在基板中间的圆孔上，将灌砂筒的开关打开，让砂流入基板的中孔内，直至储砂筒内的砂不再下流时关闭开关。取下灌砂筒，并称量筒内砂的质量 m_6，准确至 1g。

(3)取走基板，并将留在试验地点的量砂收回，重新将表面清扫干净。

(4)将基板放回清扫干净的表面上(尽量放在原处)，沿基板中孔凿洞(洞的直径与灌砂筒一致)。在凿洞过程中，应注意不使凿出的材料丢失，并随时将凿松的材料取出装入塑料袋中，不使水分蒸发。也可放在大试样盒内，试洞的深度应等于测定层厚度，但不得有下层材料混入，最后将洞内的全部凿松材料取出。对土基或基层，为防止试样盘内材料的水分蒸发，可分几次称取材料的质量。全部取出材料的总质量为 m_w，准确至 1g。

(5)从挖出的全部材料中取出有代表性的样品，放在铝盒或洁净的搪瓷盘中，测定其含水率(w，以%计)。样品的数量如下：用小灌砂筒测定时，对于细粒土，不少于 100g；对于各种中粒土，不少于 500g。用大灌砂筒测定时，对于细粒土，不少于 200g，对于各种中粒土，不少于 1000g；对于粗粒土或水泥、石灰、粉煤灰等无机结合料稳定材料，宜将取出的全部材料烘干，且不少于 2000g，称其质量 m_d，准确至 1g。

(6)将基板安放在试坑上，将灌砂筒安放在基板中间(储砂筒内放满砂到要求质量 m_1)，使灌砂筒的下口对准基板的中孔及试洞，打开灌砂筒的开关，让砂流入试坑内，在此期间，应注意勿碰动灌砂筒。直到储砂筒内的砂不再下流时，关闭开关，仔细取走灌砂筒，并称量筒内剩余砂的质量 m_4，准确至 1g。

(7)如清扫干净的平坦表面的粗糙度不大，可省去(2)(3)的操作。在试洞挖好后，将灌砂筒直接对准放在试坑上，中间不需要放基板，打开筒开关，让砂流入试坑内，在此期间，应注意勿碰动灌砂筒。直到储砂筒内的砂不再下流时，关闭开关，仔细取走灌砂筒，并称量剩余砂的质量 m'_4，准确至 1g。

(8)仔细取出试筒内的量砂，以备下次试验时再用。若量砂的湿度已发生变化或量砂中混有杂质，则应该重新烘干、过筛，并放置一段时间，使其与空气的湿度达到平衡后再用。

5. 计算

(1)计算填满试坑所用的砂的质量。

灌砂时，试坑上放有基板时：

$$m_b = m_1 - m_4 - (m_5 - m_6) \tag{2-21}$$

灌砂时，试坑上不放基板时：

$$m_b = m_1 - m'_4 - m_2 \tag{2-22}$$

式中：m_b——填满试坑的砂的质量(g)；

m_1——灌砂前灌砂筒内砂的质量(g)；

m_2——灌砂筒下部圆锥内砂的质量(g)；

m_4、m'_4——灌砂后，灌砂筒内剩余砂的质量(g)；

$m_5 - m_6$——灌砂筒下部圆锥体内及基板和粗糙表面间砂的合计质量(g)。

(2)按下式计算试坑材料的湿密度 ρ_w：

$$\rho_w = \frac{m_w}{m_b} \times \rho_s \tag{2-23}$$

式中：m_w——试坑中取出的全部材料的质量(g)；

ρ_s——量砂的单位质量(g/cm^3)。

(3)按下式计算试坑材料的干密度 ρ_d(g/cm^3)：

$$\rho_d = \frac{\rho_w}{1 + 0.01w}$$

式中：w——试坑材料的含水率(%)。

同击实试验干密度公式(2-12)。

(4)水泥、石灰、粉煤灰等无机结合料稳定土，可按下式计算干密度 ρ_d：

$$\rho_d = \frac{m_d}{m_b} \times \rho_t \tag{2-24}$$

式中：m_d——试坑中取出的稳定土的烘干质量(g)。

(5)按下式(2-25)计算施工压实度：

$$K = \frac{\rho_d}{\rho_c} \times 100\% \tag{2-25}$$

式中：K——测试地点的施工压实度(%)；

ρ_d——试样的干密度(g/cm^3)；

ρ_c——由击实试验得到的试样的最大干密度(g/cm³)。

6. 注意事项

(1)量砂要规则。量砂如果重复使用,一定要注意晾干,否则影响量砂的松方密度。量砂的湿度已发生变化或量砂中混杂质,则应该重新烘干、过筛,并放置一段时间,使其与空气的湿度达到平衡后再用。

(2)每换一次量砂,都必须进行两次标定,漏斗中砂的数量也应该每次重做。因此,量砂宜较多数量。切勿到试验时临时找砂,又不做试验,仅使用以前的数据。

(3)地表面处理要平整,只要表面凸出一点(即使1mm),就会使整个表面高出一薄层,其体积便算到坑中去了,将影响试验结果。因此本方法一般宜采用放上基板先测定一次粗糙表面消耗的量砂,只有在非常光滑的情况下方可省去此操作步骤。

(4)在挖坑时试坑周壁应笔直,避免出现上大下小或上小下大的情形,这样就会使检测密度偏大或偏小。

(5)灌砂时,检测厚度应为整个碾压层厚度,不能只取上部或者取到下一个碾压层中。

检测项目二　环　刀　法

1. 目的和适用范围

环刀法是测量现场密度的传统方法,用于测定路基土的密度,适用于测定细粒土及无机结合料稳定细粒土龄期不超过2d的压实度检测。国内采用的环刀容积一般取容积为200cm³,环刀高度通常约5cm。用环刀法测得的密度是环刀内土样所在深度范围内的平均密度,它不能代表整个碾压层的平均密度。由于碾压土层的密度一般是从上到下减小的,若环刀取在碾压层的上部,则得到的数值往往偏大,若环刀取的是碾压层的底部,则所得的数值将明显偏小。就检查路基土和路面结构层的压实度而言,需要的是整个碾压层的平均压实度,而不是碾压层中某一部分的压实度。因此,在用环刀法测定土的密度时,应使所得密度能代表整个碾压层的平均密度。然而,这在实际检测中是比较困难的;只有使环刀所取的土恰好是碾压层中间的土,环刀法所得的结果才可能与灌砂法的结果大致相同。另外,环刀法适用面较窄,对于含有粒料的稳定土及松散性材料无法使用。

2. 仪具与材料

(1)人工取土器包括环刀、环盖、定向筒和击实锤系统(导杆、落锤、手柄)。环刀内径6~8cm,高23cm,壁厚1.5~2mm,见图2-17。

a)环刀、环盖、击实锤系统

b)取土环刀

图2-17　人工取土器

(2)天平:感量0.1g(用于取芯头内径小于70mm样品的称量),或1.0g(用于取芯头内径100mm样品的称量)。

(3)其他:镐、小铁锹、修土刀、毛刷、直尺、钢丝锯、凡士林、木板及测定含水率设备等。

3. 试验方法与步骤

(1)用人工取土器测定黏性土及无机结合料稳定细粒土密度的步骤:

①擦净环刀,称取环刀质量m_2,准确至0.1g。

②在试验地点,将面积约30cm×30cm的地面清扫干净,并将压实层铲去表面浮动及不平整的部分,达到一定深度,使环刀打下后,能达到要求的取土深度,但不得扰动下层。

③将定向筒齿钉固定于铲平的地面上,顺次将环刀、环盖放入定向筒内与地面垂直。

④将导杆保持垂直状态,用取土器落锤将环刀打入压实层中,至环盖顶面与定向筒上口齐平为止。

⑤去掉击实锤和定向筒,用镐将环刀及试样挖出。

⑥轻轻取下环盖,用修土刀自边至中削去环刀两端余土,用直尺检测直至修平为止。

⑦擦净环刀外壁,用天平称取环刀及试样合计质量m_1,准确至0.1g。

⑧自环刀中取出试样,取具有代表注的试样,测定其含水率w。

(2)用人工取土器测定砂性土或砂层密度的步骤:

①如为湿润的砂土,试验时不需要使用击实锤和定向筒。在铲平的地面上,细心挖出一个直径较环刀外径略大的砂土柱,将环刀刃口向下,平置于砂土柱上,用两手平衡地将环刀垂直压下,直到砂土柱突出环刀上端约2cm时为止。

②削掉环刀口上的多余砂土,并用直尺刮平。

③在环刀上口盖一块平滑的木板,一手按住木板,另一只手用小铁锹将试样从环刀底部切断,然后将装满试样的环刀转过来,削去环刀刃口上部的多余砂土,并用直尺刮平。

④擦净环刀外壁,称环刀与试样合计质量m_1,精确至0.1g。

⑤自环刀中取具有代表性的试样,测定其含水率。

⑥干燥的砂土不能挖成砂土柱时,可直接将环刀压入或打入土中。

(3)用电动取土器测定无机结合料细粒土和硬塑土密度的步骤:

①装上所需规格的取芯头。在施工现场取芯前,选择一块平整的路段,将四只行走轮打起,四根定位销钉采用人工加压的方法,压入路基土层中。松开锁紧手柄,旋动升降手轮,使取芯头刚好与土层接触,锁紧手柄。

②将蓄电池与调速器接通,调整器的输出端接入取芯机电源插口。指示灯亮,显示电路已通;启动开关,电动机工作,带动取芯机构转动。根据土层含水率调节转速,操作升降手柄,上提取芯机构,停机,移开机器。由于取芯头圆筒外表有几条螺旋状突起,切下的土屑排在筒外顺螺纹上旋抛出地表。因此,将取芯套筒套在切削好的土芯立柱上,摇动即可取出样品。

③取出样品,立即按取芯套筒长度用修土刀或钢丝锯修平两端,制成所需规格土芯,如拟进行其他试验项目,装入铝盒,送试验室备用。

④用天平称量土芯带套筒质m_1,从土芯中心部分取试样测定含水率。

4. 计算

(1)按下式计算试样的湿密度:

$$\rho = \frac{4 \times (m_1 - m_2)}{\pi \cdot d^2 h} \tag{2-26}$$

式中：m_1——环刀与试样合质量(g)；

m_2——环刀质量(g)；

d——环刀直径(cm)；

h——环刀高度(cm)。

(2)按式(2-12)计算试样的干密度：

$$\rho_d = \frac{\rho}{1 + 0.01w}$$

(3)按式(2-25)计算压实度：

$$K = \frac{\rho_d}{\rho_c} \times 100\%$$

检测项目三　核　子　法

1. 原理与适用范围

该法适用于现场用核子密度仪以散射法或直接透射法测定路面或路面材料的密度和含水率。这是常用的一种方法，仪器按规定方法标定后，其测量结果可作为工程质量评定与验收的依据。可测定土、碎石、土石混合物、沥青混合料和非硬化水泥混凝土等材料。属于非破坏性检测，允许对同一个测试位置重复测试，并监测密度和压实度的变化，以确定合适的碾压方法，达到要求的压实度。仪器的优点是测量速度快、需要人员少。它的缺点是放射性物质对人体有害，试验时应穿有保护服，需正确操作仪器。

2. 仪具与材料

(1)核子密度湿度仪(图2-18)：符合国家规定的关于健康保护和安全使用标准，密度的测定范围为1.12～2.73g/cm³，测定误差不大于±0.03 g/cm³，含水率测量范围为0%～64%，测定误差不大于 ±1.5%。它主要包括下列部件：

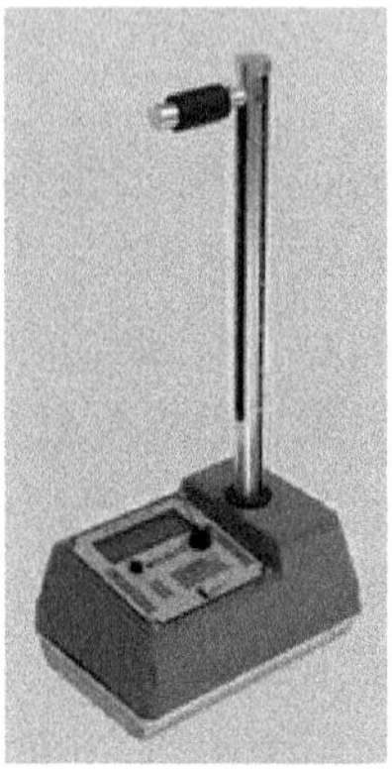

图2-18　核子湿密度仪

①γ射线源：双层密封的同位素放射源，如铯-137、钴-60或镭-226等。

②中子源：如镅(241)—铍等。

③探测器：γ射线探测器或中子探测器等。

④读数显示设备：如液晶显示器、脉冲计数器、数率表或直接读数表。

⑤标准板：提供检验仪器操作和散射计数参考标准用。

⑥安全防护设备：符合国家规定要求的设备。

⑦刮平板、钻杆、接线等。

(2)细砂：0.15～0.3mm。

(3)天平或台秤。

(4)其他：毛刷等。

3. 试验方法与步骤

本方法用于测定沥青混合料面层的压实密度时，在表面用散射法测定，所测定沥青面层的层厚应不大于根据仪器性能决定的最大厚度。用于测定土基或基层材料的压实密度及含水率时，打洞后用直接透射法测定，测定层的厚度不宜大于20cm。

1）准备工作

（1）每天使用前，按下列步骤用标准板测定仪器的标准值：

①接通电源，按照仪器使用说明书建议的预热时间，预热测定仪。

②在测定前，应检查仪器性能是否正常，在标准板上取3~4个读数的平均值建立原始标准值，并与使用说明书提供的标准值校对，如标准读数超过使用说明书规定的界限时，应重复此标准的测量，若第二次标准计数仍超出规定的界限时，需视作故障并进行仪器检查。

（2）在进行沥青混合料压实层密度测定前，应用核子法对钻孔取样的试件进行标定。测定其他材料密度时，宜与挖坑灌砂法的结果进行标定。标定的步骤如下：

①选择压实的路表面，按要求的测定步骤用核子仪测定密度，记录读数。

②在测定的同一位置用钻机钻孔法或挖坑灌砂法取样，量测厚度，按规定的标准方法测定材料的密度。

③对同一种路面厚度及材料类型，在使用前至少测定15处，求取两种不同方法测定的密度的相关关系，其相关系数应不小于0.9。

（3）测试位置的选择。

①按照随机取样的方法确定测试位置，但与距路面边缘或其他物体的最小距离不得小于30cm。核子仪距其他射线源不得少于10cm。

②当用散射法测定时，应用细砂填平测试位置路表结构凹凸不平的空隙，使路表面平整，能与仪器紧密接触，见图2-19。

③当使用直接透射法测定时，应在表面上用钻杆打孔，孔深略深于要求测定的深度，孔应竖直圆滑并稍大于射线源探头，见图2-20。

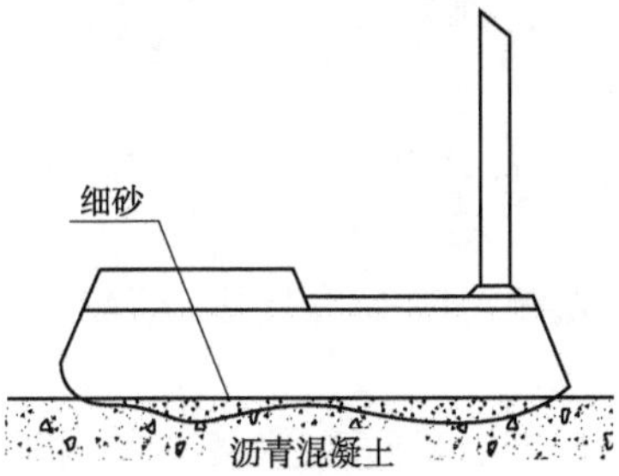

图2-19　用细砂填平测试位置的方法

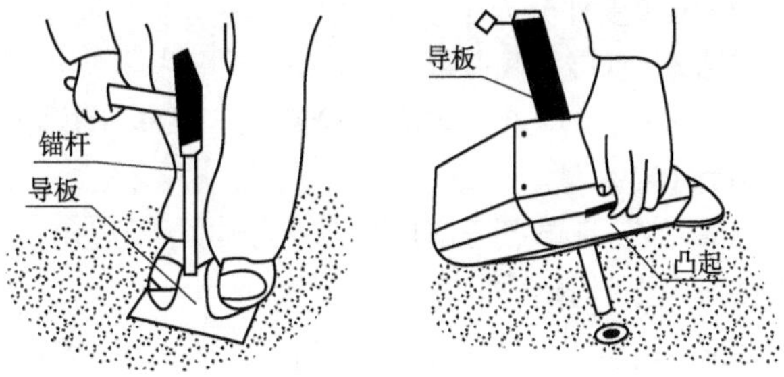

图2-20　在路表打孔的方法

④按照规定的时间，预热仪器。

2）测定步骤

（1）如用散射法测定时，应将核子仪平稳地置于测试位置上，见图2-21。

（2）如用直接透射法测定时，将放射源棒放下插入已预先打好的孔内，见图2-22。

（3）打开仪器，测试员退出仪器2m以外，按照选定的测定时间进行测量，到达测定时间后，读取显示的各项数值，并迅速关机。

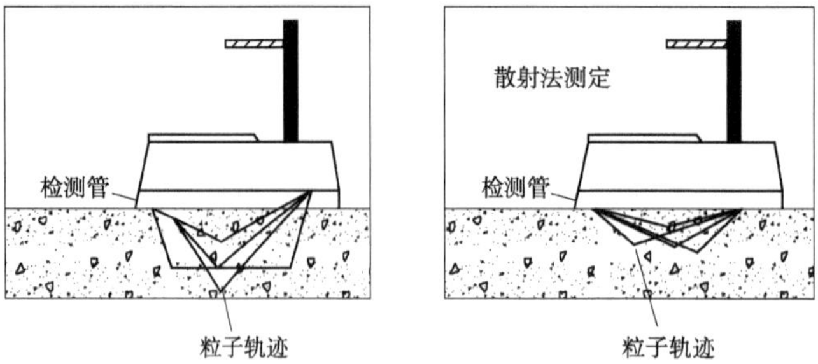

图 2-21 用散射法测定方法

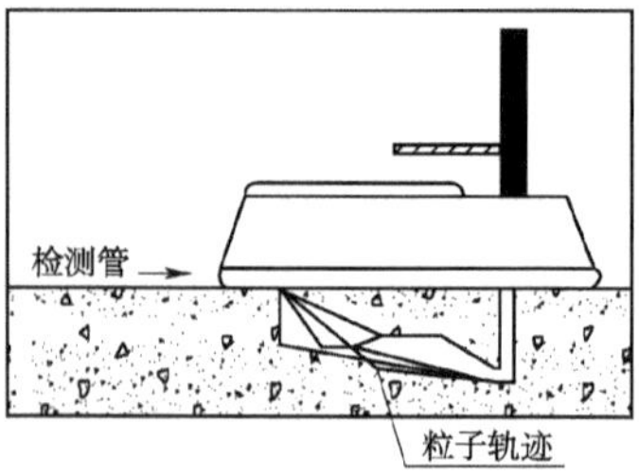

图 2-22 用直接透射法测定方法

各种型号的仪器具体操作步骤略有不同，可按照仪器使用说明书进行。

3）使用安全注意事项

（1）仪器工作时，所有人员均应退到距仪器 2m 以外的地方。

（2）仪器不使用时，应将手柄置于安全位置，仪器应装入专用的仪器箱内，放置在符合核幅射安全规定的地方。

（3）仪器应由经有关部门审查合格的专人保管、专人使用。从事仪器保管及使用的人员，应遵照有关核幅射检测的规定，不符合核防护规定的人员，不宜从事此项工作。

4. 压实度评定

路基、路面压实度以 1～3km 长的路段为检验评定单元，按要求的检测频率进行现场压实抽样检查，求算每一测点的压实度 K_i。

压实度评定要点是：

（1）控制平均压实度的置信下限，以保证总体水平。

（2）规定单点极值不得超出规定值，防止局部隐患。

（3）规定扣分界限以区分质量优劣。

检验评定段的压实度代表值 K（算术平均值的下置信界限）同式（1-8）。

（4）压实度评分方法。

①路基、基层和底基层

当 $K \geqslant K_0$，且单点压实度 K 全部大于或等于规定值减 2 个百分点时，评定路段的压实度合格率为 100%。

当 $K \geqslant K_0$，且单点压实度全部大于或等于规定极值时，按测定值不低于规定值减 2 个百分点的测点数计算合格率。

当 $K < K_0$ 或某一单点压实度 K_i 小于规定极限值时，该评定路段压实度为不合格，相应分项工程评为不合格。

路堤施工段较短时，分层压实度应点符合要求，且样本数不少于 6 个。

②沥青面层

当 $K \geqslant K_0$ 且全部测点大于或等于规定值减 1% 时，评定路段的压实度合格率为 100%；当 $K \geqslant K_0$ 时，按测定值不低于规定值减 1% 的测点数计算合格率。

当 $K < K_0$ 时，评定路段的压实度为不合格，相应分项工程评为不合格，评为零分。

例 2-2 某二级公路土方路基工程进行交工验收，现测得某段的压实度数值为 94.0、97.2、93.3、97.1、96.3、90.4、98.6、97.8、96.2、95.5、95.9、96.8（%），请你对检测结果进行

评定，并计算其得分值。（已知 $K_0=93\%$，规定极值为88%，规定分为30分，保证率为90%）

解：①计算平均值 $\overline{K}$：

$$\overline{K}=95.76\%$$

②标准偏差 S：

$$S=2.25\%$$

③计算路段压实度代表值：

$$K_L=\overline{K}-t_\alpha/\sqrt{n}\times S=95.76-0.393\times2.25=94.88\%$$

④判断压实质量：

因为，$K_L>K_0$，所以，该段压实质量是合格的且各个单点压实度 $K_i>$ 规定极值(88%)。

⑤计算合格率：大于(93－2)%＝91%的点共11个，故合格率 $=\frac{11}{12}=91.7\%$。

⑥计算得分值：30×91.7%＝27.5(分)。

工程示例

压实度检测记录表(灌砂法)

承包单位				中铁××局集团有限公司	合同编号	辽高××合字2015第11号	
监理单位				辽宁××监理有限公司	编号	LJ03－YSD－1	
工程名称				××高速公路路基工程	委托单编号	LJ03－YSD－1	
委托单位				中铁××局集团有限公司项目部	分项工程	土方工程	
试验单位				辽宁××公路工程质量检测中心	试验者	×××	
试验规程				JTG E60—2008	校核者	×××	
现场描述				碾压平整、密实	试验日期	2015年9月7日	
试验位置					K1＋200	K1＋220	K1＋240
干密度	筒内量砂重	g	(1)		6785	6778	6783
	剩余量砂质量	g	(2)		2443	2435	2448
	锥体砂重	g	(3)		685	685	685
	试坑耗砂质量	g	(4)	(1)－(2)－(3)	3657	3658	3650
	量砂密度	g/cm³	(5)		1.43	1.43	1.43
	试坑体积	cm³	(6)	(4)/(5)	2557	2558	2552
	试样质量	g	(7)		5957	5985	5906
	试样密度	g/cm³	(8)	(7)/(6)	2.33	2.34	2.31

续上表

承包单位	中铁××局集团有限公司				合同编号		辽高××合字2015第11号			
干密度	干密度	g/cm³	(9)		2.18		2.19		2.17	
	标准干密度	g/cm³	(10)		2.20		2.20		2.20	
	压实度	%	(11)	(9)/(10)	99.1		99.5		98.6	
含水率	盒号		(12)		12	14	21	23	35	37
	盒质量	g	(13)		98.0	99.5	97.7	96.4	94.8	99.2
	盒+湿料质量	g	(14)		673.0	762.3	654.8	687.9	723.6	756.7
	盒+干料质量	g	(15)		636.3	719.5	619.0	649.9	685.2	717.2
	含水率	%	(18)	(16)/(17)	6.86	6.90	6.86	6.87	6.50	6.40
	平均含水率	%	(19)		6.88		6.85		6.45	
结论：					技术负责人意见： 签字：					
监督(理)工程师签字： 签名：					试验室盖章：					

压实度检测记录表(环刀法)

承包单位	中铁××局集团有限公司	合同编号	辽高××合字2015第2号
监理单位	辽宁××监理有限公司	编号	LJ03-YSD-1
工程名称	×××高速公路路基工程	委托单编号	LJ03-YSD-1
委托单位	中铁××局集团有限公司	分项工程	土方工程
试验单位	辽宁省××公路工程质量检测中心	试验者	×××
试验规程	JTG E60—2008	校核者	×××
现场描述	碾压平整、密实	试验日期	2015年6月2日
最大干密度(g/cm³)	1.86	最佳含水率(%)	12.0

取样桩号	环刀容积(cm³)	湿土质量(g)	湿密度(g/cm³)	含水率(%) 盒号	盒质量(g)	盒+湿土质量(g)	盒+干土质量(g)	含水率(%)	平均含水率(%)	干密度(g/cm³)	压实度(%)
K2+500	200	390.3	1.95	1	22.44	79.27	73.16	12.0	11.7	1.74	93.9
				2	24.89	57.62	54.27	11.4			
K2+501	200	392.3	1.96	3	18.39	70.40	65.03	11.5	11.7	1.75	94.3
				4	25.21	81.01	75.10	11.8			
K2+502	200	392.2	1.96	5	25.21	86.01	79.28	12.4	12.0	1.75	
				6	18.39	59.59	55.29	11.7			
K2+503	200	392.4	1.96	7	25.21	72.45	67.51	11.7	11.8	1.75	94.3
				8	21.33	82.64	76.09	12.0			
结论：					技术负责人意见： 签名：						
监督(理)工程师签字： 签名：					试验室盖章：						

检测项目四　回弹模量试验检测

1. 概述

回弹模量是评价路基土及各种路面材料强度的重要指标,它可以反映土基及路面材料在荷载作用下变形的性质。在一定车轮荷载作用下,回弹模量越大,说明路基或路面材料的变形越小,即刚度越大。反之,则说明路基或路面材料的变形大,刚度小。回弹模量同样也影响到路基的使用质量和使用寿命。回弹模量的有现场测试和室内测试两种,下面介绍现场测试方法。

2. 承载板法测回弹

1)仪器设备

(1)加载设施:载有铁块或集料等重物、后轴重不小于60kN的载重汽车一辆,作为加载设备。在汽车后轴之后约80cm处,附设加劲小梁一根作反力架。汽车轮胎充气压力0.50MPa。

(2)现场测试装置见图2-23:由千斤顶、测力计(测力环或压力表)及球座组成。

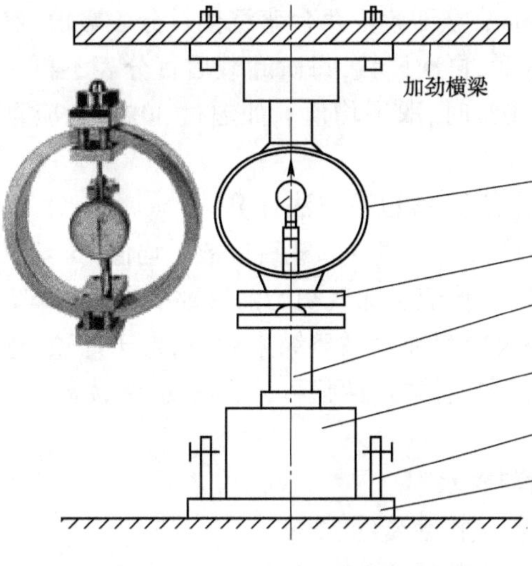

图2-23　承载板测试装置图

(3)刚性承载板一块,板厚20mm,直径为30cm,直径两端设有立柱可以调整高度的支座,供安放弯沉仪测头,承载板安放在土基表面上。

(4)路面弯沉仪两台,由贝克曼梁、百分表及其支架组成。

(5)液压千斤顶一台,80~100kN,装有经过标定的压力表或测力环,其容量不小于土基强度,测定精度不小于测力计量程的1%。

(6)其他:秒表、水平尺、细砂、毛刷、垂球、镐、铁锹、铲。

2)方法与步骤

(1)准备工作。

①根据需要选择有代表性的测点,测点应位于水平的路基上,土质均匀,不含杂物。

②仔细平整土基表面,撒干燥洁净的细砂填平土基凹处,砂子不可覆盖全部土基表面,避免形成夹层。

③安置承载板，并用水平尺进行校正，使承载板处于水平状态。

④将试验车置于测点上，在加劲横梁中部悬挂垂球测试，使之恰好对准承载板中心，然后收起垂球。

⑤在承载板上安放千斤顶，上面衬垫钢圆筒、钢板，并将球座置于顶部与加劲横梁接触。如用测力环时，应将测力环置于千斤顶与横梁中间，千斤顶及衬垫物必须保持垂直，以免加压时千斤顶倾倒发生事故并影响数据准确性。

⑥安放弯沉仪，将两台弯沉仪的测头分别置于承载板立柱的支座上，百分表对零或其他合适的初始位置上。

(2)测试步骤。

①用千斤顶开始加载，注视测力环或压力表，至预压0.05MPa，稳压1min，使承载板与土基紧密接触，同时检查百分表其工作情况应正常，然后放松千斤顶油门卸载，稳压lmin后，将指针对零或记录初始读数。

②测定土基的压力—变形曲线。用千斤顶加载，采用逐级加载卸载法，用压力表或测力环控制加载量，荷载小于0.1MPa时，每级增加0.02MPa，以后每级增加0.04MPa左右。每次加载至预定荷载P后，稳定1min，立即读记两台弯沉仪百分表数值，然后轻轻放开千斤顶油门卸载至0，待卸载稳定1min后，再次读数，每次卸载后百分表不再对零。当两台弯沉仪百分表读数之差小于平均值的30%时，取平均值。如超过30%，则应重测。当回弹变形值超过1mm时，即可停止加载。

③各级荷载的回弹变形和总变形，按以下方法计算：

回弹变形L=(加载后读数平均值－卸载后读数平均值)×弯沉仪杠杆比

总变形L'=(加载后读数平均值－加载初始前读数平均值)×弯沉仪杠杆比

④测定总影响量a：最后一次加载卸载循环结束后，取走千斤顶，重新读取百分表初读数，然后将汽车开出10m以外，读取终读数，两只百分表的初、终读数差之平均值即为总影响量a。

⑤在试验点下取样，测定材料含水率。

A. 最大粒径不大于4.75mm，试样数量约120g。

B. 最大粒径不大于19mm，试样数量约250g。

C. 最大粒径不大于31.5mm，试样数量约500g。

⑥在紧靠试验点旁边的适当位置，用灌砂法或环刀法等测定土基的密度。

3)计算

(1)影响量的计算。

各级压力的回弹变形值加上该级的影响量后，则为计算回弹变形值。表2-13是以后轴60kN的标准车为测试车的各级荷载影响量的计算值，当使用其他类型测试车时，各级压力下的影响量a_i按下式计算：

$$a_i = \frac{(T_1 + T_2)\pi D^2 P_i}{4T_1 Q} \times a \tag{2-27}$$

式中：T_1——测试车前后轴距(m)；

T_2——加劲小梁距后轴距离(m)；

D——承载板直径(m);

Q——测试车后轴重(N);

P_i——该级承载板压力(Pa);

a——总影响量(0.01mm);

a_i——该级压力的分级影响量(0.01mm)。

各级荷载影响量　　表 2-13

承载板压(MPa)	0.05	0.10	0.15	0.20	0.30	0.40	0.50
影响量	$0.06a$	$0.12a$	$0.18a$	$0.24a$	$0.36a$	$0.48a$	$0.60a$

(2)将各级计算回弹变形值点绘于标准计算纸上,排除显著偏离的异常点并绘出顺滑的 P-L 曲线,如曲线起始部分出现反弯,应修正原点,见图 2-24。

(3)计算相应于各级荷载下的土基回弹模量:

$$E_i = \frac{\pi D}{4} \cdot \frac{P_i}{L_i}(1-\mu_0^2) \tag{2-28}$$

式中:E_i——相应于各级荷载下的土基回弹模量(MPa);

μ_0——土的泊松比,根据路面设计规范选用,我国通常对路基采用 0.35;

D——承载板直径(m);

P_i——承载板压力(MPa),

L_i——相对于荷载 P_i 时的回弹变形(cm)。

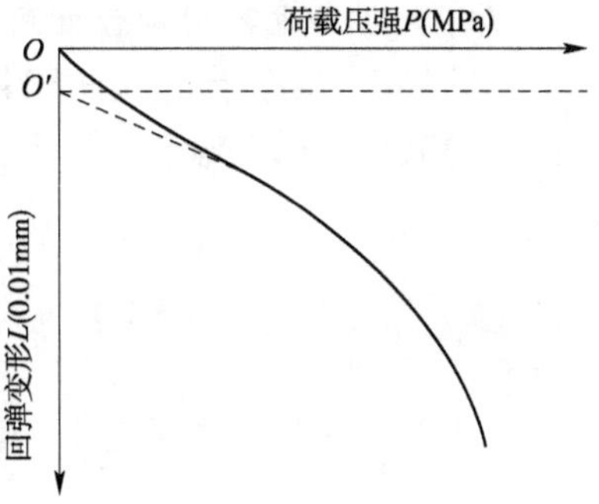

图 2-24　修正原点示意图

(4) 计算土基回弹模量 E_0:

$$E_0 = \frac{\pi D}{4} \cdot \frac{\Sigma P_i}{\Sigma L_i}(1-\mu_0^2) \tag{2-29}$$

式中:L_i——结束试验前的各级实测回弹变形值;

P_i——对应于 L_i 的各级压力值(cm)。

检测项目五　土基强度检测

1. 概述

土基是公路的基础,土基的质量直接影响整个公路工程质量,土基一旦出现质量问题,将使公路出现严重病害。因此,准确评价土基质量至关重要。评价土基质量的重要指标是土基回弹模量表征土基弹性变形、回弹弯沉表征土的承载能力、现场 CBR 值表征土的强度。我国评价土基强度采用的是现场 CBR 值检测方法。

2. 土基现场 CBR 值检测

1) 目的和适用范围

(1) 本方法适用于在公路现场测定各种土基材料的现场 CBR 值。同时也适合于基层、底基层砂类土,天然级配及配碎石等材料 CBR 值的试验。

(2) 本方法所用试样的最大集料粒径宜小于 19mm,最大不得超过 31.5mm。

2)仪具与材料

(1)荷载装置:装载有铁块或集料等重物的载货汽车,后轴重不小于 60kN,在汽车大梁的后轴之后设有一加劲横梁作反力架用。

(2)现场测试装置:如图 2-25 所示,由千斤顶(机械或液压)、测力计(测力环或压力表)及球座组成。千斤顶可使贯入杆的贯入速度调节成 1mm/min。测力计的容量不小于土基强度,测定精度不小于测力计量程的 1% 。

(3)贯入杆:直径 ϕ50mm,长约 200mm 的金属圆柱体。

(4)承载板:每块 1.25kg,直径 ϕ150mm, 中心孔眼直径 ϕ52mm,不小于 4 块,并沿直径分为两个半圆块。

(5)贯入量测定装置:由图 2-25 中所示的平台及百分表组成,百分表量程 20mm,精度 0.01mm,数量 2 个,对称固定于贯入杆上,端部与平台接触;平台跨度不小于 50cm。

注:此设备也可用两台贝克曼梁弯沉仪代替。

(6)细砂:洁净干燥的细干砂,粒径为 0.3 ~0.6mm。

(7)其他:铁铲、盘、直尺、毛刷、天平等。

图 2-25　CBR 现场测试装置

3)方法与步骤

(1)准备工作。

①将试验地点约直径 ϕ30cm 范围的表面找平,用毛刷刷净浮土。如表面为粗粒土时,应撒布少许洁净的干砂填平,但不能覆盖全部土基,避免形成一层。

②安装测试设备:按图 2-25 设置贯入杆和千斤顶。千斤顶顶在加劲横梁上且调节至高度适中。贯入杆应与土基表面紧密接触。

③安装贯入量测定装置,将支架平台、百分表按图 2-25 安装好。

(2)测试步骤。

①在贯入杆位置安放 4 块 1.25kg 的分开成半圆的承载板,共 5kg。

②试验贯入前,先在贯入杆上施加 45N 荷载后,将测力计及贯入量百分表调零,记录初始读数。

③启动千斤顶，使贯入杆以 1mm/min 的速度压入土基，相应于贯入量为 0.5mm、1.0mm、1.5mm、2.0mm、2.5mm、3.0mm、4.0mm、5.0mm、6.5mm、10.0mm 及 11.5mm 时，分别读取测力计读数。根据情况，也可在贯入量达 6.5mm 时结束试验。

④卸除荷载，移去测定装置。

⑤在试验点下取样，测定材料含水率。

A. 最大粒径不大于 4.75mm，试样数量约 120g。

B. 最大粒径不大于 19mm，试样数量约 250g。

C. 最大粒径不大于 31.5mm，试样数量约 500g。

⑥在紧靠试验点旁边的适当位置，用灌砂法或环刀法等测定土基的密度。

4）计算

（1）将贯入试验得到的等级荷重数除以贯入断面积（19.635cm^2），得到各级压强（MPa），绘制荷载压强—贯入量曲线，如图 2-26 所示。当图中曲线在起点处有明显凹凸的情况时，应在坐标的拐弯处做切线延长进行修正，以与坐标轴相交的点 O' 作原点，得到修正后的压强—贯入量曲线。

（2）从压强—贯入量曲线上读取贯入量为 2.5mm 及 5.0mm 的荷载压强 P_1 按式（2-30）计算现场 CBR 值。CBR 一般以贯入量为 2.5mm 时的测定值为准，当贯入量 5.0mm 时的 CBR 大于2.5mm的 CBR 时，应重新试验；如重新试验仍然如此时，则以贯入量 5.0mm 时的 CBR 为准。

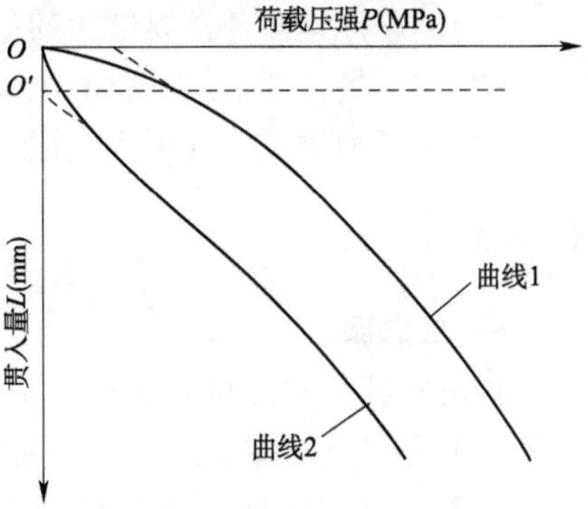

图 2-26　荷载压强—贯入量关系曲线

$$现场\ CBR = \frac{P_1}{P_0} \times 100\% \quad (2\text{-}30)$$

式中：P_1——荷载压强（MPa）；

P_0——标准压强，当贯入量为 2.5mm 时为 7MPa，当贯入量为 5.0mm 时为 10.5MPa。

项目三　路基竣工验收阶段试验检测内容

在路基工程竣工验收阶段主要进行以下的试验检测内容。按照 1 ~ 3km 作为一个单元，对路基的压实度进行整体评定。

按竣工编制的资料要求将试验资料整理归档，包括：

(1)路基原地面各常规试验的记录和记录的汇总表收集、整理和归档。

(2)取土场各项常规试验的记录和记录的汇总表收集、整理和归档。

(3)现场检测试验的压实度记录和评定表的收集、整理和归档。

课后练习

一、单选题

1. 击实试验的目的是测定(　　)。

A. 最佳含水率 w_{op}，最大干密度 ρ_{dmax}

B. 天然含水率 w，天然湿密度 ρ

C. 最佳含水率 w_{op}，干密度 ρ_d

D. 天然含水率 w，最大干密度 ρ_{dmax}

2. 在《公路土工试验规程》(JTG E40—2007)中，粗粒组的粒径范围为(　　)。

A. 2 ~ 60mm　B. 0.075 ~ 2mm　C. 0.075 ~ 60mm　D. 60 ~ 200mm

3. 在液、塑限联合测定法中，同一土样测得的两次锥入深度 h_1、h_2 的允许误差为(　　)。

A. 1.0mm　B. 0.3mm

C. 0.5mm　D. 0.2mm

4. 酒精燃烧法中所用酒精的纯度应为(　　)。

A. 98%　B. 93%　C. 95%　D. 90%

5. 在液、塑限联合测定法中，土样含水率最低的一点，其锥入深度应控制在(　　)。

A. 10mm 以下　B. 15mm 以下　C. 5mm 以下　D. 2mm 以下

6. 土中的水可以分为(　　)。

A. 自由水与结合水　B. 重力水与结合水

C. 毛细水与重力水　D. 毛细水与结合水

7. CBR 试验测贯入量时先在贯入杆上施加(　　)N 荷载。

A. 100　B. 50　C. 45　D. 30

8. 环刀法测定无机结合料稳定细粒土密度适用于龄期不超过(　　)d 的路基 。

A. 2　B. 7　C. 14　D. 28

9. 现场压实度测定方法中,(　　)对测定结构层没有破坏。

A. 环刀法　　B. 灌砂法　　C. 核子仪散射法　　D. 钻芯法

10. 核子密度仪直接透射法测定路面结构层的密度时,应在结构层表面打孔,孔深应(　　)要求测定的深度。

A. 等于　　B. 略深于　　C. 浅于　　D. 略浅于

11. 采用(　　)测定现场路基压实度的方法,是国际公认最标准的方法。

A. 环刀法　　B. 灌砂法　　C. 核子密度仪法　　D. 水袋法

12. 测定二灰稳定碎石基层压实度,应优先采用(　　)。

A. 环刀法　　B. 灌砂法　　C. 蜡封法　　D. 核子密度仪法

13. 目前,对于土方路基压实度,最大干密度的确定方法是(　　)。

A. 击实试验法　　B. 振动试验法

C. 马歇尔试验法　　D. 理论计算法

14. 含水率的定义是(　　)。

A. 水质量与干土质量之比　　B. 水质量与湿土质量之比

C. 干土质量与湿土质量之比　　D. 水质量与水所占体积之比

15. 液、塑限试验中,制备土样时过(　　)筛。

A. 0.5mm　　B. 1mm　　C. 1.5mm　　D. 2mm

16. 环刀法测定压实度时,环刀取样位置应位于压实层的(　　)。

A. 上部　　B. 中部　　C. 底部　　D. 任意位置

17. 重型击实试验与轻型击实试验比较,试验结果(　　)。

A. 最大干密度大,最佳含水率大

B. 最大干密度小,最佳含水率小

C. 最大干密度大,最佳含水率小

D. 最大干密度小,最佳含水率大

18. 含水率为5%的砂220g,将其干燥后的质量为(　　)g。

A. 209　　B. 209.52　　C. 210　　D. 210.95

19. 土的击实试验中,制备细粒土土样时过(　　)筛。

A. 5mm　　B. 10mm　　C. 0.5mm　　D. 2mm

20. 结合《公路工程质量检验评定标准　第一册　土建工程》(JTG F80/1—2017)的规定,测定级配碎石基层压实度应优先采用(　　)。

A. 环刀法　　B. 灌砂法

C. 钻芯取样法　　D. 核子密度仪法

21. 土基回弹模量 E_0 的单位是(　　)。

A. MPa　　B. MN　　C. kN　　D. kg

22. 对于天然砂砾室内确定其最大干密度较适宜方法为(　　)。

A. 重型击实法　　B. 轻型击实法

C. 灌砂法　　D. 表面振动压实仪法

23. 核子密度仪是利用(　　)射线来测量路面结构层材料密度的。

A. γ　　B. β　　C. X　　D. 快中子

二、判断题

1. 土的筛分试验适用于土的粒径大于 0.075mm 的土。 (　)
2. 路基土在最佳含水率条件下最容易压实。 (　)
3. 路基压实度指标须分层检测,但只按上路床的检测数据计分。 (　)
4. 环刀法测现场密度,不适用于含粒料的稳定土及松散性材料。 (　)
5. 核子密度仪法测定的现场压实度不宜作为评定验收的依据。 (　)
6. 对于高速公路填方路基上路床的压实度要求不能小于 96%。 (　)
7. 高等级公路土方路基压实质量控制,应采用重型击实试验。 (　)
8. 土的液性指数就是液限与塑限的差值。 (　)
9. 土的击实试验,先将土放置在 105℃ 的烘箱烘干后过 4.75mm 的筛。 (　)
10. 环刀取样宜位于压实层的下部。 (　)
11. 核子法是检测路基压实质量的仲裁试验。 (　)
12. 采用灌砂法测定路面结构层的压实度时,应力求试坑深度与标定罐的深度一致。 (　)
13. 承载比 CBR 曲线在曲线起点出现凹曲线时要修正。 (　)
14. 路基土最佳含水率是指击实曲线上最大干密度所对应的含水率。 (　)

三、简答题

1. 土的工程分类依据是什么?
2. 路基土的击实试验的试验步骤是什么?
3. 影响压实的因素有哪些?
4. 简述灌砂法试验中灌砂筒下部圆锥体内砂的质量的标定过程。
5. 简述灌砂法试验中标准砂的密度标定过程。
6. 试简述灌砂法方法及步骤。
7. 土的含水率的测试方法有几种?

四、计算题

1. 界限含水率测试时,测得液限 $w_L = 30\%$, $w_p = 12.5\%$, $w = 28\%$,试判断该土样的状态。

2. 在颗料分析试验中,从级配曲线上读得 $d_{60} = 7.2\text{mm}$, $d_{30} = 2.4\text{mm}$, $d_{10} = 0.5\text{mm}$,试判断该土样级配情况。

3. 灌砂法试验结果为:量砂密度 1.15g/cm^3,试坑中全部材料质量 4428.8g,填满试坑的砂的质量 2214.4g,代表性试样含水率 5.0%,则试坑材料的干密度为多少?

4. 某二级公路路基压实施工中,用灌砂法测定压实度,测得灌砂筒内量砂质量为 5820g,填满标定罐所需砂的质量为 3885g,测定砂锥的质量为 615g,标定罐的体积 3035cm^3,灌砂后称灌砂筒内剩余砂质量为 1314g,试坑挖出湿土质量为 5867g,烘干土质量为 5036g,室内击实试验得最大干密度为 1.68g/cm^3,试求该测点压实度和含水率。

单元三　路面工程试验与检测

项目一　路面基层与底基层试验检测

路面不但要承受车轮荷载的作用,而且要受到自然环境因素的影响。行车荷载和大气因素对路面的影响作用,一般随深度而逐渐减弱,因而路面通常是多层结构,将品质好的材料铺设在应力较大的上层,品质较差的材料铺设在应力较小的下层,从而形成了路基之上采用不同规格和要求的材料,分别铺设垫层、基层和面层的路面结构形式。路面结构层次,见图3-1。

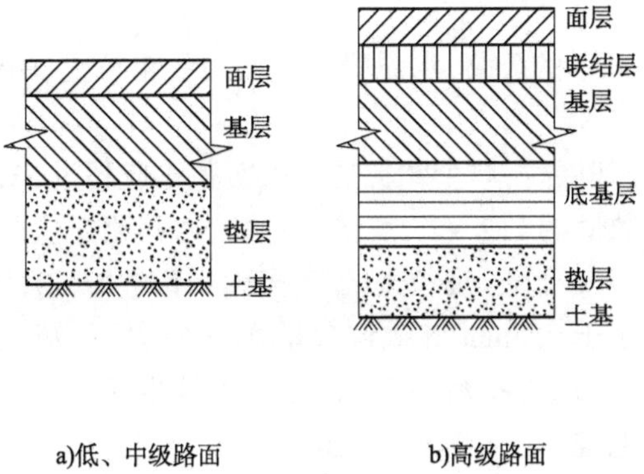

图3-1　路面结构层次

垫层是介于基层与土基之间的层次,并非所有的路面结构中都需要设置垫层,只有在土基处于不良状态,如潮湿地带、湿软土基、北方地区的冻胀土基等才设置垫层,以排除路面、路基中滞留的自由水,确保路面结构处于干燥或中湿状态。垫层主要起隔水(地下水、毛细水)、排水(渗入水)、隔温(防冻胀、翻浆)作用,并传递和扩散由基层传来的荷载应力,保证路基在容许应力范围内工作。

基层位于面层之下、垫层或路基之上。基层主要承受面层传递的车轮垂直力的作用,并把它扩散到垫层和土基,基层还可能受到面层渗水以及地下水的侵蚀。故需选择强度较高、刚度较大,并有足够水稳性的材料。用来修筑基层的材料主要有:水泥、石灰、沥青等稳定土或稳定粒料(如碎石、砂砾),工业废渣稳定土或稳定粒料,各种碎石混合料或天然砂砾。基层可分两层铺筑。其上层称基层或上基层,起主要承重作用,下层则称底基层,起次要承重作用。底基层材料的强度要求比基层略低些,可充分利用当地材料,以降低工程造价。

面层位于整个路面结构的最上层。它直接承受行车荷载的垂直力、水平力以及车身后所产生的真空吸力的反复作用,同时受到降雨和气温变化的不利影响最大,是最直接反映路面使用性能的层次。因此,与其他层次相比,面层应具有较高的结构强度、刚度和稳定性,并且耐磨、不透水,其表面还应具有良好的抗滑性和平整度。

任务一　路面基层与底基层材料要求及检测内容

路面基层主要承受来至面层的垂直力,并把它分布在垫层或路基上。因此,基层应具有足够的强度和一定刚度。基层表面应平整,以保证面层厚度的均匀。我国常用的半刚性基层受水浸泡后强度下降很快,如面层封水不好,将严重影响基层的使用状况,因此基层也应该具有稳定性。基层使用的材料一般分为结合稳定类(有机结合料、无机结合料)和无结合料的粒料类。有时根据使用性能又可分为半刚性基层和柔性基层两类。有机结合料基层主要包括热拌沥青碎石或乳化沥青碎石混合料、沥青贯入碎石等。无机结合稳定类材料包括水泥稳定类、石灰稳定类及工业废渣稳定类材料。粒料类基层主要包括泥接碎石、泥灰接碎石、填隙碎石、级配碎石等。本任务主要就半刚性和无黏结粒料类基层、底基层材料的技术要求及检测方法加以论述。

一、基层、底基层材料技术要求

(1)对于二级和二级以下的公路,水泥稳定土所用的粗粒土、中粒土、细粒土应满足如下要求:

①水泥稳定土用作底基层时,单个颗粒的最大粒径不应超过53mm(指方孔筛,如为圆孔筛,则最大粒径可为所列数值的1.2~1.25倍,下同),水泥稳定土的颗粒组成应在表3-1所列范围内,土的均匀系数应大于5。细粒土的液限不应超过40,塑性指数不应超过17。对于中粒土和粗料土,如土中小于0.6mm的颗粒含量在30%以下,塑性指数可稍大。实际工作中,宜选用均匀系数大于10、塑性指数小于12的土。塑性指数大于17的土,宜采用石灰稳定,或用水泥和石灰综合稳定。

用作底基层时水泥稳定土的颗粒组成范围　　表3-1

筛孔尺寸(mm)	53	4.75	0.6	0.075	0.002
通过质量百分率(%)	100	50~100	17~100	0~50	0~30

注:表中所列用筛均为方孔筛。在无相应尺寸方孔筛的情况下,可先将颗粒组成在半对数坐标纸上画出两根级配曲线,然后在对数坐标上查找所需筛孔的位置或点,从此点引一垂直线向上与两根曲线相交。从此两交点画水平线与垂直坐标相交,即可得到所需颗粒尺寸的通过百分率。

②水泥稳定土用作基层时,单个颗粒的最大粒径不应超过37.5mm。水泥稳定土的颗粒组成应在表3-2的范围内。集料中不宜含有塑性指数的土。对于二级公路,宜按接近级配范围的下限组配混合料或采用表3-3中的2号级配。

③级配碎石、未筛分碎石、砂砾、碎石土、砂砾土、煤矸石和各种粒状矿渣均适宜用水泥稳定。碎石包括岩石碎石、矿渣碎石、破碎砾石等。

用做基层时水泥稳定土的颗粒组成范围　　表 3-2

筛孔尺寸(mm)	37.5	26.5	19	9.5	4.75	2.36	1.18	0.6	0.075
通过百分率(%)	90~100	66~100	54~100	39~100	28~84	20~70	14~57	8~47	0~30

水泥稳定土的颗粒组成范围　　表 3-3

编号	通过方孔筛(mm)的质量百分率(%)								液限(%)	塑性指数
	37.5	31.5	19	9.5	4.75	2.36	0.6	0.075		
1	100				50~100		17~100	0~30		
2	100	93~98	74~89	49~69	29~52	18~38	8~22	0~7	<28	<9
3	—	100	88~99	57~77	29~49	17~35	8~22	0~7	<28	<9

注:集料中 0.5mm 以下细粒土有塑性指数时,小于 0.075mm 的颗粒含量不应超过 5%;细粒土无塑性指数时,小于 0.075mm 的颗粒含量不应超过 7%。

(2)对于高速公路和一级公路,水泥稳定土所用的粗粒土和中粒土应满足如下要求:

①水泥稳定土用作底基层时,单个颗粒的最大粒径不应超过 37.5mm。水泥稳定土的颗粒组成应在表 3-3 所列 1 号级配范围内,土的均匀系数应大于 5。细粒土的液限不应超过 40%,塑性指数不应超过 17。对于中粒土和粗粒土,如土中小于 0.6mm 的颗粒含量在 30% 以下,塑性指数可稍大。实际工作中,宜选用均匀系数大于 10、塑性指数小于 12 的土。塑性指数大于 17 的土,宜采用石灰稳定,或用水泥和石灰综合稳定。对于中粒土和粗粒土,宜采用表 3-3 中 2 号级配,但小于 0.075mm 的颗粒含量和塑性指数可不受限制。

②水泥稳定土用作基层时,单个颗粒的最大粒径不应超过 31.5mm。水泥稳定土的颗粒组成应在表 3-3 所列 3 号级配范围内。

③水泥稳定土用作基层时,对所用的碎石或砾石,应预先筛分成 3~4 个不同粒级,然后配合,使颗粒组成符合表 3-3 所列级配范围。

④水泥:普通硅酸盐水泥、矿渣硅酸盐水泥和火山灰质硅酸盐水泥都可用于稳定土,但应选用初凝时间 4h 以上和终凝时间较长(宜在 6h 以上)的水泥。宜选用强度等级在 32.5 和 42.5 的水泥。不得选用快硬水泥、早强水泥及受潮变质水泥。水泥稳定中粒土和粗粒土用作基层时,水泥剂量(水泥剂量 = 水泥质量/干土质量)不宜超过 6%。必要时,应首先改善集料的级配,然后用水泥稳定。

⑤石灰:符合规范要求。综合稳定土中用的石灰应是消石灰粉或磨细生石灰粉。石灰消解时间必须在 7~15d 以内,加水量控制在 60%~80%,使之充分消解并过筛后使用,消石灰钙镁含量要大于 55%,生石灰钙镁含量要大于 65%。磨细的生石灰存放时间不宜过长且不得低于三级。露天堆放石灰,对石灰质量有很大影响,石灰中有效钙、镁含量随露天放置时间而降低,所以,石灰运到现场后应尽快使用。如需堆放较长时间,应堆放在地势较高处,并覆盖封存好。

⑥凡是饮用水(含牲畜饮用水)均可用于水泥稳定土施工。

⑦粉煤灰:粉煤灰中 SiO_2、Al_2O_3 和 Fe_2O_3 的总含量应大于 70%,烧失量不应超过 20%;其比表面积宜大于 2500cm^2/g;或 90% 通过 0.3mm 筛孔,70% 通过 0.075mm 筛孔。湿粉煤灰的含水率不宜超过 35%。

⑧煤渣：煤渣最大粒径不应大于 30mm，颗粒组成宜有一定级配，且不宜含杂质。

(3)水泥稳定粒径较均匀的砂时，宜在砂中添加少部分塑性指数小于 10 的黏性土或石灰土，也可添加部分粉煤灰，加入比例可按使混合料的标准干密度接近最大值确定，一般为 20% ~40%。

(4)水泥稳定土中碎石或砾石的压碎值应符合下列要求：

①基层。

高速公路和一级公路，不大于 30%；

二级和二级以下公路，不大于 35%。

②底基层。

高速公路和一级公路，不大于 30%；

二级和二级以下公路，不大于 40%。

(5)有机质含量超过 2% 的土，必须先用石灰进行处理，闷料一夜后再用水泥稳定。

(6)硫酸盐含量超过 0.25% 的土，不应用水泥稳定。

(7)石灰、粉煤灰用作基层时，土中碎石、砾石颗粒的最大粒径不应超过 37.5mm。石灰、粉煤灰碎石混合料中碎石的级配范围见表 3-4；石灰、粉煤灰稳定砂砾级配范围见表 3-5。

石灰、粉煤灰碎石混合料中碎石的级配范围 表 3-4

结构层	通过方孔筛(mm)的质量百分率(%)								
	37.5	31.5	19	9.5	4.75	2.36	1.18	0.6	0.075
基层	—	100	81 ~98	52 ~70	30 ~50	18 ~38	10 ~27	6 ~20	0 ~7
底基层	100	90 ~100	72 ~90	48 ~68	30 ~50	18 ~38	10 ~27	6 ~20	0 ~7

石灰、粉煤灰碎石混合料中砂砾的级配范围 表 3-5

结构层	通过方孔筛(mm)的质量百分率(%)								
	37.5	31.5	19	9.5	4.75	2.36	1.18	0.6	0.075
基层	—	100	85 ~98	55 ~75	39 ~59	27 ~47	17 ~35	10 ~25	0 ~10
底基层	100	85 ~100	65 ~89	50 ~72	35 ~55	25 ~45	17 ~35	10 ~27	0 ~15

(8)无黏结粒料类材料的要求。

①集料。

集料中针、片状颗粒的含量应不超过 20%。

用于底基层的碎石最大粒径不大于 37.5mm；，对于高速公路、一级公路，压碎值不应大于 30%，二级公路不应大于 35%，二级以下公路不应大于 40%。用于基层的碎石的最大粒径不应大于 31.5mm；对于高速公路、一级公路，压碎值不应大于 26%，二级公路不应大于 30%，二级以下公路不应大于 35%。

级配碎石、级配砾石基层材料的级配组成符合规范要求。

②粒料类材料的 CBR 值和压实度标准。

粒料类材料的 CBR 值和压实度标准，见表 3-6

粒料类材料的 CBR 值和压实度标准　　　表 3-6

混合料类型	层　位	CBR 值(%)		(大于)压实度(%)
级配碎石	基层	180		98
	底基层	100		96
级配砾和天然砂砾	基层	160		98
	底基层	60(B、C 级交通)	40(A 级交通)	96
填隙碎石	基层			85(固体体积率)
	底基层			85(固体体积率)

二、基层、底基层原材料的试验检测内容

(1)在水泥稳定土层施工前，应取所定料场中有代表性的土样，按《公路土工试验规程》(JTG E40—2007)进行下列试验：

①颗粒分析。

②液限和塑性指数。

③相对密度。

④击实试验。

⑤碎石或砾石的压碎值。

⑥有机质含量(必要时做)。

⑦硫酸盐含量(必要时做)。

(2)对级配不良的碎石、碎石土、砂砾、砂砾土、砂等，宜改善其级配。

(3)应检验水泥的强度等级和终凝时间。

任务二　路面基层与底基层混合料的设计

一、一般规定

(1)各级公路用水泥稳定材料的 7d 无侧限抗压强度应符合表 3-7 的规定。

水泥稳定土的抗压强度标准　　　表 3-7

结构层	公 路 等 级	极重、特重交通	重交通	中、轻交通
基层	高速公路、一级公路	5.0~7.0	4.0~6.0	2.0~5.0
	二级及二级以下	4.0~6.0	3.0~5.0	2.0~4.0
底基层	高速公路、一级公路	3.0~5.0	2.5~4.5	2.0~4.0
	二级及二级以下	2.5~4.5	2.0~4.0	1.0~3.0

注：1. 公路等级高或交通荷载等级高或结构安全性要求高时，推荐取上限强度标准。

2. 表中强度标准指 7d 龄期无侧限抗压强度的代表值。

(2)水泥稳定土的组成设计应根据表 3-6 的强度标准，通过试验选取最适宜于稳定的

土，确定必需的水泥剂量和混合料的最佳含水率，在需要改善混合料的物理力学性质时，还应确定掺加料的比例。

(3)综合稳定土的组成设计应通过试验选取最适宜于稳定的土，确定必需的水泥和石灰剂量以及混合料的最佳含水率。

(4)采用综合稳定时，如水泥用量占结合料总量的30%以上，应按本任务的技术要求进行组成设计。水泥和石灰的比例宜取60:40、50:50或40:60。

二、混合料的设计步骤

(1)分别按下列5种(在能估计合适剂量的情况下，可以将5个不同剂量缩减到3或4个)水泥剂量配制同一种土样、不同水泥剂量的混合料。

①用作基层。

中粒土和粗料土:3%,4%,5%,6%,7%(如要求用作基层的混合料有较高强度时，水泥剂量可用4%,5%,6%,7%,8%)。

塑性指数小于12的细粒土:5%,7%,8%,9%,11%。

其他细粒土:8%,10%,12%,14%,16%。

②用作底基层。

中粒土和粗料土:3%,4%,5%,6%,7%。

塑性指数小于12的细粒土:4%,5%,6%,7%,9%。

其他细粒土:6%,8%,9%,10%,12%。

(2)确定各种混合料的最佳含水率和最大干(压实)密度，至少应做3个不同水泥剂量混合料的击实试验，即最小剂量、中间剂量和最大剂量。其他两个剂量混合料的最佳含水率和最大干密度用内插法确定。

(3)按规定压实度分别计算不同水泥剂量的试件应有的干密度。

(4)按最佳含水率和计算得的干密度制备试件。进行强度试验时，作为平行试验的最少试件数量应不小于表3-8的规定。如试验结果的偏差系数大于表中规定的值，则应重做试验，并找出原因，加以解决。如不能降低偏差系数，则应增加试件数量。

最少试件数量 表3-8

土　类	以下偏差系数下的试件数量		
	<10%	10%~15%	15%~20%
细粒土	6	9	
中粒土	6	9	13
粗粒土		9	13

(5)试件在规定温度下保湿养护6d，浸水24h后，按《公路工程无机结合料稳定材料试验规程》(JTG E51—2009)进行无侧限抗压强度试验。

(6)计算试验结果的平均值和偏差系数。

(7)根据表3-6的强度标准，选定合适的水泥剂量，此剂量试件室内试验结果的平均抗压强度$\overline{R}$应符合式(3-1)的要求：

$$\overline{R} \geq R_d/(1-Z_a \cdot C_V) \tag{3-1}$$

式中：R_d——设计抗压强度(表3-7)；

C_V——试验结果的偏差系数(以小数计)；

Z_a——标准正态分布表中随保证率(或置信度α)而变的系数，高速公路、一级公路：保证率95%，$Z_a=1.64$；其他公路：保证率90%，$Z_a=1.282$。

任务三　路面基层与底基层材料检测

路面基层与底基层除对所用土、水泥集料材料进行原材料分析外，还要对混合料中所掺材料的剂量含量、强度、级配曲线、击实以及含水率的进行试验检测。

检测项目一　石灰化学分析试验——有效氧化钙的测试方法

相关资源见二维码4～二维码8。

4-石灰有效 CaO + MgO 含量(1)　5-石灰有效 CaO + MgO 含量(2)　6-石灰有效 CaO + MgO 含量(3)　7-石灰有效 CaO + MgO 含量(4)　8-石灰有效 CaO + MgO 含量(5)

1. 目的和适用范围

本方法适用于测定各种石灰的有效氧化钙含量，作为评定路用石灰质量的主要指标。

2. 仪器设备

(1)筛子：0.15mm，一个。

(2)烘箱：50～250℃，1台。

(3)干燥器：ϕ25cm，1个。

(4)称量瓶：ϕ30mm×50mmm，10个。

(5)瓷研钵：ϕ12～13mm，1个。

(6)天平：分析天平，量程不小于50g，感量0.0001g，1台；电子天平，量程不小于500g，感量0.01g，1台。

(7)电炉子：1500W，1个。石棉网，20cm×20cm，1块。

(8)短颈漏斗，3个；塑料洗瓶，1个；洗耳球，大、小各1个。

(9)玻璃珠：ϕ3mm，1袋。

(10)具塞三角瓶250mL，20个；塑料桶20L，1个；三角瓶300mL，10个。

(11)容量瓶250mL、1000mL，各1个；试剂瓶250mL、1000mL，各5个。

(12)量筒200mL、100mL、50mL、5mL，各1个。

(13)塑料试剂瓶1L，1个；滴瓶60mL，3个。

(14)烧杯50mL，5个；250mL，10个；试剂勺，5个。

(15)棕色广口瓶 60mL,4 个;250mL,5 个。

(16)酸滴定管 50mL,2 支;滴定台及滴定管夹,各 1 套。

(17)大肚移液管 25mL、50mL 各 1 支;表面皿 7cm,10 块。

(18)玻璃棒:8 × 250mm 及 4 × 180mm,各 10 支。

(19)吸水管:ϕ8mm × 150mm,5 支;下口蒸馏水瓶,5000mL,1 个。

3. 试剂

(1)蔗糖(分析纯)。

(2)酚酞指示剂:称取 0.5g 酚酞,溶于 50 mL 95% 的乙醇中。

(3)0.1% 甲基橙水溶液:称取 0.05g 甲基橙,溶于 50 mL 蒸馏水(40 ~ 50℃)中。

(4)盐酸标准溶液(相当于 0.5mol/L):将 42mL 浓盐酸(相对密度 1.19)稀释至 1L,按下述方法标定其摩尔浓度后备用。

称取 0.8 ~ 1.0g(精确至 0.0001g)已在 180℃烘干 2h 的碳酸钠(优级纯或基准级)记录为 m,置于 250mL 三角瓶中,加 100mL 水使其完全溶解;然后加入 2 ~ 3 滴 0.1% 甲基橙指示剂,记录滴定管中待标定的盐酸标准溶液的体积 V_1,用待标定的盐酸标准溶液滴定至碳酸钠溶液由黄变为橙红色;将溶液加热至沸,并保持微沸 3min,然后放在冷水中冷却至室温,如此时橙红色又变为黄色,再用盐酸标准溶液滴定,至溶液出现稳定橙红色时为止。记录滴定管中盐酸标准溶液的体积 V_2。V_1、V_2 的差值即为盐酸标准溶液的消耗量 V。盐酸标准溶液的摩尔浓度按式(3-2)计算。

$$M = \frac{m}{V \times 0.530} \tag{3-2}$$

式中:M——盐酸标准溶液的摩尔浓度(mol/L);

m——称取碳酸钠的质量(g);

V——滴定时盐酸标准溶液的消耗量(mL);

0.530——与 1.00mL 盐酸标准溶液[C(HCl) = 1.000mol/L]相当的克表示无水碳酸钠的质量。

注:该处盐酸标准溶液的浓度相当于 1mol/L 标准溶液浓度的一半左右。

4. 准备试样

(1)生石灰试样:将生石灰样品打碎,使颗粒不大于 1.18mm。拌和均匀后用四分法缩减至 200g 左右,放在瓷研钵中研细,再经四分法缩减至 200g 左右,放入瓷研钵中研细。再经四分法缩减至 20g 左右。研磨所得石灰样品通过 0.15mm(方孔筛)的筛。从此细样品中均匀挑取 10 余克,置于称量瓶中,在 105℃烘箱中烘至恒重,储于干燥器中,供试验用。

(2)消石灰试样:将消石灰样品用四分法缩减至 10 余克,如有大颗粒存在,须在瓷研钵中磨细至无不均匀颗粒存在为止。置于称量瓶中,在 105℃烘箱中烘至恒量,储存于干燥器中,供试验用。

5. 试验步骤

称取约 0.5g(减量法准确至 0.0001g)试样,记录为 m_1,放入干燥器的 250mL 的具塞三角瓶中,取 5g 蔗糖覆盖在试样表面,投入干玻璃珠 15 粒,迅速加入新煮沸并已冷却的蒸馏水 50mL,立即加塞振荡 15min(如有试样结块或粘于瓶壁现象,则应重新取样)。打开瓶塞,用水冲洗瓶塞及瓶壁，加入2～3滴酚酞试剂，记录滴定管中盐酸标准溶液体积V_3，用已标定的约0.5mol/L盐酸标准溶液滴定（滴定速度每秒2～3滴为宜），至溶液的粉红色显著消失并在30s内不再复现即为终点，记录滴定管中盐酸标准溶液的体积V_4。V_3、V_4的差值即为盐酸标准溶液的消耗量V_5。

6. 计算

按式（3-3）计算有效氧化钙的含量：

$$X = \frac{V_5 \times M \times 0.028}{m_1} \times 100\% \tag{3-3}$$

式中：X——有效氧化钙的含量（%）；

m_1——试样质量（g）；

V_5——滴定时消耗盐酸标准溶液的体积（mL）；

0.028——氧化钙毫克当量；

M——盐酸标准溶液的摩尔浓度（mol/L）。

7. 精密度与允许差

对同一石灰样品至少应做2个试样和进行2次测定，并取2次结果的平均值代表最终结果。石灰中氧化钙和有效钙含量在30%以下的允许重复性误差为0.40，30%～50%的为0.50，大于50%的为0.60。

检测项目二　石灰化学分析试验——有效氧化镁的测定方法

1. 目的和适用范围

本方法适用于测定各种石灰的总氧化镁含量。

2. 仪器设备

同氧化钙的测定。

3. 试剂

（1）1∶10酸盐：将1体积酸盐（相对密度1.19）用10体积蒸馏水稀释。

（2）氢氧化铵—氯化铵缓冲溶液：将67.5g氯化铵溶液溶于300mL无二氧化碳的蒸馏水中，加氨水（相对密度0.90）570mL，然后用水稀释至1000mL。

（3）酸性铬兰K—萘酚绿B（1∶2.5）混合指示剂：称取0.3g酸性铬兰K和0.75g萘酚绿B及50g已在105℃烘干的硝酸钾混合研细，保存于棕色广口瓶中。

（4）EDTA二钠标准溶液：将10g EDTA二钠溶于40～50℃蒸馏水中，待全部溶解并冷却至室温后，用水稀释至1000mL。

（5）氧化钙标准溶液：精确称取1.7848g在105℃烘干（2h）的碳酸钙（优级纯），置于250mL烧杯中，盖上表面皿。从杯嘴缓慢滴加1∶10酸盐100mL，加热溶解，待溶液冷却后，移入1000mL的溶量瓶中，用新煮沸冷却后的蒸馏水稀释至刻度线并摇匀，此溶液每毫升的Ca^{2+}含量相当于1mg氧化钙的Ca^{2+}含量。

（6）20%的氢氧化钙溶液：将20g氢氧化钠溶于80mL蒸馏水中。

（7）钙指示剂：将0.2g钙试剂羟酸钾钠和20g已在105℃烘箱中烘干的硫酸钾混合研细，保存于棕色广口瓶中。

(8)10%酒石酸钾钠溶液:将10g酒石酸钾钠溶于90mL的蒸馏水中。

(9)三乙醇胺(1:2)溶液:将1体积三乙醇胺以2体积蒸馏水稀释并摇匀。

4. EDTA二钠标准溶液与氧化钙和氧化镁关系的标定

(1)精确吸取 $V_1=50$mL 氧化钙标准溶液置于300mL三角瓶中,用水稀释至100mL左右;加入钙指示剂约0.2g,以20%氢氧化钠溶液调整溶液酸碱度至出现酒红色;再过量加3~4mL,然后以EDTA二钠标准溶液滴定,至溶液由酒红色变成纯蓝色为止。记录EDTA二钠标准溶液体积 V_2。

(2)EDTA二钠标准溶液对氧化钙滴定度,即1mL EDTA二钠标准溶液相当于氧化镁的毫克数,按式(3-4)计算:

$$T_{CaO}=\frac{CV_1}{V_2} \tag{3-4}$$

式中:T_{CaO}——EDTA二钠标准溶液对氧化钙的滴定度,即1mL的EDTA二钠标准溶液相当于氧化钙的毫克数;

C——1mL氧化钙标准溶液含有氧化钙的毫克数,等于1;

V_1——吸取氧化钙标准溶液体积(mL);

V_2——消耗EDTA二钠标准溶液体积(mL)。

(3)EDTA二钠标准溶液对氧化镁的滴定度(T_{MGO}),即1mL EDTA二钠标准溶液相当于氧化镁的毫克数,按式(3-5)计算:

$$T_{MgO}=T_{CaO}\times\frac{40.31}{56.08}=0.72T_{CaO} \tag{3-5}$$

5. 准备试样

(1)生石灰试样:将生石灰样品打碎,使颗粒不大于1.18mm。拌和均匀后用四分法缩减至200g左右,放在瓷研钵中研细,再经四分法缩减至200g左右,放入瓷研钵中研细。再经四分法缩减至20g左右。研磨所得石灰样品通过0.15mm(方孔筛)的筛。从此细样品中均匀挑取10余克,置于称量瓶中,在105℃烘箱中烘至恒重,储于干燥器中,供试验用。

(2)消石灰试样:将消石灰样品用四分法缩减至10余克,如有大颗粒存在,须在瓷研钵中磨细至无不均匀颗粒存在为止。置于称量瓶中,在105℃烘箱中烘至恒量,储存于干燥器中,供试验用。

6. 试验步骤

(1)称取约0.5g(准确至0.0001g)石灰试样,并记录试样质量 m,放入250mL烧杯中,用水湿润,加1:10盐酸30mL,用表面皿盖住烧杯,加热至微沸,并保持微沸8~10min。

(2)用水把表面皿洗净,冷却后把烧杯内的沉淀及溶液移入250mL容量瓶中,加水至刻度摇匀。

(3)待溶液沉淀后,用移液管吸取25mL溶液,置入250mL三角瓶中,加50mL水稀释后,加酒石酸钾钠溶液1mL、三乙醇胺溶液5mL,再加入铵—铵缓冲溶液10mL(此时待测标准溶液的pH=10)、酸性铬兰K—萘酚绿B指示剂约0.1g。记录滴定管中初始EDTA二钠标准溶液体积 V_5,用EDTA二钠标准溶液滴定,至溶液由酒红色变为纯蓝色时即为终点,记录滴定管中EDTA二钠标准溶液的体积 V_6,V_5、V_6的差值即为滴定钙镁合量的EDTA二钠标准溶液的消耗量 V_3。

(4)再从上述第(2)步的容量瓶中,用移液管吸取25mL溶液,置于300mL三角瓶中,加水150mL稀释后,加三乙醇胺溶液5mL及20%的氢氧化钠溶液5mL(此时待测溶液的pH≥12),放入约0.2g钙指示剂。记录滴定管中初始EDTA二钠标准溶液体积V_7,用EDTA二钠标准溶液滴定,至溶液由酒红色变为纯蓝色即为终点,记录滴定管中EDTA标准溶液的体积V_8。V_7、V_8的差值即为滴定钙离子的EDTA二钠标准溶液的消耗量V_4。

7. 计算

氧化镁的百分含量按式(3-6)计算:

$$X=\frac{T_{MgO}(V_3-V_4)\times 10}{m\times 1000}\times 100\% \tag{3-6}$$

式中:X——氧化镁的含量(%);

T_{MgO}——EDTA二钠标准溶液对氧化镁的滴定度;

V_3——滴定钙、镁合量消耗EDTA二钠标准溶液的体积(mL);

V_4——滴定钙消耗EDTA二钠标准溶液的体积(mL);

10——总溶液对分取溶液的体积倍数;

m——试样质量(g)。

8. 结果整理

对同一石灰样品至少应做2个试样并进行2次测定,读数精确至0.1mL。取2次测定结果的平均值代表最终结果。

检测项目三　水泥或石灰剂量测定方法——EDTA滴定法

相关资源见二维码9。

9-石灰(水泥)稳定土中石灰(水泥)剂量

1. 适用范围

适用于在工地快速测定水泥和石灰稳定土中水泥或石灰的剂量,并可用于检查现场拌和及摊铺的均匀性。适用于在水泥终凝之前的水泥含量测定。现场土样的石灰剂量应在路拌后尽快测试,否则需要用相应龄期的EDTA二钠标准溶液消耗量的标准曲线确定。本方法也可以用来测定水泥和石灰综合稳定材料中结合料的剂量。

2. 仪器设备

(1)酸式滴定管50mL,1支;滴定台,1个;滴定管夹,1个,见图3-2。

(2)大肚移液管10mL,10支;锥形瓶(即三角瓶)200mL,20个。

(3)烧杯2000mL,1只;300mL,10只;容量瓶1个,1000mL。

(4)搪瓷杯10只,容量大于1200mL;不锈钢棒(或粗玻璃棒)10根。

(5)量筒1个,100mL和5mL;50 mL,2只。

(6)棕色广口瓶1只,60mL(装钙红)。

(7)天平:量程不小于1500g,感量0.01g。

(8)秒表,1只;表面皿ϕ9cm,10个;研钵ϕ12~13cm,1个。

(9)土筛:筛孔2.0mm或2.5mm,1个。

(10)洗耳球1个;精密试纸pH12~14;洗瓶(塑料),500mL,1只。

(11)聚乙烯桶 20L(装蒸馏水),1 个;10L,2 个(装氯化铵及 EDTA 二钠标准液);5L,1 个(装氢氧化钠)。

(12)毛刷、去污粉、吸水管、塑料勺、特种铅笔、厘米纸。

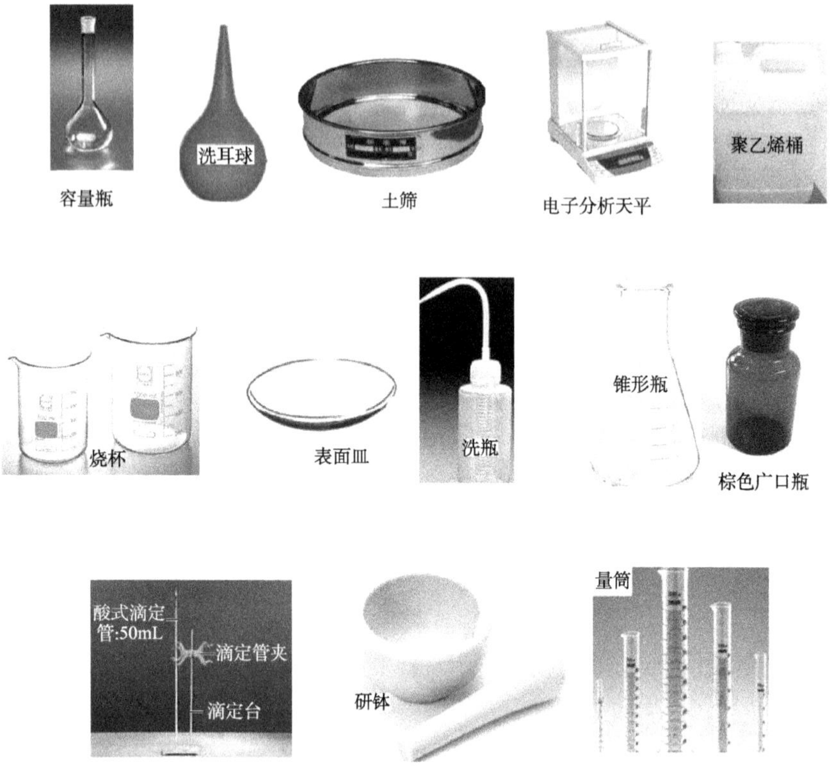

图 3-2 水泥剂量滴定试验所需仪器

3. 试剂

(1)EDTA 二钠标准液:准确称取 EDTA 二钠(分析纯)37.23g,用 40 ~ 50℃的无二氧化碳蒸馏水溶解,待全部溶解并冷却至室温后,定容至 1000mL。

(2)10% 氯化铵(NH_4Cl)溶液:将 500g 氯化铵(分析纯或化学纯)放在 10L 的聚乙烯桶内。加蒸馏水 4500mL,充分振荡,使氯化铵完全溶解。也可以分批在 1000mL 的烧杯中配置,然后倒入塑料桶内摇匀。

(3)1.8% 氢氧化钠溶液:用天平称取 18g 氢氧化钠(NaOH)(分析纯),放入洁净干燥的 1000mL 烧杯中,加 1000mL 蒸馏水使其完全溶解,待溶液冷至室温后,加入 2mL 三乙醇胺,搅拌均匀后储于塑料桶中。

(4)钙红指示剂:将 0.2g 钙试剂羟酸钠(分子式,$C_{21}H_{13}N_2NaO_7S$,分子量 460.39)与 20g 预先在 105℃烘箱中烘 1h 的硫酸钾混合。一起放入瓷研钵中,研成极细粉末,储于棕色的广口瓶中,以防吸潮。

4. 准备标准曲线

1)取样

取工地用水泥(石灰)和土。风干后用烘干法测其含水率(如为水泥,可假定含水率为 0)。

2）混合料组成的计算

（1）公式：

$$干料质量 = \frac{混合料质量}{1+风干含水率}$$

（2）计算步骤：

$$干混合料质量 = \frac{湿混合料质量}{1+最佳含水率} \quad （试验从此步开始）$$

$$干土质量 = \frac{干混合料质量}{1+(石灰)水泥剂量}$$

$$水泥(或石灰)质量 = 干混合料质量 - 干土质量$$

$$湿土质量 = 干土质量 \times (1+土的风干含水率)$$

$$湿石灰质量 = 干石灰质量 \times (1+石灰的风干含水率)$$

$$石灰土中应加入的水 = 湿混合料质量 - 湿石灰质量 - 湿土质量$$

（3）准备5种试样，每种2个样品（以水泥稳定材料为例），如为水泥稳定中、粗粒土，每个样品取1000g左右（如为细粒土，则可称取300g左右）准备试验。为减少中、粗粒土的离散，宜按设计级配单份掺配的方式备料。

（4）5种混合料的水泥剂量应为：水泥剂量为0，最佳水泥剂量左右、最佳水泥剂量±2%和+4%（在此，准备标准曲线的水泥剂量可为0、2%、4%、6%、8%。如水泥剂量较高或较低，应保证工地实际水泥或石灰的剂量位于标准线所用剂量的中间），每种剂量取两个（为湿质量）试样，共10个试样，并分别放在10个大口聚乙烯桶（如为稳定细粒土，可用搪瓷杯或1000mL具塞三角瓶；如为粗粒土，可用5L的大口聚乙烯桶）内。土的含水率应等于工地预期达到的最佳含水率，土中所加水应与工地所用水相同。

（5）取一个盛有试样的盛样器，在盛样器内加入两倍试样质量（湿土质量）体积的10%氯化铵溶液（如湿料质量为300g，则氯化铵溶液为600mL；如湿料质量为1000g，则氯化铵溶液为2000mL）。料为300g，则搅拌3min（每分钟搅110～120次）；料为1000g，则搅拌5min。如用1000mL具塞三角瓶，则手握三角瓶（瓶口向上）用力振荡3min［（120±5）次/min］，以代替搅拌棒搅拌，放置沉淀10min（如10min后得到的混浊悬浮液，则应增加放置沉淀时间，直到出现无明显悬浮颗粒的悬浮液为止，并记录所需时间。以后所有该种水泥（或石灰）稳定材料的试验，均应以同一时间为准），然后将上部清液转移到300mL烧杯内，搅匀，加盖表面皿待测。

（6）用移液管吸取上层（液面下1～2cm）悬浮液10mL放入200mL的三角瓶内，用量筒量取50mL、1.8%氢氧化钠溶液倒入三角瓶中，此时溶液pH值为12.5～13.0，然后加入钙红指示剂（质量约为0.2g），摇匀，溶液呈玫瑰红色。记录滴定管中EDTA二钠标准溶液的体积V_1，然后用EDTA二钠标准溶液滴定，边滴定边摇匀，并仔细观察溶液颜色；在溶液颜色变为紫色时，放慢滴定速度，并摇匀；直到纯蓝为终点。记录滴定管中EDTA二钠标准溶液体积V_2（以mL计，读至0.1mL）。计算V_1-V_2，即为EDTA二钠标准溶液的耗量。

（7）以同一水泥或石灰剂量稳定材料EDTA二钠标准溶液消耗量（mL）的平均值为纵坐标，以水泥或石灰剂量（%）为横坐标制图（图3-3）。两者的关系应是一条顺滑的曲线，如素集料或水泥或石灰改变，必须重做标准曲线。

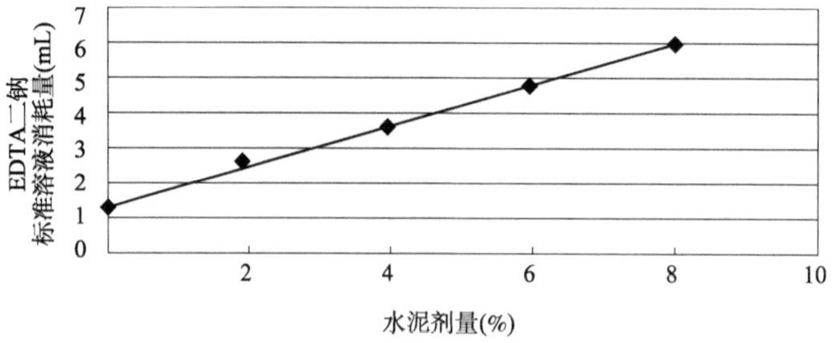

图 3-3 EDTA 标准曲线

5. 试验步骤

(1)选取有代表性的无机结合料稳定材料，稳定粗、中粒土称 3000g，细粒土称 1000g。

(2)水泥或石灰稳定细粒土，称 300g 放在搪瓷杯中，用搅拌棒将结块搅散，加 10% 氯化铵溶液 600mL；水泥或石灰稳定中、粗粒土，可直接称取 1000g 左右，放入 10% 氯化铵溶液 2000mL，然后如前步骤进行试验。

(3)利用所绘制的标准曲线，根据 EDTA 二钠标准溶液消耗量，确定混合料中的水泥或石灰剂量。

(4)结果整理。

本试验应进行两次平行测定，取算术平均值，精确至 0.1mL。允许重复性误差不得大于均值的 5%，否则，重新进行试验。

工程示例

EDTA 滴定法测定水泥剂量标准曲线

承包单位	中铁×××集团有限公司		合同编号	辽高××合字 2015 第 2 号	
监理单位	辽宁×××监理有限公司		委托单编号	LM01－JC－001	
工程名称	桓永至永陵高速公路路基工程		分项工程	路面基层	
委托单位	中铁×××集团有限公司桓永 2 标		试验者	×××	
试验单位	辽宁省×××公路工程检测中心		校核者	×××	
试验规程	JTG E51—2009		试验日期	2015 年 7 月 5 日	
材料名称	基层稳定水泥碎石	材料组成：碎石：砂＝66：34		水泥名称：万夏牌 P·O 32.5 级	
序号	EDTA 耗量(mL)			水泥剂量(%)	备注
	1	2	平均		
1	0.5	0.6	0.55	0.0	
2	6.2	6.0	6.10	2.0	
3	11.1	11.3	11.20	4.0	
4	17.3	17.8	17.55	6.0	
5	22.3	21.7	22.00	8.0	
6	24.6	25.2	24.90	10.0	

续上表

EDTA标准曲线

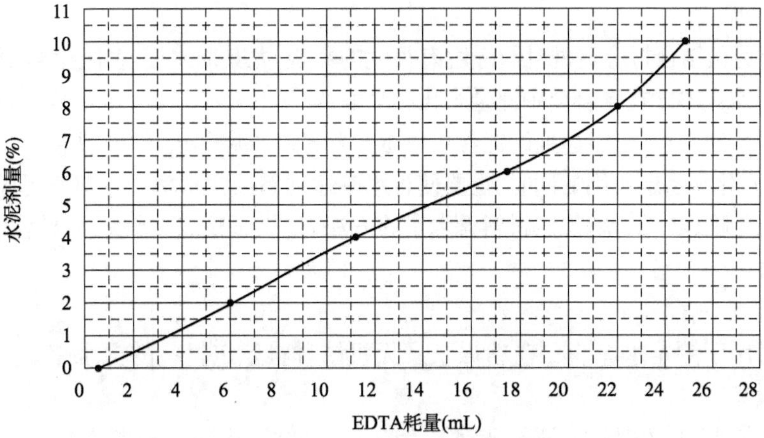

结论：	技术负责人意见： 签名：
监督(理)工程师签字： 签名：	试验室盖章：

EDTA 滴定法测定水泥剂量

承包单位	中铁×××集团有限公司	合同编号	辽高桓永合字 2015 第 2 号
监理单位	辽宁×××监理有限公司	委托单编号	LJ01 - JC - 001
工程名称	×××高速公路路基工程	分项工程	路面基层
委托单位	中铁×××集团有限公司桓永 2 标	试验者	×××
试验单位	辽宁省×××公路工程检测中心	校核者	×××
试验规程	JTG E51—2009	试验日期	2015 年 7 月 5 日
材料名称	基层稳定水泥碎石	材料组成：碎石：砂 = 66：34	水泥名称：万夏牌 P·O 32.5 级

EDTA标准曲线

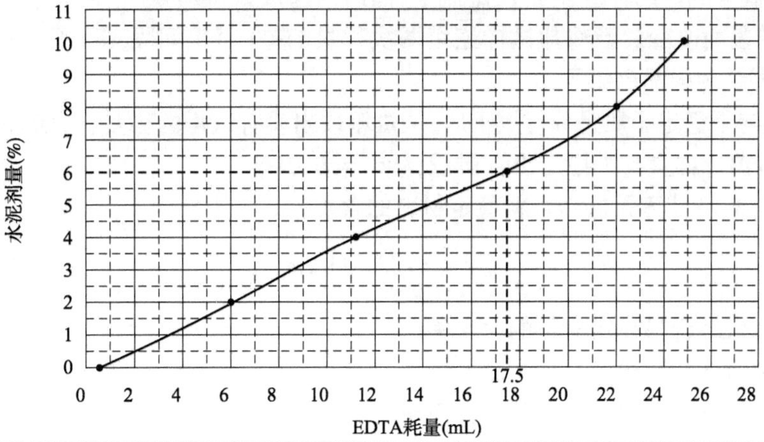

结论：	技术负责人意见： 签名：
监督(理)工程师签字： 签名：	试验室盖章：

检测项目四　无机结合料稳定类材料的含水率试验

1. 概述

含水率对无机结合料稳定材料的强度有很大的影响,尤其对水泥稳定土强度影响最大。当含水率不足时,水泥不能在混合料中完全水化和水解,发挥不了水泥对土的稳定作用,影响强度形成。同时,如果含水率小,不能达到最佳含水率还会影响到水泥稳定土的压实度。因此,要求水泥稳定土在满足水化和水解作用的同时,也要使含水率达到最佳含水率。才能满足基层的稳定性、刚度及强度。检测无机结合料稳定材料含水率的方法有:烘干法、砂浴法、酒精法。

2. 烘干法

1)适用范围

本方法适用于测定水泥、石灰、粉煤灰及无机结合料稳定材料的含水率。

2)仪器设备

(1)水泥、粉煤灰、生石灰、消石灰、稳定土(包括细粒、中粒和粗粒土)。

(2)烘箱:量程不小于110℃,控温精度为±2℃。

(3)称量盒、干燥器。

(4)电子天平:量程细粒土不小于150g,感量0.01g;中粒土不小于1000g,感量0.1g;粗粒土不小于3000g,感量0.1g。

3)试验步骤

(1)称称量盒质量 m_1,精确至0.01g。

(2)取代表试样:稳定细粒土取50~100g;稳定中粒土取500g,稳定粗粒土取2000g。快速装入称量盒内,盖好盖子。

(3)称湿稳定土和盒合重 m_2,精确至0.01g。

(4)烘干:水泥稳定材料,烘箱温度事先加热至110℃以上;其他材料温度加热至105℃。打开盒盖,将盛有试样的称量盒放在盒盖上,然后一起放入烘箱烘干,需要烘干时间随试样种类和试样数量而改变。当冷却试样连续两次称量的差(每次间隔4h)不超过原试样质量的0.1%时,即认为样品已烘干。

(5)称盒与干稳定土质量 m_3:烘干后,从烘箱取出盛有试样的称量盒,盖好盖,放入干燥器内冷却至室温。称盒与干稳定土合质量,精确至0.01g。

(6)用式(3-7)计算无机结合料稳定材料的含水率。

$$w=\frac{m_2-m_3}{m_3-m_1}\times 100\% \tag{3-7}$$

式中:w——无机结合料稳定材料的含水率(%);

m_1——称量盒的质量(g);

m_2——称量盒和湿稳定材料的合计质量(g);

m_3——称量盒和干稳定材料的合计质量(g)。

4)结果整理

本试验应进行两次平行测定,取算术平均值,保留至小数点后两位。允许重复性误差应符合表3-9的要求。

含水率测定的允许重复性误差值　　表 3-9

含水率(%)	允许误差(%)	含水率(%)	允许误差(%)
≤7	0.5	>40	≤2
≥7,≤40	≤1		

3. 砂浴法

1)适用范围

本方法适用于在工地快速测定无机结合料稳定材料的含水率。当土中含有大量石膏、碳酸钙或有机质时,不应适用本方法。

2)仪器设备

(1)称量盒,直径 50mm,高 25~30mm。

(2)电子天平:稳定细粒土,量程不小于 150g,感量 0.01g;稳定中粒土,量程不小于 1000g,感量 0.1g;稳定粗粒土,量程不小于 3000g,感量 0.1g。

(3)砂浴:能放入方盘的砂浴 1 个,砂深至少 25mm。

(4)加热砂浴的设备 1 套、调土刀、方盘。

3)试验步骤

(1)称称量盒质量 m_1,精确至 0.01g。

(2)取代表试样:称取试样 30g 快速装入称量盒内,盖好盖子。

(3)称湿稳定土和盒合计质量 m_2,精确至 0.01g。

(4)取下盒盖,将盛有试样的称量盒放在正在加热的砂浴内,但需注意勿使砂浴温度太高。加热过程中,经常用调土刀搅拌试样,促使水分蒸发。

(5)当加热一段时间(通常 1h)使试样干燥后,从砂浴中取出称量盒,盖上盖,并放置冷却。

(6)称盒与干试样质量 m_3,并精确至 0.01g。

(7)计算同式(3-6)。

4)结果整理

同烘干法。

4. 酒精法

同单元二任务三检测项目一中酒精法测土的含水率。

检测项目五　无机结合料稳定类材料的击实试验

相关资源见二维码 10、二维码 11。

1. 适用范围

(1)在规定的试筒内,对水泥稳定材料(在水泥水化前)、石灰稳定材料及石灰(或水泥粉煤灰稳定材料)、进行击实试验,以绘制稳定材料的含水率与干密度关系曲线,从而确定其最大干密度和最佳含水率。

(2)试验集料的公称最大粒径宜控制在 37.5mm 以内(方孔筛)。

(3)试验方法类别。本试验方法分三类,各类击实方法的主要参数,见表 3-10。

10-无机结合料稳定材料的压实性——试料准备

试验方法类别表 表3-10

类别	锤的质量（kg）	锤击面直径（cm）	落高（cm）	试筒尺寸			层数	击实次数	平均单位击实功（J）	容许最大公称粒径（mm）
				内径（cm）	高度（cm）	容积（cm^3）				
甲	4.5	5.0	45	10.0	12.7	997	5	27	2.687	19.0
乙	4.5	5.0	45	15.2	12.0	2177	5	59	2.687	19.0
丙	4.5	5.0	45	15.2	12.0	2177	3	98	2.677	37.5

11-无机结合料稳定材料的压实性——试验步骤

2. 仪器设备

(1)击实筒：小型，内径100mm、高127mm的金属圆筒，套环高50mm，底座；大型，内径152mm、高170mm的金属筒，套环高50mm，直径151mm和高50mm筒内垫块，底座。

(2)电子天平：量程4000g，感量0.01g。

(3)电子天平：量程15kg，感量0.1g。

(4)方孔筛：孔径53mm、37.5mm、26.5mm、19mm、4.75mm、2.36mm，各一个。

(5)量筒：50mL、100mL、500mL，各一个。

(6)刮刀、脱模器、拌和工具、烘箱、称量盒、卡尺。

(7)多功能自控电动击实仪：击锤的底面直径50mm，总质量4.5kg。击锤在导管内的总行程为450mm。可设置击实次数，并保证击锤自由垂直落下，落高应为450mm，锤迹均匀分布于试样面。

3. 试验准备

(1)将具有代表性的风干试料(必要时，也可以在50℃烘箱内烘干)用木锤捣碎或用木碾碾碎。土团均应破碎到能通过4.75mm的筛孔。但应注意不使粒料的单个颗粒破碎或使其破碎程度超过施工中拌和机械的破碎率。

(2)如试料是细粒土，将已破碎的具有代表性的土过4.75mm筛备用(用甲法或乙法做试验)。

(3)如试料中含有粒径大于4.75mm的颗粒，则先将试料过19mm筛；如存留19mm筛上的颗粒的含量不超过10%，则过26.5mm筛，留作备用(用甲法或乙法做试验)。

(4)如试料中粒径大于19mm的颗粒含量超过10%，则将试料过37.5mm筛；如果存留在37.5mm筛上的颗粒的含量不超过10%，则过53mm的筛备用(用丙法做试验)。

(5)每次筛分后，均应记录超尺寸颗粒的百分率p。

(6)在做击实试验的前一天，取有代表性的试料测定其风干含水率。对于细粒土，试样应不少于100g；对于中粒土，试样应不少于1000g；对于粗粒土的各种集料，试样应不少于2000g。

(7)在试验前用游标卡尺准确测量试模内径、高和垫块厚度，以计算试筒容积。

4. 试验步骤(以水泥稳定材料为例)

1)准备工作

在试验前应将试验所需的各种仪器设备准备齐全，测量设备应满足精度要求；调试击实仪器，检查其运转是否正常。

2）甲法

（1）将已筛分的试样用四分法逐次分小，至最后取出 10 ~ 15kg 试料。再用四分法将已取出的试料分成 5 ~ 6 份，每份试料的干质量为 2.0kg（对于细粒土）或 2.5kg（对于各种中粒土）。

（2）预定 5 ~ 6 个不同含水率，依次相差 0.5% ~ 1.5%，且其中至少有两个大于和两个小于最佳含水率。

（3）按预定含水率制备试样。将 1 份试料平铺于金属盘内，将事先计算得的该份试料中应加的水量均匀洒在试料上，用小铲将试料充分拌和到均匀状态（如为石灰稳定材料、石灰粉煤灰综合稳定材料、水泥粉煤灰综合稳定材料和水泥、石灰综合稳定材料，可将石灰、粉煤灰和试料一起拌匀），然后装入密闭容器或塑料口袋内浸润备用。浸润时间要求：黏质土 12 ~ 24h，粉质土 6 ~ 8h，砂类土、砂砾土、红土砂砾、级配砂砾等可以缩短到 4h，含土很少的未筛分碎石、砂砾和砂可缩短到 2h。浸润时间一般不超过 24h。

应加水量按式（3-8）计算

$$m_w=\left(\frac{m_n}{1+0.01w_n}+\frac{m_c}{1+0.01w_c}\right)\times 0.01w-\frac{m_n}{1+0.01w_n}\times 0.01w_n-\frac{m_c}{1+0.01w_c}\times 0.01w_c \tag{3-8}$$

式中：m_w——混合料中应加的水量（g）；

w——要求达到的混合料的含水率（%）

m_n——混合料中素土（或集料）的质量（g），其原始含水率为 w_n，即风干含水率（%）；

m_c——混合料中水泥或石灰的质量（g），其原始含水率为 w_c（%）。

（4）将所需要的稳定剂水泥加到浸润后的试样中，并用小铲、泥刀或其他工具充分拌和到均匀状态。水泥应在土样击实前逐个加入。加有水泥的试样拌和后，应在 1h 内完成击实试验。拌和后超过 1h 的试样，应予作废（石灰、石灰粉煤灰稳定材料除外）。

（5）试筒套环与击实底板应紧密连接。将击实筒放在坚实的地面上，用四分法制备好的试样 400 ~ 500g（其量应使击实后的试样等于或略高于筒高的 1/5）倒入筒内，整平其表面并稍加压紧，然后将其安装到多功能自控电动击实仪上，设定所需锤击次数，进行第 1 层试样击实。击实后用刮刀将已击实层表面拉毛，然后重复上述做法，进行其余 4 层试样的击实。最后一层试样击实后，试样超出筒顶的高度不得大于 6mm，超出高度过大的试件应该作废。

（6）用刮刀沿套环内壁削挖（试样与套环脱离）后，扭动并取下套环。齐筒顶细心刮平试样，并拆除底板。如试样底面略突出筒外或有孔洞，则应细心刮平或修补。擦净试筒外壁，称其质量 m_1。

（7）用脱模器推出筒内试样。从试样内部由上至下取两个有代表性的样品，测其含水率，计算至 0.1%。两个试样的含水率的差值不得大于 1%。所取样品数量见表 3-11，擦净试筒，称其质量 m_2。烘箱温度应事先调整到 110℃ 左右，以使放入的试样能立即在 105 ~ 110℃ 的温度下烘干。

（8）按（3）~（7）步骤进行其余含水率下稳定材料的击实和测定工作。凡已用过的试样，一律不重复使用。

测稳定材料含水率的样品质量 表3-11

公称最大粒径(mm)	样品质量(g)	公称最大粒径(mm)	样品质量(g)
2.36	约50	37.5	约1000
19	约300		

3）乙法

在缺乏内径10cm的试筒时，以及在需要与承载比等试验结合起来进行时，采用乙法进行击实试验。本法更适宜于公称最大粒径达19mm的集料。

（1）将已过筛的试料用四分法逐次分小，至最后取出约30kg试料。再用四分法将所取的试料分成5～6份，每份试料的干质量约为4.4kg（细粒土）或5.5kg（中粒土）。

（2）以下各步的做法与甲法（2）～（8）步相同。但应该先将垫块放入筒内底板上，然后加料击实。所不同的是，每层需取制备好的试样900g（水泥或石灰稳定细粒土）或1100g（稳定中粒土），每层的锤击次数为59次。

4）丙法

（1）将已过筛的试料用四分法逐次分小，至最后取约33kg试料。再用四分法将所取的试料分成6份（至少要5份），每份质量约5.5kg（风干质量）。

（2）预定5～6个不同含水率，依次相差0.5%～1.5%。在估计最佳含水率左右可只差0.5%～1%。

（3）按预定含水率制备试样。将1份试料平铺于金属盘内，将事先计算得的该份试料中应加的水量均匀洒在试料上，用小铲将试料充分拌和到均匀状态（如为石灰稳定材料、石灰粉煤灰综合稳定材料、水泥粉煤灰综合稳定材料和水泥、石灰综合稳定材料，可将石灰、粉煤灰和试料一起拌匀），然后装入密闭容器或塑料口袋内浸润备用。浸润时间要求：黏质土12～24h，粉质土6～8h，砂类土、砂砾土、红土砂砾、级配砂砾等可以缩短到4h，含土很少的未筛分碎石、砂砾和砂可缩短到2h。浸润时间一般不超过24h。

应加水量同式(3-7)。

（4）将所需要的稳定剂水泥加到浸润后的试样中，并用小铲、泥刀或其他工具充分拌和到均匀状态。水泥应在土样击实前逐个加入。加有水泥的试样拌和后，应在1h内完成击实试验。拌和后超过1h的试样，应予作废（石灰、石灰粉煤灰稳定材料除外）。

（5）将试筒、套筒、套环与夯击底板紧密连接在一起，并将垫块放在筒内底板上。击实筒应放在坚实地面上，取制备好的试样1.8kg左右[其量应使击实后的试样略高于（高出1～2mm）筒高的1/3]倒入筒内，整平其表面，并稍加压紧。然后将其安装到多功能自控电动击实仪上，设定所需锤击次数，进行第一层试样击实。击实后用刮刀拉毛，然后重复上述做法，进行其余两试样的击实。最后一层试样击实后，试样超出试筒顶的高度不得大于6mm。超出高度过大的试件应该作废。

（6）用刮刀沿套环内壁削挖（使试样与套环脱离），扭动并取下套环。齐筒顶细心刮平试样，并拆除底板，取走垫块。擦净试筒的外壁，称其质量m_1。

（7）用脱模器推出筒内试样。从试样内部从上至下取两个有代表性的样品（可将脱出试件用锤打碎后，用四分法采取），测定其含水率，计算至0.1%。两个试样的含水率的差值不得大于1%。所取样品数量应不少于700g,如只取一个样品测定含水率,则样品数量应不少于1400g。烘箱的温度应事先加热到110℃左右,以使放入的试样能立即在105～110℃的温度下烘干。擦净试筒,称其质量m_2。

(8)按(3)～(7)步进行其余含水率下稳定材料的击实和测定。凡已用过的试料,一律不再重复使用。

5)计算

(1)稳定材料湿密度计算。

按式(3-9)计算每次击实后稳定材料的湿密度。

$$\rho_w = \frac{m_1 - m_2}{V} \tag{3-9}$$

式中:ρ_w——稳定材料的湿密度(g/cm^3);

m_1——试筒与湿试料的总质量(g);

m_2——试筒的质量(g);

V——试筒的容积(cm^3)。

(2)稳定材料干密度计算

按式(3-10)计算每次击实后稳定材料的干密度。

$$\rho_d = \frac{\rho_w}{1 + 0.01w} \tag{3-10}$$

式中:ρ_d——稳定材料的干密度(g/cm^3)

ρ_w——稳定材料的湿密度(g/cm^3);

w——稳定材料的含水率(%)。

(3)制图。

①以干密度为纵坐标、含水率为横坐标,绘制干密度—含水率关系曲线。曲线必须为凸形的,如试验点不足以连成完整的驼峰形曲线,则应该进行补充试验。

②将试验各点采用二次曲线方法拟合曲线,曲线的峰值点对应的含水率及干密度即为最佳含水率和最大干密度。

(4)超尺寸颗粒的校正。

当试样中大于规定最大粒径的超尺寸颗粒的含量为5%～30%时,可以按下列各式对试验所得最大干密度和最佳含水率进行校正(小于5%时,不进行校正)。

①最大干密度按式(3-11)校正。

$$\rho'_{dmax} = \rho_{dmax}(1 - 0.01p) + 0.9 \times 0.01pG'_a \tag{3-11}$$

式中:ρ'_{dmax}——校正后的最大干密度(g/cm^3);

ρ_{dmax}——试验后所得最大干密度(g/cm^3);

p——试样中超尺寸颗粒的百分率(%);

G'_a——超尺寸颗粒的毛体积相对密度。

②最佳含水率按式(3-12)校正。

$$w'_0 = w_0(1 - 0.1p) + 0.01pw_a \tag{3-12}$$

式中:w'_0——校正后的最佳含水率(%);

w_0——试验后所得最佳含水率(%);

p——试样中超尺寸颗粒的百分率(%);

w_a——超尺寸颗粒的吸水量(%)。

(5)结果整理。

①应做两次平行试验,取两次试验的平均值作为最大干密度和最佳含水率。两次重复性试验最大干密度的差不应该超过0.05g/cm^3(稳定细粒土)和0.08g/cm^3(稳定中粒土和粗粒土),最佳含水率的差不应超过0.5%(最佳含水率小于10%)和1.0%(最佳含水率大于10%)。超过上述规定值,应重做试验,直到满足精度要求。

②混合料密度计算应保留小数点后3位有效数字,含水率应保留小数点后1位有效数字。

检测项目六 无机结合料稳定类材料的无侧限抗压强度试验(圆柱形试件)

相关资源见二维码12。

12-无机结合料稳定材料的无侧限抗压强度

1. 目的和适用范围

本试验适用于测定无机结合料稳定材料(包括稳定细粒土、中粒土和粗粒土)试件的无侧限抗压强度,对无机结合料稳定土的施工质量进行检测。

2. 仪器设备

(1)方孔筛:孔径53mm、37.5mm、31.5mm、26.5mm、4.75mm和2.36mm的筛各一个。

(2)试模:细粒土,试模的直径×高=ϕ50mm×50mm;中粒土,试模的直径×高=ϕ100mm×100mm;粗粒土,试模的直径×高=ϕ150mm×150mm;适用于不同土的试模尺寸,见图3-4。

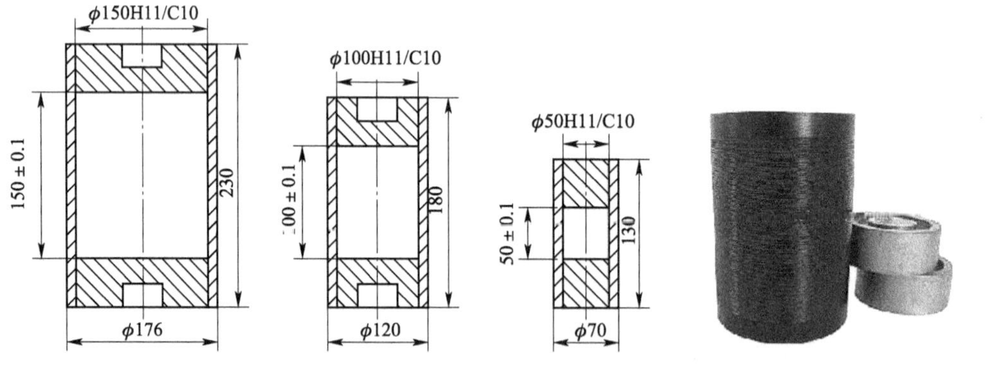

图3-4 圆柱形试件和垫块设计尺寸(尺寸单位:mm)

(3)电动脱模器;反力架(反力为400kN以上);液压千斤顶(200~1000kN)。

(4)钢板尺(量程200mm或300mm,最小刻度1mm);游标卡尺(量程200mm或300mm)。

(5)电子天平(量程15kg,感量0.1g;量程4000g,感量0.01g);压力试验机(可代替千斤顶和反力架,量程不小于2000kN,行程速度可调)。

(6)标准养护室、水槽。

3. 无机结合料稳定类材料的无侧限抗压强度的试验准备

(1)调试成型所需要的各种设备,检查是否运行正常;将成型的模具擦拭干净,并涂抹机油。成型中、粗粒土时,试模筒的数量与每组试件的个数相配套。上下垫块应与试模筒相配套,上下垫块完全放入试筒后,试筒内上下自由移动(上下垫块直径比试筒内径小约0.2mm)且上下垫块完全放入试筒后,试筒内未被上下垫块占用的空间体积能满足径高比 1∶1 的设计要求。试件的成型根据需要的压实度水平,按照体积标准,采用静力压实法制备。

(2)将具有代表性的风干试料(必要时,可以在 50℃ 烘箱内烘干),用木锤和木碾捣碎,但应避免破坏料粒的原粒径。按照公称最大粒径的大一级筛,将土过筛并进行分类。

(3)在做试验的前一天,取有代表性的试料测定其风干含水率。对于细粒土试样不应少于 100g;对于中粒土试样不应少于 1000g;对于粗粒土试样不应少于 2000g。

(4)按照无机结合料稳定材料击实试验方法确定无机结合料稳定材料的最佳含水率和最大干密度。

4. 无机结合料稳定类材料的无侧限抗压强度的试件制备

(1)对于无机结合料稳定细粒土,至少应制 6 个试件;对于无机结合料稳定中粒土和粗粒土,至少分别应制备 9 个和 13 个试件。

(2)根据击实结果,称取一定数量的风干土,并计算干土的质量,其数量随试件大小而变。对 50mm × 50mm 的试件,1 个试件要干土 180 ~ 210g;对于 100mm × 100mm 的试件,1 个试件需干土 1700 ~ 1900g;对于 150mm × 150mm 的试件,1 个试件需干土 5700 ~ 6000g。对于细粒土,可以一次称取 6 个试件的土;对于中粒土,可以一次称取 1 个试件的土;对于粗粒土,一次只称取 1 个试件的土。准备好的试料分别装入塑料袋中备用。

(3)根据击实结果和无机结合料的配比,按式(3-13)计算加水量及无机结合料的质量。

$$m_w = \left(\frac{m_n}{1 + 0.01w_n} + \frac{m_c}{1 + 0.01w_c}\right) \times 0.01w - \frac{m_n}{1 + 0.01w_n} \times 0.01w_n - \frac{m_c}{1 + 0.01w_c} \times 0.01w_c \tag{3-13}$$

式中:m_w——混合料中应加水量(g);

m_n——混合料中素土(或集料)的质量(g),其风干含水率为 w_n(%);

m_c——混合料中水泥或石灰的质量(g),其风干含水率为 w_c(%);

w——要求达到的混合料的含水率(%)。

(4)将称好的土样放在长方盘(400mm × 600mm × 700mm)内。向土中加水拌料、闷料。石灰稳定土、水泥和石灰稳定土、石灰粉煤灰综合稳定材料、水泥粉煤灰综合稳定材料,可将石灰或粉煤灰和土一起拌和,将拌和均匀后的试料放在密闭容器或塑料袋(封口)内浸润备用。

对于细粒土(特别是黏性土),浸润时的含水率应比最佳含水率小 3%;对于中粒土和粗粒土,可按最佳含水率加水;对于水泥稳定类材料,加水量应比最佳含水率小 1% ~2%。

浸润时间要求为:黏质土 12 ~24h,粉质土 6 ~8h,砂类土、砂砾土、红土砂砾、级配砂砾等可以缩短到 4h 左右,含土很少的未筛分碎石、砂砾及砂可以缩短到 2h。浸润时间一般不超过 24h。

(5)在试件成型 1h 内,加入预定数量的水泥拌和均匀。在拌和过程中,应将预留的水加入土中，使混合料的含水率达到最佳含水率，拌和均匀的加有水泥的混合料应在 1h 内制成试件，超过 1h 的混合料应该作废，其他结合料稳定土，混合料虽不受此限，但也应尽快制成试件。

（6）用反力架和液压千斤顶，或采用压力试验机制件，将试模配套的下垫块放入试模的下部，但外露 2cm 左右。将称量的规定数量 m_1（g）的稳定土混合料分 2～3 次灌入试模中（用漏斗），每次灌入后用夯棒轻轻均匀插实。如制 50mm × 50mm 的小试件，则可以将混合料一次倒入试模中，然后将上垫块放入试模内，应使其也外露 2cm 左右（即上、下垫块露出试模外的部分应该相等）。

（7）将整个试模（连同上、下垫块）放到反力架内的千斤顶上或压力机上，以 1mm/min 的加载速率加压，直到上、下压柱都压入试模为止。维持压力 2min。

（8）解除压力后，取下试模，并放到脱模器上将试件顶出。用水泥稳定有黏结性的材料（如黏质土）时，制件后可立即脱模；用水泥稳定无黏结性细粒土时，最好过 2～4h 再脱模，对于中、粗粒土的无机结合料稳定材料，也最好过 2～6h 脱模。

（9）在脱模器上取试件时，应用双手抱住试件侧面的中下部，然后沿水平方向轻轻旋转，待感觉试件移动后，再将试件轻轻捧起，放置到试验台上。切勿直接将试件向上捧起。

（10）称试件的质量 m_2，小试件、中试件准确到 0.01g；大试件准确到 0.1g。然后用游标卡尺量试件的高度 h，准确到 0.1mm。检查试件的高度和质量，不满足成型标准的试件作废。

（11）计算单个试件的标准质量：

$$m_0 = V \cdot \rho_{max} \cdot (1 + w_{opt}) \cdot \gamma \tag{3-14}$$

考虑到试件成型过程中的质量损耗，实际操作过程中每个试件的质量可增加 0～2%，即：

$$m'_0 = m_0 \cdot (1 + \delta) \tag{3-15}$$

每个试件的干料（包括干土和无机结合料）总质量：

$$m_1 = \frac{m'_0}{1 + w_{opt}} \tag{3-16}$$

每个试件中的无机结合料质量：

外掺法

$$m_2 = m_1 \cdot \frac{\alpha}{1 + \alpha} \tag{3-17}$$

内掺法

$$m_2 = m_1 \cdot \alpha \tag{3-18}$$

每个试件中的干土质量：

$$m_3 = m_1 - m_2 \tag{3-19}$$

每个试件中的加水量：

$$m_w = (m_2 + m_3) \cdot m_{opt} \tag{3-20}$$

验算：

$$m'_0 = m_2 + m_3 + m_w \tag{3-21}$$

式中：V——试件体积（cm^3）；

w_{opt}——混合料最佳含水率（%）；

ρ_{max}——混合料最大干密度(g/cm^3)；

γ——混合料标准压实度(%)；

m_0、m'_0——单个试件质量及考虑损耗的实际质量(g)；

m_1——混合料质量(g)；

m_2——无机结合料质量(g)；

m_3——干土质量(g)；

δ——计算混合料质量的冗余量(%)；

α——无机结合料的掺量(%)；

m_w——加水质量(g)。

(12)结果整理。

①小试件的高度误差范围应为 -0.1 ~0.1cm,中试件的高度误差范围应为 -0.1 ~0.15cm,大试件的高度误差范围应为 -0.1 ~0.2cm。

②质量损失:小试件应不超过标准质量 5g,中试件应不超过 25g,大试件不超过 50g。

5. 无机结合料稳定类材料的无侧限抗压强度的试件养护

(1)试件从试模内脱出并量高称质量后,中试件和大试件应装入塑料袋内。试件装入塑料袋后,将袋内空气排除干净,扎紧袋口,将包好的试件放入养护室。

(2)标准养护室的温度为 20℃ ±2℃,标准养护的湿度为≥95%。试件宜放在铁架或木架上,间距至少 10 ~20mm。试件表面应保持一层水膜,并避免用水直接冲淋。

(3)标准养护期是 7d,最后 1d 浸水。在养护期的最后 1d,将试件取出,观察试件的边角有无磨损和缺块,并量高称质量,然后将试件浸泡于 20℃ ±2℃水中,应使水面在试件顶上约 2.5cm。

(4)如养护期间有明显的边角缺损,试件作废。

(5)在养护期间,试件质量损失应符合下列规定:小试件不超过 1g、中试件不超过 4g、大试件不超过 10g。质量损失超过此规定的试件,应予作废。

6. 无机结合料稳定类材料的无侧限抗压强度的试验

(1)根据试验材料的类型和一般的工程经验,选择合适量程的压力机和测力计,试件破坏荷载应大于测力量程的 20% 且小于测力量程的 80%。球形支座和上下顶板涂上机油,使球形支座能够灵活转动。

(2)将浸水 1d 的试件从水中取出,用软布吸去试件表面的水分,并称试件的质量 m_4。

(3)用游标卡尺测量试件的高度 h,精确至 0.1mm。

(4)将试件放在压力机或路面强度试验仪上,并在升降台上先放一扁球座,进行抗压试验。试验过程中,应保持加载速率为 1mm/min。记录试件破坏时的最大压力 P(N)。

(5)从试件内部取代表性样品,测定其含水率 w。

(6)计算。

试件无侧限抗压强度按式(3-22)计算:

$$R_c = \frac{P}{A} \tag{3-22}$$

式中:R_c——试件的无侧限抗压强度(MPa);

P——试件破坏时的最大压力(N);

A——试件的截面积(mm^2),$A=\frac{1}{4}\pi D^2$;

D——试件的直径(mm)。

(7)结果整理。

①抗压强度保留一位小数。

②同一组试件试验中,采用 3 倍均方差方法剔除异常值,小试件可以允许有 1 个异常值、中试件 1 ~2 个异常值、大试件 2 ~3 个异常值。异常值数量超过上述规定的试验重做。

③同一组试验的变异系数 C_V(%)符合下列规定,方为有效试验:

小试件 $C_V \leqslant 6\%$,中试件 $C_V \leqslant 10\%$,大试件 $C_V \leqslant 15\%$。如不能保证试验结果的变异系数小于规定的值,则应按允许误差 10% 和 90% 概率重新计算所需的试件数量,增加试件数量并另做新试验。新试验结果与老试验结果一并重新进行统计评定,直到变异系数满足上述规定。

(8)检测频率与强度评定。

在现场按规定频率取样,按工地预定达到的压实度制备试件。每 $2000m^2$ 或每工作班制备 1 组试件:不论稳定细粒土、中粒土或粗粒土,当多次偏差系数 $C_V \leqslant 10\%$ 时,可为 6 个试件;$C_V = 10\% \sim 15\%$,可为 9 个试件;$C_V > 15\%$,则需 13 个试件。

试件的平均强度 $\overline{R}$ 应满足式(3-1)要求,评定路段内半刚性材料强度评为不合格时,相应分项工程为不合格。

工程示例

半刚性基层(底基层)无侧限抗压强度试验记录表

施工单位:×××公司　　　　编号:WJ-503-2010050603

<table>
<tr><td>项目名称</td><td colspan="3">××高速公路改扩建工程路面综合二合同</td><td colspan="4">结构层名称:水稳级配碎石基层</td><td colspan="2">试验单位</td><td colspan="3">×××合同段工地试验室</td></tr>
<tr><td colspan="2">设计强度 3.0MPa</td><td colspan="2">材料组成</td><td colspan="3">1-3 碎石:1-2 碎石:石屑:水泥</td><td>配合比</td><td>10:20:70:5</td><td colspan="2">水泥种类、强度等级</td><td colspan="2">矿渣硅酸盐水泥,32.5</td></tr>
<tr><td colspan="2">最大干密度(g/cm^3)</td><td colspan="2">2.222</td><td colspan="3">最佳含水率(%)</td><td>5.8</td><td>成型压实度</td><td colspan="2">98%</td><td>成型日期</td><td>2015 年 5 月 6 日</td></tr>
<tr><td colspan="2">试件编号</td><td>1</td><td>2</td><td>3</td><td>4</td><td>5</td><td>6</td><td>7</td><td>8</td><td>9</td><td colspan="2" rowspan="2">均方差 $\sigma=0.32$</td></tr>
<tr><td rowspan="5">成型试件</td><td>质量(g)</td><td>6112</td><td>6109</td><td>6114</td><td>6116</td><td>6108</td><td>6118</td><td>6111</td><td>6117</td><td>6113</td></tr>
<tr><td>高度(mm)</td><td>149.2</td><td>150.4</td><td>149.8</td><td>148.9</td><td>149.6</td><td>148.5</td><td>150.7</td><td>148.3</td><td>148.1</td><td colspan="2" rowspan="4">偏差系数 $C_V=\frac{\sigma}{R}=0.068$</td></tr>
<tr><td>湿密度(g/cm^3)</td><td>2.318</td><td>2.299</td><td>2.310</td><td>2.324</td><td>2.311</td><td>2.331</td><td>2.295</td><td>2.334</td><td>2.336</td></tr>
<tr><td>含水率(%)</td><td>5.7</td><td>5.8</td><td>5.6</td><td>5.7</td><td>5.5</td><td>5.8</td><td>5.9</td><td>5.7</td><td>5.6</td></tr>
<tr><td>干密度(g/cm^3)</td><td>2.193</td><td>2.173</td><td>2.188</td><td>2.199</td><td>2.191</td><td>2.203</td><td>2.167</td><td>2.208</td><td>2.212</td></tr>
</table>

续上表

项目名称		××高速公路改扩建工程路面综合二合同			结构层名称：水稳级配碎石基层				试验单位	×××合同段工地试验室	
浸水前试件质量 m_3(g)		6109	6104	6110	6114	6102	6115	6104	6113	6112	强度判断式：$\bar{R} \geqslant \frac{R_{设}}{1-Z_a C_V}$ =4.7>3.4
浸水后试件质量 m_4(g)		6173	6173	6172	6172	6169	6172	6165	6183	6172	
吸水量 $V=m_4-m_3$(g)		64	69	62	58	67	57	61	70	60	
浸水试件	试件高(mm)	149.2	150.4	149.8	148.9	149.6	148.5	150.7	148.3	148.1	
	湿密度(g/cm^3)	2.341	2.323	2.332	2.346	2.334	2.352	2.315	2.359	2.358	
	含水率(%)	7.1	6.9	7.2	7.1	7.0	7.3	7.2	7.1	7.0	
	干密度(g/cm^3)	2.186	2.173	2.175	2.190	2.181	2.192	2.160	2.203	2.204	
无侧限抗压强度	试件面积(mm^2)	17671	17671	17671	17671	17671	17671	17671	17671	17671	
	破坏荷载(kN)	82.5	79.5	88.5	77.5	87.0	85.0	77.0	75.0	91.0	
	破坏强度(MPa)	4.7	4.5	5.0	4.4	5.0	4.8	4.4	4.3	5.2	
	平均强度(MPa)						4.7				
试验	记录：			计算：			复核：			质检负责人：	

无侧限抗压强度试验报告

工程名称：××高速公路改扩建工程路面综合二合同

承包单位	辽宁××公路工程有限责任公司	委托单位	辽宁××公路工程有限责任公司	委托编号	WJ-503-2010 050603
施工单位	××公司	监理单位	××公路工程监理责任有限公司	试验者	×××
试验单位	×××合同段工地试验室	试验规程	JTG E51—2009	校核者	×××
分项工程	路面底基层	试样描述	试件表面平整	报告日期	2015年5月13日

续上表

取样地点	拌和站	公路等级	高速公路	试件类型及制作方法	大试件、压静法	水泥强度等级	32.5
试样名称	无侧限试件	设计强度（MPa）	3.0	最佳含水率（%）	5.8	成型时间	2010 年 5 月 6 日
工程部位	见结论	试件尺寸（cm × cm）	15 × 15	最大干密度（g/cm^3）	2.222	试验时间	2010 年 5 月 13 日
结构层名称	基层	混合料名称	5% 水泥稳定碎石	成型压实度（%）	98	龄期(d)	7

试件编号	养护前质量（g）	成型试件				浸水前试件质量(g)	浸水后试件质量(g)	吸水量（g）	浸水试件				抗压强度		
		高度（cm）	湿密度（g/cm^3）	含水率（%）	干密度（g/cm^3）				高度（cm）	湿密度（g/cm^3）	含水率（%）	干密度（g/cm^3）	试压面积（mm^2）	破坏荷载（kN）	抗压强度（MPa）
1									15				17671.46	80.0	4.5
2									15				17671.46	81.5	4.6
3									15				17671.46	76.0	4.3
4									15				17671.46	77.5	4.4
5									15				17671.46	83.0	4.7
6									15				17671.46	78.0	4.4
7									15				17671.46	85.0	4.8
8									15				17671.46	82.5	4.7
9									15				17671.46	88.0	5.0

试件个数	9	平均值 $\overline{R}$(MPa)	4.6	标准差 σ	0.22	偏差系数 C_V(%)	4.8	$R_{设}/(1-Z_aC_V)$	3.4

结论	工程部位：K54 + 220 ~ 320 右幅基层 $\geq R_{设}/(1-Z_aC_V)$ 符合设计及规范要求
试验	计算：　　复核：　　质检负责人：　　项目主管：

项目二　路面面层室内材料试验检测

随着我国公路等级的提高,沥青路面在高等级公路路面中已占据主要地位。沥青材料是修筑沥青路面的一种主要结合料,沥青质量的优劣与沥青路面的好坏有着密切的关系,它直接影响到沥青路面的使用寿命。为了提高我国沥青路面的质量水平、修筑优质的沥青路面,在施工过程中及时地对沥青结合料和沥青混合料的性质进行准确检验具有较大的现实意义。沥青混凝土路面在施工准备阶段检测项目包括室内原材料分析、沥青性能指标试验、沥青混合料组成设计。在施工过程中,沥青混凝土路面除要对原材料做常规试验外,还要确定出热拌沥青混合料的目标配合比、生产配合比及生产配合比的验证。沥青路面面层试验检测包括两方面:一是室内原材料及沥青混合料性能检测;二是路面施工质量检测。

任务一　路面原材料检测项目及要求

一、路面原材料试验检测项目

1. 粗集料试验检测项目

颗粒组成、压碎值、表观相对密度、针片状含量、小于0.075mm颗粒的含量、对沥青的黏附性、吸水率、洛杉矶磨耗、坚固性、石料磨光值、冲击值、软石含量、堆积密度(松装)。

2. 细集料试验检测项目

颗粒组成、砂当量、表观相对密度、小于0.075mm颗粒的含量、棱角性(流动时间)。

3. 矿粉试验检测项目

表观密度、含水率、粒度组成、亲水系数、外观(有无结团)、塑性指数、加热安定性。

4. 沥青试验检测项目

针入度、软化点、延度(石油沥青标明多少度延度)、闪点、含蜡量、密度(15℃)、溶解度、沥青薄膜加热试验、乳化沥青标准黏度、沥青含量、蒸发残留物含量(改性乳化沥青)、蒸发残留针入度(改性乳化沥青)、蒸发残留软化点(改性乳化沥青)、蒸发残留延度(改性乳化沥青)。

5. 沥青混合料试验检测项目

外观(随时观测,观察集料粗细、均匀性、离析、油石比、色泽、冒烟、有无花白料、油团等各种现象)、混合料温度(出厂、摊铺碾压)、矿料级配、沥青用量(油石比)、马歇尔稳定度(残留稳定度)、车辙、生产配合比验证、抽提。

由于原材分析试验在道路建筑材料课程有所涉及,故这里只介绍试验检测内容。

二、路面原材料选取及技术要求

1. 粗集料

粗集料应该是洁净、干燥、表面粗糙、形状接近立方体，且无风化、不含杂质，并具有足够的强度、耐磨耗性。粗集料的质量应符合表 3-12 的要求。可采用碎石、破碎砾石、筛选砾石、矿渣等。用于高速公路、一级公路、城市快速公路、主干路沥青路面表层用粗集料应选用坚硬、耐磨、抗冲击性好的碎石或破碎砾石，不得使用筛选砾石、矿渣及软质集料，该类粗集料应符合表 3-14 对磨光值和黏附性的要求。当坚硬石料来源缺乏时，允许掺加一定比例较小粒径的普通粗集料，掺加比例根据试验确定。在以骨架原则设计的沥青混合料中不得掺加其他粗集料。破碎砾石应采用粒径大于 50mm 的颗粒轧制，破碎前必须清洗，含泥量不大于 1%。粗集料与沥青的黏附性要求，在高速公路、一级公路、城市快速路和主干沥青路面中，需要使用坚硬的粗集料，当使用花岗岩、石英岩等酸性岩轧制粗集料时，若达不到表 3-14 对粗集料与沥青黏附性等级的要求，必须采取抗剥落措施。工程中常用的抗剥落方法包括使用高黏度沥青；在沥青中掺加抗剥落剂；用干燥的生石灰、消石灰粉或水泥作为填料的一部分，其用量为矿料总量的 1% ~2%；将粗集料用石灰浆处理后使用。粗集料的粒径规格应按照表 3-14 进行生产和使用。如某一档粗集料不符合表 3-13 的规格，但确认与其他集料组配后的合成级配符合设计级配的要求时，也可以使用。

沥青混合料用粗集料质量技术要求 表 3-12

指　标	单位	高速公路、一级公路		其他等级公路
		表面层	其他层次	
石料压碎值(不大于)	%	26	28	30
洛杉矶磨耗值(不大于)	%	28	30	35
表观相对密度(不小于)	—	2.60	2.50	2.45
吸水率(不大于)	%	2.0	3.0	3.0
坚固性(不大于)	%	12	12	—
针片状颗料含量(混合料)(不大于) 其中粒径大于 9.5mm(不大于) 其中粒径小于 9.5mm(不大于)	% % %	15 12 18	18 15 20	20 — —
水洗法 <0.075mm 颗粒含量(不大于)	%	1	1	1
软石含量(不大于)	%	3	5	5

注：1. 坚固性试验可根据需要进行。

2. 用于高速公路、一级公路时，多孔玄武岩的视密度可放宽至 2.45t/m³，吸水率可放宽至 3%，但必须得到建设单位的批准，且不得用于 SMA 路面。

3. 对 S14 即 3 ~5mm 规格的粗集料，针片状颗粒含量可不予要求，<0.075mm 含量可放宽到 3%。

沥青混合料用粗集料规格　　表 3-13

规格名称	公称粒径(mm)	通过下列筛孔(mm)的质量百分率(%)												
		106	75	63	53	37.5	31.5	26.5	19	13.2	9.5	4.75	2.36	0.6
S1	40～75	100	90～100	—	—	0～15	—	0～5						
S2	40～60		100	90～100	—	0～15	—	0～5						
S3	30～60		100	90～100	—	—	0～15	—	0～5					
S4	25～50			100	90～100	—	—	0～15	—	0～5				
S5	20～40				100	90～100	—	—	0～15	—	0～5			
S6	15～30					100	90～100	—	—	0～15	—	0～5		
S7	10～30					100	90～100	—	—	—	0～15	0～5		
S8	10～25						100	90～100	—	0～15	—	0～5		
S9	10～20							100	90～100	—	0～15	0～5		
S10	10～15								100	90～100	0～15	0～5		
S11	5～15								100	90～100	40～70	0～15	0～5	
S12	5～10									100	90～100	0～15	0～5	
S13	3～10									100	90～100	40～70	0～20	0～5
S14	3～5										100	90～100	0～15	0～3

粗集料与沥青的黏附性、磨光值的技术要求　　表 3-14

雨量气候区	1(潮湿区)	2(湿润区)	3(半干区)	4(干旱区)
年降雨量(mm)	>1000	1000～500	500～250	<250
粗集料与沥青的黏附性(不小于)				
高速公路、一级公路表面层	5	4	4	3
高速公路、一级公路的其他层次及其他等级公路的各个层次	4	4	3	3

2. 细集料

洁净、干燥、无风化、不含杂质,并有适当的级配范围的天然砂、机制砂或石屑。其物理力学指标要求见表 3-15。并与沥青有良好的黏结能力,在高速公路、一级公路、城市快速路、主干路沥青面层用沥青黏结性能差的天然砂或用花岗岩、石英岩等酸性岩石破碎的人工砂及石屑时,应采取前述粗集料的抗剥离措施对细集料进行处理。天然砂宜采用河砂或海砂,当使用山砂时应经过清洗。天然砂的规格应符合表 3-16 的规定,经筛洗法测定的砂中小于 0.075mm 颗粒含量对于高速公路、一级公路、城市快速路、主干路不得大于 3%;对于其他等级道路不得大于 5%。石屑是轧制粗集料时的边角余料并通过 4.75mm 或 2.36mm 的部分,强度一般较低,针片状含量较高。所以在生产石屑的过程中应特别注意,避免山体覆盖层或夹层的泥土混入石屑。石屑规格应符合表 3-17 的要求。不得使用泥土、细粉、细薄碎片颗粒含量高的石屑,砂当量应符合表 3-15 的要求。对于高速公路、一级公路、城市快速路、主干路,应将石屑加工成 S14(3～5mm)和 S16(0～3mm)两档使用,在细集料中石屑含量不宜超过总量的 50%。填料最好采用石灰岩或岩浆岩中的强基性岩石等憎水性石料经磨细得到的矿粉,生产矿粉的原石料中泥土杂质应清除。矿粉要求干燥、洁净,能自由地从石粉仓中流出,其质量应符合表 3-18 的要求。在拌和厂采用干法除尘回收的粉尘可以代替一部分矿粉使用,湿法除尘的应经过干燥粉碎处理,且不得含有杂质。用量不得超过填料总量的

25%,塑性指数不得大于4%,其余质量要求与矿粉相同。粉煤灰作为填料时,用量不能超过填料总量的50%且烧失量应小于12%,与矿粉混合后的塑性指数应小于4%,其余质量要求与矿粉相同。高速公路、一级公路和城市快速路、主干路不宜采用粉煤灰做填料。

沥青混合料用细集料质量要求 表3-15

项　　目	单位	高速公路、一级公路	其他等级公路
表观相对密度(不小于)	—	2.50	2.45
坚固性(>0.3mm部分)(不小于)	%	12	-
含泥量(小于0.075mm的含量)(不大于)	%	3	5
砂当量(不小于)	%	60	50
亚甲蓝值(不大于)	g/kg	25	—
粗糙度、棱角性(流动时间)(不小于)	s	30	—

注:坚固性试验可根据需要进行。

沥青混合料用天然砂规格 表3-16

筛孔尺寸(mm)	通过各孔筛的质量百分率(%)		
	粗砂	中砂	细砂
9.5	100	100	100
4.75	90~100	90~100	90~100
2.36	65~95	75~90	85~100
1.18	35~65	50~90	75~100
0.6	15~30	30~60	60~84
0.3	5~20	8~30	15~45
0.15	0~10	0~10	0~10
0.075	0~5	0~5	0~5

注:当生产石屑采用喷水抑制扬尘工艺时,应特别注意含粉量不得超过表中要求。

沥青混合料用机制砂或石屑规格 表3-17

规格	公称粒径	水洗法通过各筛孔的质量百分率(%)							
	(mm)	9.5	4.75	2.36	1.18	0.6	0.3	0.15	0.075
S15	0~5	100	90~100	60~90	40~75	20~55	7~40	2~20	0~10
S16	0~3	—	100	80~100	50~80	25~60	8~45	0~25	0~15

沥青混合料用矿粉质量要求 表3-18

项　　目	单　　位	高速公路、一级公路	其他等级公路
表观密度(不小于)	t/m^3	2.50	2.45
含水率(不大于)	%	1	1
粗粒范围<0.6mm	%	100	100
<0.15mm	%	90~100	90~100
<0.075mm	%	75~100	70~100
外观	—	无团粒结块	
亲水系数	—	<1	
塑性指数	—	<4	
加热安定性	—	实测记录	

3. 沥青

沥青应根据气候条件和沥青混合料类型、公路等级、交通性质、路面类型施工方法以及当地使用经验等,经技术论证后确定(对于重载交通路段,高速公路实行渠化交通的路段,山区及丘陵区上坡路段,服务区、停车场等行车速度慢的路段,应选用稠度大的沥青;对于交通量小、公路等级低的路段,可选用稠度略小的沥青)。石油沥青质量要求符合表3-19的要求,公路石油沥青按照气候分区和档次设定,可划分为不同指标。具体适用范围见表3-20,改性沥青可根据改性的目的选择改性剂。改性沥青评价方法除增加的弹性恢复、黏韧性和离析等之外,其他沿用公路石油沥青的评价方法。改性沥青根据聚合物类型分为Ⅰ、Ⅱ、Ⅲ三类;按照软化点不同又将Ⅰ、Ⅲ类聚合物改性沥青分为A、B、C、D四个等级,将Ⅱ类聚合物改性沥青分为A、B、C三个等级来适应不同的气候条件。改性沥青的使用条件应符合表3-21的要求。

石油沥青质量要求　表3-19

指标	单位	等级	沥青标号																
			160号	130号	110号			90号					70号					50号	30号
针入度(25℃,5s,100g)	0.1mm		140~200	120~140	100~120			80~100					60~80					40~60	20~40
适用的气候分区					2-1	2-2	2-3	1-1	1-2	1-3	2-2	2-3	1-3	1-4	2-2	2-3	2-4	1-4	
针入度指数PI		A	−1.5~+1.0																
		B	−1.8~+1.0																
软化点$T_{R\&B}$(不小于)	℃	A	38	40	43			45			44		46		45			49	55
		B	36	39	42			43			42		44		43			46	53
		C	35	37	41			42					43					45	50
60℃动力黏度(不小于)	Pa·s	A	—	60	120			160			140		180		160			200	260
10℃延度(不小于)	cm	A	50	50	40			45	30	20	30	20	20	15	25	20	15	15	10
		B	30	30	30			30	20	15	20	15	15	10	20	15	10	10	8
15℃延度(不小于)	cm	A、B	100															80	50
		C	80	80	60			50				40						30	20
蜡含量(蒸馏法)不大于	%	A	2.2																
		B	3																
		C	4.5																
闪点(不小于)	℃		230					245				260							
溶解度(不小于)	%		99.5																

续上表

指标	单位	等级	沥青标号						
			160 号	130 号	110 号	90 号	70 号	50 号	30 号
密度(15℃)	g/cm³		实测记录						
TFOT(或 RTFOT)后									
质量变化(不大于)	%		±0.8						
残留针入度比(25℃,不小于)	%	A	48	54	55	57	61	63	65
		B	45	50	52	54	58	60	62
		C	40	45	48	50	54	58	60
残留延度(10℃,不小于)	cm	A	12	12	10	8	6	4	—
		B	10	10	8	6	4	2	—
延度(15℃,不小于)	cm	C	40	35	30	20	15	10	—

注:1. 试验方法按照《公路工程沥青及沥青混合料试验规程》(JTG E20—2011)规定的方法执行。

2. 经建设单位同意,表中 PI 值、60℃动力黏度、10℃延度可作为选择性指标,也可不作为施工质量检验指标。

3. 老化试验可以 TFOT 为准,也可以 RTFOT 代替。

公路石油沥青的适用范围 表 3-20

沥青等级	适 用 范 围
A 级沥青	各个等级的公路,适用于任何场合和层次
B 级沥青	①高速公路、一级公路沥青下面层及以下的层次,二级及二级以下公路的各个层次; ②用作改性沥青、乳化沥青、改性乳化沥青、稀释沥青的基质沥青
C 级沥青	三级及三级以下公路的各个层次

聚合物改性沥青技术要求 表 3-21

指 标	单位	SBS 类(Ⅰ类)				SBR 类(Ⅱ类)			EVA、PE 类(Ⅲ类)			
		Ⅰ-A	Ⅰ-B	Ⅰ-C	Ⅰ-D	Ⅱ-A	Ⅱ-B	Ⅱ-C	Ⅲ-A	Ⅲ-B	Ⅲ-C	Ⅲ-D
针入度(25℃,100g,5s)	0.1mm	>100	80~100	60~80	30~60	>100	80~100	60~80	>80	60~80	40~60	30~40
针入度指数 PI(不小于)		-1.2	-0.8	-0.4	0	-1.0	-0.8	-0.6	-1.0	-0.8	-0.6	-0.4
延度(5℃,5mm/min,不小于)	cm	50	40	30	20	60	50	40	—			

续上表

指　标	单位	SBS类(Ⅰ类)				SBR类(Ⅱ类)			EVA、PE类(Ⅲ类)			
		Ⅰ-A	Ⅰ-B	Ⅰ-C	Ⅰ-D	Ⅱ-A	Ⅱ-B	Ⅱ-C	Ⅲ-A	Ⅲ-B	Ⅲ-C	Ⅲ-D
软化点 $T_{R\&B}$(不小于)	℃	45	50	55	60	45	48	50	48	52	56	40
运动黏度①(135℃,不大于)	Pa·s	3										
闪点(不小于)	℃	230				230			230			
溶解度(不小于)	%	99				99			—			
弹性恢复(25℃,不小于)	%	55	60	65	75	—			—			
黏韧性(不小于)	N·m	—				5			—			
韧性(不小于)	N·m	—				2.5			—			
储存稳定性②(离析,48h软化点差,不大于)	℃	2.5				—			无改性剂明显析出、凝聚			
TFOT(或RTFOT)后残留物												
质量变化(不大于)	%	±1.0										
针入度比(25℃,不小于)	%	50	55	60	65	50	55	60	50	55	58	60
延度(5℃,不小于)	cm	30	25	20	15	30	20	10	—			

注:①表中135℃运动黏度可采用《公路工程沥青及沥青混合料试验规程》(JTT E20—2011)中的“沥青布氏旋转黏度试验方法(布洛克菲尔德黏度计法)”进行测定。若在不改变改性沥青物理力学性质并符合安全条件的温度下易于泵送和拌和,或经证明适当提高泵送和拌和温度时能保证改性沥青的质量,容易施工,可不要求测定。

②储存稳定性指标适用于工厂生产的成品改性沥青。现场制作的改性沥青对储存稳定性指标可不做要求,但必须在制作后,保持不间断地搅拌或泵送循环,保证使用前没有明显的离析。

任务二　沥青混合料配合比设计(马歇尔法)

沥青混合料配比设计包括三个阶段:目标配合比设计、生产配合比设计及生产配合比验证(即试验路试铺阶段)。后两个设计是在前一个设计基础上进行的,要借助施工单位的拌和、摊铺及碾压设备完成。通过三个阶段配合比设计的过程,可确定沥青混合料中组成材料的品种、矿质集料的级配和沥青用量。故下文重介绍目标配比的设计过程。

一、目标配合比设计

目标配合比设计可分成两个步骤进行,矿质混合料的组成设计和最佳沥青用量的确定。密级配的沥青混合料的目标配合比,采用马歇尔配比设计方法,其设计流程图见图3-5。

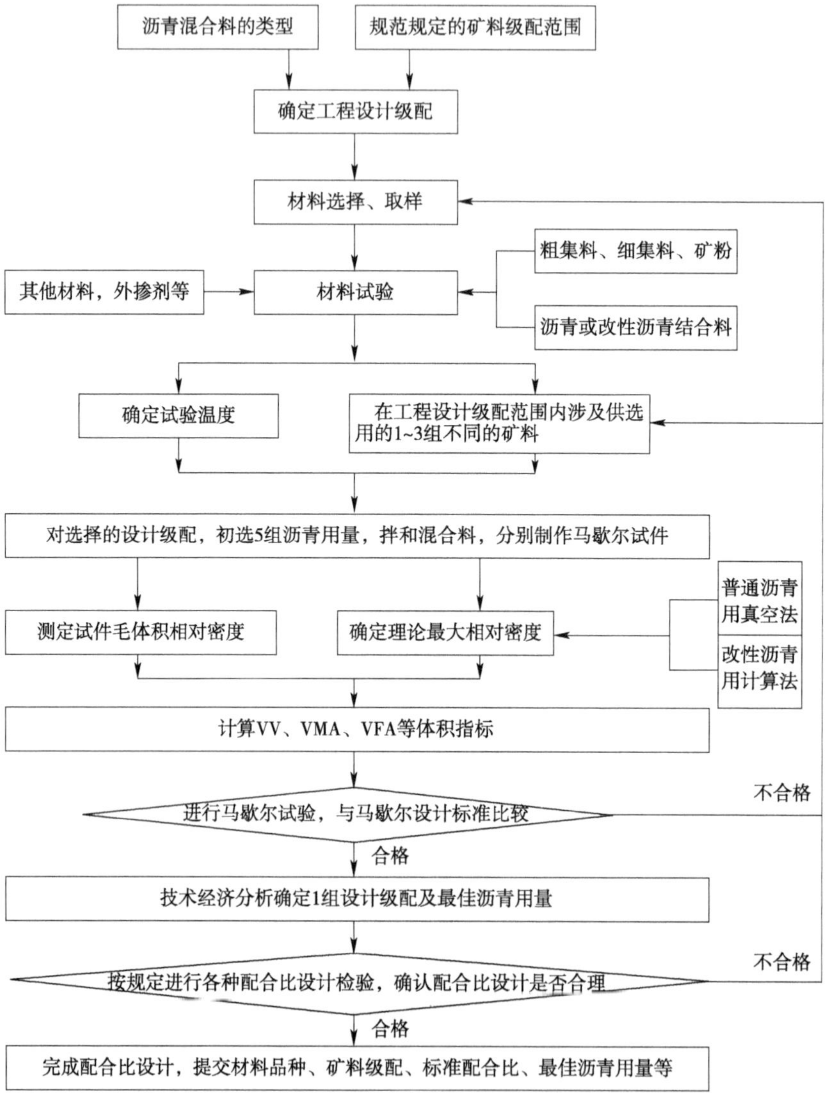

图3-5 马歇尔配合比设计流程图

1. 矿质混合料配合组成设计

设计目的是选配一个具有足够密实度,并且有较高的内摩阻力的矿质混合料。通常用规范推荐的矿质混合料级配范围来确定。

1)选择热拌沥青混合料类型

热拌沥青混合料适用于各种等级公路的沥青路面。其种类应考虑集料公称最大粒径、矿料级配、空隙率等因素进行选择,分类见表3-22。

热拌沥青混合料种类　　表 3-22

沥青混合料类型	密级配			开级配		半开级配	公称最大粒径(mm)	最大粒径(mm)
	连续级配		间断级配	间断级配				
	沥青混凝土	沥青稳定碎石	沥青玛蹄脂碎石	排水式沥青磨耗层	排水式沥青碎石层	沥青稳定碎石		
粗粒式	AC-25	ATB-25	—	—	ATPB-25	—	26.5	31.5
中粒式	AC-20	—	SMA-20	—	—	AM-20	19.0	26.5
	AC-16	—	SMA-16	OGFC-16	—	AM-16	16.0	19.0
细粒式	AC-13	—	SMA-13	OGFC-13	—	AM-13	13.2	16.0
	AC-10	—	SMA-10	OGFC-10	—	AM-10	9.5	13.2
砂粒式	AC-5	—	—	—	—	AM-5	4.75	9.5
设计空隙率	3~5	3~4	3~4	>18	>18	6~12		

2)确定工程设计级配范围

根据公路等级、气候及交通条件按表3-23选择采用粗型(C)或细型(F)混合料,并在表3-24规定的范围内确定级配范围。

粗型和细型密级配沥青混凝土的关键性筛孔通过率　　表 3-23

混合料类型	公称最大粒径(mm)	用以分类的关键性筛孔(mm)	粗型密级配		细型密级配	
			名称	关键性筛孔通过率(%)	名称	关键性筛孔通过率(%)
AC-25	26.5	4.75	AC-25C	<40	AC-25F	>40
AC-20	19	4.75	AC-20C	<45	AC-20F	>45
AC-16	16	2.36	AC-16C	<38	AC-16F	>38
AC-13	13.2	2.36	AC-13C	<40	AC-13F	>40
AC-10	9.5	2.36	AC-10C	<45	AC-10F	>45

密级配沥青混凝土混合料矿料级配范围　　表 3-24

级配类型		通过下列筛孔(mm)的质量百分率(%)												
		31.5	26.5	19	16	13.2	9.5	4.75	2.36	1.18	0.6	0.3	0.15	0.075
粗粒式	AC-25	100	90~100	75~90	65~83	57~76	45~65	24~52	16~42	12~33	8~24	5~17	4~13	3~7
中粒式	AC-20		100	90~100	78~92	62~80	50~72	26~56	16~44	12~33	8~24	5~17	4~13	3~7
	AC-16			100	90~100	76~92	60~80	34~62	20~48	13~36	9~26	7~18	5~14	4~8
细粒式	AC-13				100	90~100	68~85	38~68	24~50	15~38	10~28	7~20	5~15	4~8
	AC-10					100	90~100	45~75	30~58	20~44	13~32	9~23	6~16	4~8
砂粒式	AC-5						100	90~100	55~75	35~55	20~40	12~28	7~18	5~10

调整工程设计级配范围应遵循以下原则:

(1)首先规范确定采用粗型(C)或细型(F)的混合料。对夏季温度高、高温持续时间长、重载交通多的路段,宜选用粗型密级配沥青混合料,并取较高的设计空隙率。对冬季温度低且低温持续时间长的地区,或者重载交通较少的路段,宜选用细型密级配沥青混合料,并取较低的设计空隙。

(2)通常情况下,合成级配曲线宜尽量接近设计级配中限,尤其应使0.075mm、2.36mm

和4.75mm筛孔的通过量尽量接近设计级配范围中限。

(3)为确保高温抗车辙能力,同时兼顾低温抗裂性能的需要。配合比设计时宜适当减少公称最大粒径附近的粗集料用量,减少0.6mm以下部分细料的用量,使中等粒径集料较多,形成平坦的S形级配曲线,并取中等或偏高水平的设计空隙率。

3)矿质混合料配合比计算

(1)组成材料的技术指标测定:按照规定的方法对实际工程中使用的材料进行取样,测试粗集料、细集料和矿粉的密度并进行筛析试验,确定各种规格集料的级配组成。

(2)确定各档集料的用量比例:根据各档集料筛析结果,借助电子计算机的电子表格,用试配法确定各档集料用量比例,计算矿质混合料的合成级配。矿质混合料的合成级配曲线必须符合设计级配范围的要求,不得有过多的交错。当经过再三调整,仍有两个以上的筛孔超过级配范围时,必须对原材料进行调整或更换原材料重新设计。

2. 确定沥青混合料的最佳沥青用量

沥青最佳用量是通过马歇尔试验的结果确定出来的,用OAC表示。沥青用量虽然可以通过各种理论公式计算得到,但由于实际材料性质的差异,计算得到的最佳沥青用量,仍要通过试验进行修正。所以采用马歇尔试验方法,是整个沥青混合料配比设计内容的基础。

沥青用量可采用沥青油石比或沥青用量两种方法表达,前者指沥青与矿料质量比百分数,后者指沥青占沥青混合料的百分数,在配合比设计中采用油石比更方便些。

1)制备试样

(1)马歇尔试件制备,要针对选定混合料类型,根据经验确定沥青大致预估用量。预估用量可采用下式确定:

$$P_a = \frac{P_{a1} \times \gamma_{sb1}}{\gamma_{sb}} \tag{3-23}$$

$$P_b = \frac{P_a}{100 + \gamma_{sb}} \times 100\% \tag{3-24}$$

式中:P_a——预估的最佳油石比(%);

P_{a1}——已建类似工程沥青混合料的标准油石比(%);

γ_{sb}——集料的合成毛体积相对密度;

γ_{sb1}——已建类似工程集料的合成毛体积相对密度;

P_b——预估的最佳沥青用量(%)。

以预估的油石比为中值,按一定间隔(密级配通常按0.5%,对沥青碎石混合料可适当缩小间隔为0.3%~0.4%)取5个或者5个以上不同油石比分别制成马歇尔试件。每一组试件制成的个数按现行试验规程要求确定,粒径较大的沥青混合料,宜增加数量。当缺少参考预估沥青用量时,可以考虑以5.0%的沥青用量为基准,从两侧等距离扩展沥青用量,直至在所选的沥青用量范围中能够确定出最佳沥青用量。

(2)按已确定的矿质混合料级配类型,计算某个沥青用量条件下一个马歇尔试件或者一组试件中各种规格集料的用量,实践中,一个标准马歇尔试件所需料按1200g来计算。

(3)计算出一个或一组马歇尔试件的沥青油石比(或沥青用量),按要求拌和沥青混合料,按规定的击实次数和操作方法成型马歇尔试件。

2)测定物理指标

测定沥青混合料试件的毛体密度和最大理论密度(改性沥青或SMA混合料采用计算最大理论密度),并计算试件的空隙率、沥青饱和度、矿料间隙率等体积参数。混合料密度的测定根据其类型及密实程度选择适宜的方法。吸水率小于0.5%的密实性沥青混合料采用水中重法;吸水率大于2%的及沥青碎石混合料采用蜡封法;吸水率小于2%的沥青混合料则采用表干法测定。

3)测定力学指标

用马歇尔试验测定马歇尔稳定度和流值。

4)确定最佳沥青用量(油石比)

将马歇尔试验结果汇总,以沥青用量或油石比为横坐标,以马歇尔试验的各项指标(毛体积密度、空隙率、沥青饱和度、矿料间隙率、稳定度、流值)为纵坐标,将结果绘制成圆滑的曲线。确定符合沥青混合料技术标准的沥青用量范围 $OAC_{min} \sim OAC_{max}$。选择的沥青范围必须涵盖设计空隙率的全部范围,并尽可能涵盖沥青饱和度的要求范围,使密度及稳定度出现峰值。如果没有涵盖设计空隙率全部范围,试验须扩大沥青用量范围重新进行。沥青混合料技术标准,见表3-25。

密级配沥青混凝土混合料马歇尔试验技术标准　　表3-25

试验指标		单位	高速公路、一级公路				其他等级公路	行人道路
			夏炎热区(1-1、1-2、1-3、1-4区)		夏热区及夏凉区(2-1、2-2、2-3、2-4、3-2区)			
			中轻交通	重载交通	中轻交通	重载交通		
击实次数(双面)		次	75				50	50
试件尺寸		mm	ϕ101.6mm×63.5mm					
空隙率VV	深约90mm以内	%	3~5	4~6	2~4	3~5	3~6	2~4
	深约90mm以下	%	3~6		2~4	3~6	3~6	–
稳定度MS(不小于)		kN	8				5	3
流值FL		mm	2~4	1.5~4	2~4.5	2~4	2~4.5	2~5

试验指标	设计空隙率(%)	相应于以下公称最大粒径(mm)的最小VMA及VFA技术要求(%)					
		26.5	19	16	13.2	9.5	4.75
矿料间隙率VMA(%,不小于)	2	10	11	11.5	12	13	15
	3	11	12	12.5	13	14	16
	4	12	13	13.5	14	15	17
	5	13	14	14.5	15	16	18
	6	14	15	15.5	16	17	19
沥青饱和度VFA(%)		55~70	65~75			70~85	

注:本表适用于公称最大粒径≤26.5mm的密级配沥青混凝土混合料。

(1)确定最佳沥青用量初始值 OAC_1:在曲线上求出相对应于密度、稳定度的最大值、目标空隙率(或范围中值)、沥青饱和度范围中值的沥青用量 a_1、a_2、a_3、a_4,取其平均值作为 OAC_1。

$$OAC_1 = \frac{a_1 + a_2 + a_3 + a_4}{4} \tag{3-25}$$

如图 3-6 所示，相应于密度最大值、稳定度最大值、目标空隙率、沥青饱和度范围中值的沥青用量分别为 $a_1=5.35\%$、$a_2=4.19\%$、$a_3=4.80\%$、$a_4=4.98\%$，可以得到：

$$OAC_1=(5.35\%+4.19\%+4.80\%+4.98\%)/4=4.83\%$$

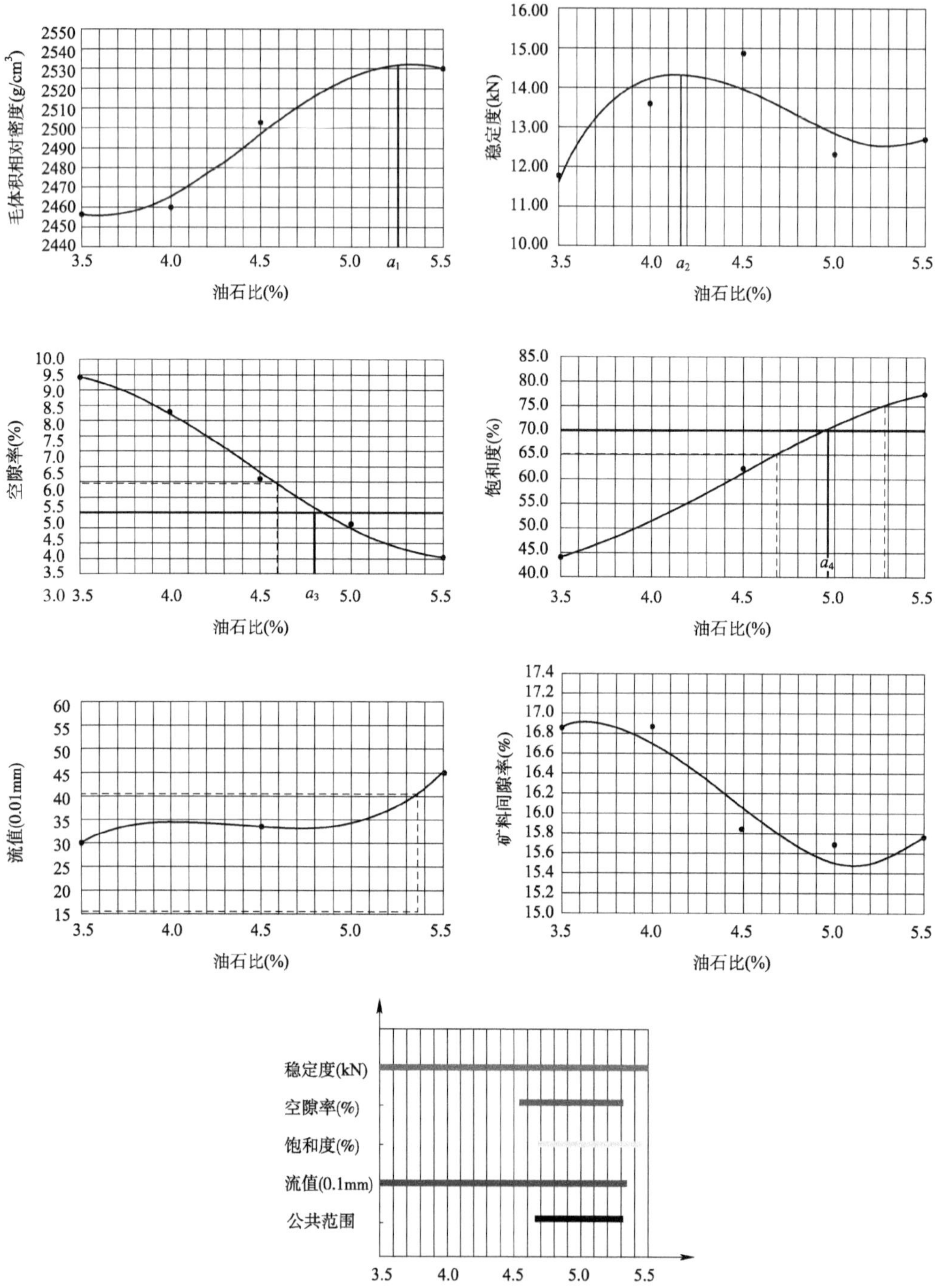

图 3-6　马歇尔试验各项指标与沥青用量关系图

如果所选择的沥青用量范围未能涵盖沥青饱和度的要求范围，按下式求取 3 者的平均

值作为 OAC_1。

$$OAC_1=\frac{a_1+a_2+a_3}{3} \tag{3-26}$$

对所选择试验的沥青用量范围，密度或稳定度没有出现峰值（最大值经常在曲线的两端）时，可直接以目标空隙率所对应的沥青用量 a_3 作为 OAC_1，但 OAC_1 必须介于 OAC_{min} ~ OAC_{max}的范围内，否则应重新进行配合比设计。

（2）确定最佳沥青用量初始值 OAC：以稳定度、流值、空隙率、饱和度指标均符合沥青混合料技术标准要求的沥青用量范围 OAC_{min} ~ OAC_{max}的中值作为 OAC_2。

$$OAC_2=\frac{OAC_{min}+OAC_{max}}{2} \tag{3-27}$$

如图 3-6 所示，$OAC_{min}=4.68\%$，$OAC_{max}=5.29\%$，$OAC_2=(OAC_{min}+OAC_{max})/2=(4.68\%+5.29\%)/2=4.99\%$。

（3）综合确定最佳沥青用量 OAC：通常情况下取 OAC_1 及 OAC_2 的中值作为计算的最佳沥青用量 OAC。检验与 OAC 对应的 VMA 是否满足最小 VMA 值的要求标准；也应考虑沥青路面工程实践经验和公路等级、气候条件、交通情况，调整确定最佳沥青用量 OAC；对于炎热地区公路以及高速公路、一级公路的重载交通路段，山区公路的长大坡度路段，预计有可能产生较大车辙时，宜在空隙率符合要求的范围内将计算的最佳沥青用量减小 0.1% ~0.5% 作为设计沥青用量；对于寒区公路、旅游公路、交通量很少的公路，最佳沥青用量可以在 OAC 的基础上增加 0.1% ~0.3%，以适当减小设计空隙率，但不得降低压实度要求。

5）检验最佳沥青用量时的粉胶比和有效沥青含量

（1）计算沥青结合料被集料吸收比例及有效沥青含量，分别按式（3-28）和式（3-29）计算。

沥青混合料中被集料吸收的沥青结合料比例：

$$P_{ba}=\frac{\gamma_{se}-\gamma_b}{\gamma_{se}\times\gamma_{sb}}\times\gamma_b\times100\% \tag{3-28}$$

沥青混合料中的有效沥青用量：

$$P_{be}=P_b-\frac{P_{ba}}{100}\times P_s \tag{3-29}$$

式中：γ_{se}——集料的有效相对密度，无量纲；

γ_{sb}——集料的合成毛体积相对密度，无量纲；

γ_b——沥青的相对密度，无量纲；

P_b——沥青含量（%）；

P_s——各种矿料占沥青混合料总质量的百分率之和，即 $P_s=100-P_b$（%）。

（2）计算最佳沥青用量时的粉胶比和有效沥青膜厚度。

沥青混合料的粉胶比是指沥青混合料的矿料中 0.075mm 通过率与有效沥青含量的比值，按式(3-30)计算。常用的公称最大粒径为 13.2 ~19mm 密级配沥青混合料的粉胶比宜控制在 0.8 ~1.2。

$$FB=\frac{P_{0.075}}{P_{be}} \tag{3-30}$$

式中：FB——粉胶比，无量纲；

$P_{0.075}$——矿料级配中0.075mm通过率(水洗法)(%)。

集料的比表面积和沥青混合料的沥青膜有效厚度按式(3-31)和式(3-32)计算。

$$SA=\sum(P_i\times FA_i) \tag{3-31}$$

$$DA=\frac{P_{be}}{\gamma_b\times SA}\times 10 \tag{3-32}$$

式中：SA——集料的比表面积(m^2/kg)；

P_i——各种粒径通过百分率(%)；

DA——沥青膜有效厚度(μm)；

FA_i——相对应各种粒径的集料的表面积系数，见表3-26。

集料表面积系数算例 表3-26

筛孔尺寸(mm)	19	16	13.2	9.5	4.75	2.36	1.18	0.6	0.3	0.15	0.075	集料比表面积总和SA(m^2/kg)
表面积系数FA_i	0.0041	—	—	—	0.0041	0.0082	0.0164	0.0287	0.0614	0.1229	0.3277	
通过百分率P_i(%)	100	99.9	97.6	81.6	46	32.9	24.1	16.6	12.9	9.5	6.0	
比表面积$FA_i\times P_i$(m^2/kg)	0.41	—	—	—	0.19	0.27	0.40	0.48	0.79	1.17	1.97	5.67

6)沥青混合料性能检验

(1)高温稳定性检验：按照最佳沥青用量OAC，制成车辙试件，在规定的条件下进行试验，以检验沥青混合料在高温条件下抵抗车辙的能力。如果动稳定性不符合表3-27规定的要求，应对矿料的级配或者沥青用量进行调整，重新进行配合比的设计。

沥青混合料车辙试验动稳定度技术要求 表3-27

气候条件与技术指标		相应于下列气候分区所要求的动稳定度(次/mm)								
7月平均最高气温(℃)及气候分区		>30				20~30				<20
		1.夏炎热区				2.夏热区				3.夏凉区
		1-1	1-2	1-3	1-4	2-1	2-2	2-3	2-4	3-2
普通沥青混合料(不小于)		800		1000		600	800			600
改性沥青混合料(不小于)		2400		2800		2000	2400			1800
SMA混合料	非改性(不小于)	1500								
	改性(不小于)	3000								
OGFC混合料		1500(一般交通路段)、3000(重交通量路段)								

(2)低温抗裂性的检验：当沥青混合料中所采用的矿料最大公称粒径小于或等于19mm，按照最佳沥青用量OAC制成车辙试件，再切割成棱柱体试件在温度－10℃、加载速率50mm/min的条件下进行低温弯曲试验测定破坏强度、破坏应变、破坏劲度模量，并根据应力应变曲线的形状，综合评价沥青混合料的低温抗裂性能。其中，沥青混合料的破坏应变宜不小于表3-28的要求。

沥青混合料低温弯曲试验破坏应变(με)技术要求　　表3-28

气候条件与技术指标	相应于下列气候分区所要求的破坏应变(με)								
年极端最低气温(℃)及气候分区	< －37.0		－21.5 ~ －37.0			－9.0 ~ －21.5		> －9.0	
	1. 冬严寒区		2. 冬寒区			3. 冬冷区		4. 冬温区	
	1-1	2-1	1-2	2-2	3-2	1-3	2-3	1-4	2-4
普通沥青混合料(不小于)	2600		2300			2000			
改性沥青混合料(不小于)	3000		2800			2500			

(3)水稳定性的检验：按最佳沥青用量OAC制成马歇尔试件，然后做浸水马歇尔试验或者劈裂试验，其残留稳定度或者冻融劈裂强度应满足表3-29的要求。

沥青混合料水稳定性检验技术要求　　表3-29

气候条件与技术指标		相应于下列气候分区的技术要求(%)			
年降雨量(mm)及气候分区		>1000	500 ~ 1000	250 ~ 500	<250
		1. 潮湿区	2. 湿润区	3. 半干区	4. 干旱区
浸水马歇尔试验残留稳定度(%，不小于)					
普通沥青混合料		80		75	
改性沥青混合料		85		80	
SMA混合料	普通沥青	75			
	改性沥青	80			
冻融劈裂试验的残留强度比(%，不小于)					
普通沥青混合料		75		70	
改性沥青混合料		80		75	
SMA混合料	普通沥青	75			
	改性沥青	80			

如果最佳沥青用量OAC与两个初始值OAC_1和OAC_2相差较大，按OAC和OAC_1(或者OAC_2)分别制成试件，进行上述性能检验，根据试验结果适当调整OAC的值。

二、生产配合比设计

目标配合比确定后，即为生产配比设计阶段，应结合实际施工的拌和机进行。试验前根据混合料的级配类型选择合适筛号，保证进料均匀并排除超粒径的矿料。试验时按目标配比设计冷料比例上料、烘干和筛分，然后从热料仓取样进行筛分，进行矿料级配计算，得到不同料仓和矿粉用量的比例并按该比例进行马歇尔试验。取目标配合比设计的最佳沥青用量OAC、OAC ±0.3%等3个沥青用量进行马歇尔试验和试拌，通过室内试验及从拌和机取样试验综合确定生产配合比的最佳沥青用量，由此确定的最佳沥青用量与目标配合比设计的结果的差值不宜大于±0.2%。

三、生产配合比验证

拌和机采用生产配合比进行试拌、铺筑试验段，并用拌和沥青混合料及路上钻取的芯样进行马歇尔试验检验，由此确定生产用的标准配合比。标准配合比应作为生产上控制的依据和质量检验的标准。标准配合比的矿料级配至少应包括 0.075mm、2.36mm、4.75mm 及公称最大粒径筛孔的通过率接近优选的工程设计级配范围的中值。试验室积极配合现场，在拌和、摊铺现场抽取沥青混合料进行马歇尔试验，进行车辙试验和水稳定性检验。在试铺时，试验室可到现场取样进行抽取试验，验证级配和油石比是否合格，并采取钻芯取样法测定实际空隙率，如此确定标准配合比，进入正常生产阶段。

任务三　路面原材料检测

检测项目一　粗集料的筛分试验(水筛)

13-粗集料的筛分试验(水洗法)

相关资源见二维码 13。

1. 目的与适用范围

(1)测定粗集料(碎石、砾石、矿渣等)的颗粒组成。对沥青混合料及基层用粗集料必须采用水洗法试验。

(2)本方法也适用于同时含有粗集料、细集料、矿粉的集料混合料筛分试验，如未筛碎石、级配碎石、天然砂砾、级配砂砾、无机结合料稳定基层材料、沥青拌和楼的冷料混合料、热料仓材料、沥青混合料经溶剂抽提后的矿料等。

2. 仪器设备

(1)试验筛：根据需要选用规定的标准筛。

(2)摇筛机。

(3)天平或台秤：感量不大于试样质量的 0.1%。

(4)其他：盘子、铲子、毛刷等。

3. 试验准备

按规定将来料用分料器或四分法缩分至表 3-30 要求的试样所需量，风干后备用。根据需要可按要求的集料最大粒径的筛孔尺寸过筛，除去超粒径部分颗粒后，再进行筛分。

筛分用的试样质量　　表 3-30

公称最大粒径(mm)	75	63	37.5	31.5	26.5	19	16	9.5
试样质量(kg，不小于)	10	8	5	4	2.5	2	1	1

4. 沥青混合料及基层用粗集料水洗法试验步骤

(1)取一份试样，将试样置于 105℃ ±5℃烘箱中烘干至恒重，称取干燥集料试样的总质量(m_3)，准确至 0.1%。

(2)将试样置于洁净容器中，加入足够数量的洁净水，将集料全部淹没，但不得使用任何洗涤剂、分散剂或表面活性剂。

(3)用搅棒充分搅动集料，使集料表面洗涤干净，使细粉悬浮在水中，但不得破碎集料或有集料从水中溅出。

(4)根据集料粒径大小选择组成一组套筛,其底部为0.075mm标准筛,上部为2.36mm或4.75mm筛。仔细将容器中混有细粉的悬浮液倒出,经过套筛流入另一容器中,尽量不将粗集料倒出,以免损坏标准筛筛面。

(5)重复(2)~(4)步骤,直至倒出的水洁净为止,必要时可采用水流缓慢冲洗。

(6)将套筛每个筛子上的集料及容器中的集料全部回收在一个搪瓷盘中,容器上不得有沾附的集料颗粒。

注:沾在0.075mm筛面上的细粉很难回收扣入搪瓷盘中,此时需将筛子倒扣在搪瓷盘上用少量的水并助以毛刷将细粉刷落入搪瓷盘中,并注意不要散失。

(7)在确保细粉不散失的前提下,小心泌去搪瓷盘中的水,将搪瓷盘连同集料一起置于105℃±5℃烘箱中烘干至恒重,称取干燥集料试样的总质量(m_4),准确至0.1%。以m_3与m_4之差作为0.075mm的筛下部分。

(8)将回收的干燥集料按干筛方法筛分出0.075mm筛以上各筛的筛余量,此时0.075mm筛下部分应为0,如果尚能筛出,则应将其并入水洗得到的0.075mm的筛下部分,且表示水洗得不干净。

5.计算

水筛法筛分结果的计算:

(1)按式(3-33)、式(3-34)计算粗集料中0.075mm筛下部分质量$m_{0.075}$和含量$P_{0.075}$,精确至0.1%。当两次试验结果$P_{0.075}$的差值超过1%时,试验应重新进行。

$$m_{0.075}=m_3-m_4 \tag{3-33}$$

$$P_{0.075}=\frac{m_{0.075}}{m_3}=\frac{m_3-m_4}{m_3}\times100\% \tag{3-34}$$

式中:$P_{0.075}$——粗集料中小于0.075mm的含量(通过率)(%);

$m_{0.075}$——粗集料中水洗得到的小于0.075mm部分的质量(g);

m_3——用于水洗的干燥粗集料总质量(g);

m_4——水洗后的干燥粗集料总质量(g)。

(2)计算各筛分计筛余量及筛底存量的总和与筛分前试样的干燥总质量m_4之差,作为筛分时的损耗,并计算损耗率,若损耗率大于0.3%,应重新进行试验。

$$m_5=m_3-(\sum m_i+m_{0.075}) \tag{3-35}$$

式中:m_5——由于筛分造成的损耗(g);

m_3——用于水筛筛分的干燥集料总质量(g);

m_i——各号筛上的分计筛余(g);

i——依次为0.075mm、0.15mm…至集料最大粒径的排序;

$m_{0.075}$——水洗后得到的0.075mm以下部分质量(g),即m_3-m_4。

(3)计算其他各筛的分计筛余百分率、累计筛余百分率、质量通过百分率,计算方法与干筛法相同。当干筛时筛分有损耗时,应按式(3-36)计算损耗,从总质量中扣除损耗部分(见报告示例)。将计算结果分别记入表3-31。

$$m_5 = m_0 - \left(\sum m_i + m_{底} \right) \tag{3-36}$$

式中：m_5——由于筛分造成的损耗(g)；

m_0——用于干筛的干燥集料总质量(g)；

m_i——各号筛上的分计筛余(g)；

i——依次为0.075mm、0.15mm…至集料最大粒径的排序；

$m_{底}$——筛底(0.075mm以下部分)集料总质量(g)。

粗集料水筛法筛分记录 表3-31

干燥试样总量 m_3 (g)		第1组				第2组				平均
		3000				3000				
水洗后筛上总量 m_4(g)		2879				2868				
水洗后0.075mm筛下量 $m_{0.075}$(g)		121				132				
0.075mm通过率 $P_{0.075}$(%)		4				4.4				
筛孔尺寸(mm)		筛上质量 m_i(g)	分计筛余(%)	累计筛余(%)	通过百分率(%)	筛上质量 m_i(g)	分计筛余(%)	累计筛余(%)	通过百分率(%)	通过百分率(%)
水洗后干筛法筛分	19	5	0.2	0.2	99.8	0	0	0	100	99.9
	16	696.3	23.2	23.4	76.6	680.3	22.7	22.7	77.3	76.9
	13.2	882.3	29.4	52.8	47.2	839.2	28	50.7	49.3	48.2
	9.5	713.2	23.8	76.6	23.4	778.5	26	76.7	23.3	23.4
	4.75	343.4	11.5	88.1	11.9	348.7	11.6	88.3	11.7	11.8
	2.36	70.1	2.3	90.4	9.6	68.3	2.3	90.6	9.4	9.5
	1.18	87.5	2.9	93.3	6.7	79.1	2.6	93.2	6.8	6.7
	0.6	67.8	2.3	95.6	4.4	59.3	2	95.2	4.8	4.6
	0.3	4.6	0.2	95.7	4.3	4.3	0.1	95.3	4.7	4.5
	0.15	5.6	0.2	95.9	4.1	3.8	0.1	95.5	4.5	4.3
	0.075	2.3	0.1	96	4	4	0.1	95.6	4.4	4.2
	筛底 $m_{底}$*	0				0				
	干筛后总质量 $\sum m_i$(g)	2878.1	96			2865.5	95.6			
损耗 m_5(g)		0.9				2.5				
损耗率(%)		0.03				0.09				
扣除损耗后总质量(g)		2999.1				2997.5				

注：* 如筛底 $m_{底}$ 的值不是0，应将其并入 $m_{0.075}$ 中重新计算 $P_{0.075}$。

(4)同一种集料至少取两个试样平行试验两次，取平均值作为每号筛上筛余量的试验结果，报告集料级配组成通过百分率及级配曲线。

(5)筛分结果以各筛孔的质量通过百分率表示。宜绘制集料筛分曲线，其横坐标为筛孔尺寸的0.45次方(表3-32)，纵坐标为普通坐标，如图3-7所示。

级配曲线的横坐标(按 $X=d_i^{0.45}$ 计算)　表 3-32

筛孔 d_i(mm)	0.075	0.15	0.3	0.6	1.18	2.36	4.75
横坐标 x	0.312	0.426	0.582	0.795	1.077	1.472	2.016
筛孔 d_i(mm)	9.5	13.2	16	19	26.5	31.5	37.5
横坐标 x	2.745	3.193	3.482	3.762	4.370	4.723	5.109

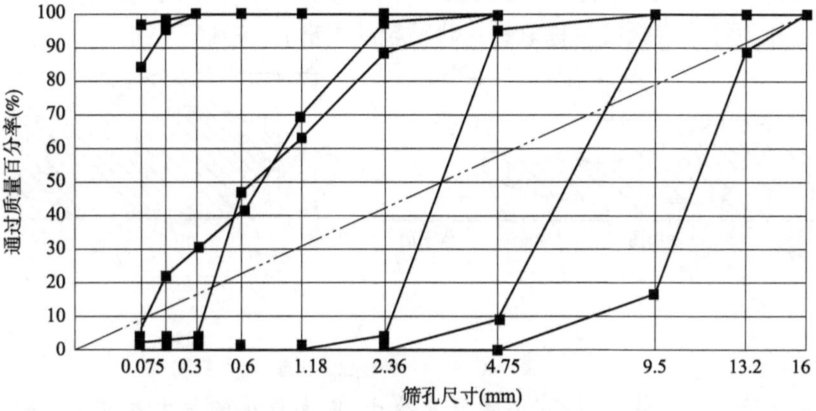

图 3-7　集料筛分曲线与矿料级配设计曲线

检测项目二　粗集料针片状颗粒含量试验(游标卡尺法)

相关资源见二维码 14。

1. 目的与适用范围

(1)本方法适用于测定粗集料的针状及片状颗粒含量,以百分率计。

(2)本方法测定的针片状颗粒,是指用游标卡尺测定的粗集料颗粒的最大长度(或宽度)方向与最小厚度(或直径)方向的尺寸之比大于 3 倍的颗粒。有特殊要求采用其他比例时,应在试验报告中注明。

(3)本方法测定的粗集料中针片状颗粒的含量,可用于评价集料的形状和抗压碎能力,以评定石料生产厂的生产水平及该材料在工程中的适用性。

14-粗集料的针片状颗粒含量试验(游标卡尺法)

2. 仪具与材料

(1)标准筛:方孔筛 4.75mm。

(2)游标卡尺:精密度为 0.1mm。

(3)天平:感量不大于 1g。

3. 试验步骤

(1)按本规程规定的方法,采集粗集料试样。

(2)按分料器法或四分法选取 1kg 左右的试样。对每一种规格的粗集料,应按照不同的公称粒径,分别取样检验。

(3)用 4.75mm 标准筛将试样过筛,取筛上部分供试验用,称取试样的总质量 m_0,准确至 1g,试样数量应不少于 800g,并不少于 100 颗。

注：对2.36~4.75mm级粗集料，由于卡尺量取有困难，故一般不做测定。

(4)将试样平摊于桌面上，首先用目测挑出接近立方体的颗粒，剩下可能属于针状(细长)和片状(扁平)的颗粒。

(5)按图3-8所示的方法将欲测量的颗粒放在桌面上成一稳定的状态，图中颗粒平面方向的最大长度为L，侧面厚度的最大尺寸为t，颗粒最大宽度为w($t<w<L$)，用卡尺逐颗测量石料的L及t，将$L/t \geqslant 3$的颗粒(即最大长度方向与最大厚度方向的尺寸之比大于3的颗粒)分别挑出作为针片状颗粒。称取针片状颗粒的质量m_1，准确至1g。

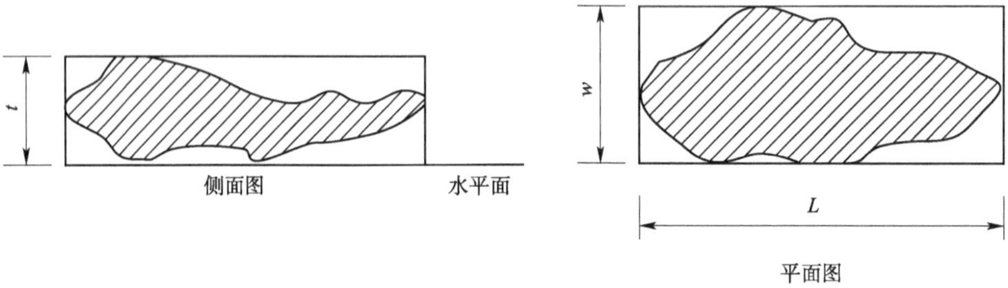

图3-8 针片状颗粒稳定状态

注：稳定状态是指平放的状态，不是直立状态，侧面厚度的最大尺寸t为图中状态的颗粒顶部至平台的厚度，是在最薄的一个面上测量的，并非颗粒中最薄部位的厚度。

4. 计算

(1)按式(3-37)计算针片状颗粒含量。

$$Q_e = \frac{m_1}{m_0} \times 100\% \quad (3\text{-}37)$$

式中：Q_e——针片状颗粒含量(%)；

m_1——试验用的集料总质量(g)；

m_0——针片状颗粒的质最(g)。

(2)试验要平行测定两次，计算两次结果的平均值，如两次结果之差小于平均值的20%，取平均值为试验值；如大于或等于20%，应追加测定一次，取三次结果的平均值为测定值。

(3)试验报告应包括集料的种类、产地、岩石名称、用途。

检测项目三 粗集料密度及吸水率试验(网篮法)

相关资源见二维码15。

15-粗集料密度及吸水率试验

1. 目的与适用范围

本方法适用于测定各种粗集料的表观相对密度、表干相对密度、毛体积相对密度、表观密度、表干密度、毛体积密度，以及粗集料的吸水率。

2. 仪具与材料

(1)天平或浸水天平：可悬挂吊篮测定集料的水中质量，称量应满足试样数量称量要求，感量不大于最大称量的0.05%。

(2)吊篮：耐锈蚀材料制成，直径和高度为150mm左右，四周及底部用

1 ~ 2mm 的筛网编制或具有密集的孔眼。

(3)溢流水槽:在称量水中质量时能保持水面高度一定。

(4)烘箱:能控温在 105℃ ±5℃。

(5)毛巾:纯棉制,洁净,也可用纯棉布代替。

(6)温度计。

(7)标准筛。

(8)盛水容器(如搪瓷盘)。

(9)其他:刷子等。

3. 试验准备

(1)将试样用标准筛过筛,除去其中的细集料,对较粗的粗集料可用 4.75mm 筛过筛;对 2.36 ~ 4.75mm 集料,或者混在 4.75mm 以下石屑中的粗集料,则用 2.36mm 标准筛过筛。用四分法或分料器法缩分至要求的质量,分两份备用,对沥青路面用粗集料,应对不同规格的集料分别测定,不得混杂,所取的每一份集料试样应基本上保持原有的级配。在测定 2.36 ~ 4.75mm 的粗集料时,试验过程中应特别小心,不得丢失集料。

(2)经缩分后供测定密度和吸水率的粗集料质量,应符合表 3-33 的规定。

测定密度所需要的试样最小质量　　表 3-33

公称最大粒径(mm)	4.75	9.5	16	19	26.5	31.5	37.5	63	75
每一份试样的最小质量(kg)	0.8	1	1	1	1.5	1.5	2	3	3

(3)将每一份集料试样浸泡在水中,并适当搅动,仔细洗去附在集料表面的尘土和石粉,经多次漂洗干净至水完全清澈为止。清洗过程中不得散失集料颗粒。

4. 试验步骤

(1)取试样一份装入干净的搪瓷盘中,注入洁净的水,水面至少应高出试样 20mm,轻轻至搅动石料,使附着在石料上的气泡完全逸出。在室温下保持浸水 24h。

(2)将吊篮挂在天平的吊钩上,浸入溢流水槽中,向溢流水槽中注水,水面高度至水槽的溢流孔,将天平调零,吊篮的筛网应保证集料不会通过筛孔流失,对 2.36 ~ 4.75mm 粗集料应更换小孔筛网,或在网篮中加放入一个浅盘。

(3)调节水温在 15 ~ 25℃范围内,将试样移入吊篮中。溢流水槽中的水面高度由水槽的溢流孔控制维持不变,称取集料的水中质量(m_w)。

(4)提起吊蓝,稍稍滴水后,较粗的粗集料可以直接倒在拧干的湿毛巾上。将较细的粗集料(2.36 ~ 4.75mm)连同浅盘一起取出,稍稍倾斜搪瓷盘,仔细倒出余水,将粗集料倒在拧干的湿毛巾上,用毛巾吸走从集料中漏出的自由水。此步骤需特别注意不得有颗粒丢失,或有小颗粒附在吊篮上。再用拧干的湿毛巾轻轻擦干集料颗粒的表面水,至表面看不到发亮的水迹,即为饱和面干状态。当粗集料尺寸较大时,宜逐颗擦干,注意对较粗的粗集料,拧湿毛巾时不要太用劲,防止拧得太干,对较细的含水较多的粗集料,毛巾可拧得稍干些,擦颗粒的表面水时,既要将表面水擦掉,又千万不能将颗粒内部的水吸出,整个过程中不得有集料丢失,且已擦干的集料不得继续在空气中放置,以防止集料干燥。

注:对 2.36 ~ 4.75mm 集料,用毛巾擦拭时容易沾附细颗粒集料从而造成集料损失,此

时宜改用洁净的纯棉汗衫布擦拭至表干状态。

(5)立即在保持表干状态下,称取集料的表干质量(m_f)。

(6)将集料置于浅盘中,放入105℃ ±5℃的烘箱中烘干至恒重。取出浅盘,放在带盖的容器中冷却至室温,称取集料的烘干质量(m_a)。

注:恒重是指相邻两次称量间隔时间大于3h的情况下,其前后两次称量之差小于该项试验要求的精密度,即0.1%。一般在烘箱中烘烤的时间不得少于4~6h。

(7)对同一规格的集料应平行试验两次,取平均值作为试验结果。

5.计算

(1)表观相对密度γ_a、表干相对密度γ_s、毛体积相对密度γ_b按(3-38)、式(3-39)、式(3-40)计算至小数点后3位。

$$\gamma_a = \frac{m_a}{m_a - m_w} \tag{3-38}$$

$$\gamma_s = \frac{m_f}{m_f - m_w} \tag{3-39}$$

$$\gamma_b = \frac{m_a}{m_f - m_w} \tag{3-40}$$

式中:γ_a——集料的表观相对密度,无量纲;

γ_s——集料的表干相对密度,无量纲;

γ_b——集料的毛体积相对密度,无量纲;

m_a——集料的烘干质量(g);

m_f——集料的表干质量(g);

m_w——集料的水中质量(g)。

(2)集料的吸水率以烘干试样为基准,按式(3-41)计算,精确至0.01%。

$$w_x = \frac{m_f - m_a}{m_a} \times 100\% \tag{3-41}$$

式中:w_x——粗集料的吸水率(%)。

(3)粗集料的表观密度(视密度)ρ_a、表干密度ρ_s、毛体积密度ρ_b,按式(3-42)、式(3-43)、式(3-44)计算,准确至小数点后3位。不同水温条件下测量的粗集料表观密度需进行水温修正,不同试验温度下水的密度ρ_T及水的温度修正系数α_T按表3-33选用。

$$\rho_a = \gamma_a \times \rho_T \quad 或 \quad \rho_a = (\gamma_a - \alpha_T) \times \rho_\Omega \tag{3-42}$$

$$\rho_s = \gamma_s \times \rho_T \quad 或 \quad \rho_s = (\gamma_s - \alpha_T) \times \rho_\Omega \tag{3-43}$$

$$\rho_b = \gamma_b \times \rho_T \quad 或 \quad \rho_b = (\gamma_b - \alpha_T) \times \rho_\Omega \tag{3-44}$$

式中:ρ_a——粗集料的表观密度(g/cm^3);

ρ_s——粗集料的表干密度(g/cm^3);

ρ_b——粗集料的毛体积密度(g/cm^3);

ρ_T——试验温度T时水的密度(g/cm^3),按表3-34取用;

α_T——试验温度T时的水温修正系数;

ρ_Ω——水在4℃时的密度(1.000g/cm^3)。

不同水温时水的密度 ρ_T 及水温修正系数 α_T　　表 3-34

水温(℃)	15	16	17	18	19	20
水的密度 ρ_T(g/cm^3)	0.99913	0.99897	0.99880	0.99862	0.99843	0.99822
水温修正系数 α_T	0.002	0.003	0.003	0.004	0.004	0.005
水温(℃)	21	22	23	24	25	
水的密度 ρ_T(g/cm^3)	0.99802	0.99779	0.99756	0.99733	0.99702	
水温修正系数 α_T	0.005	0.006	0.006	0.007	0.007	

6. 精密度或允许差

重复试验的精密度，对表观相对密度、表干相对密度、毛体积相对密度，两次结果相差不得超过 0.02，对吸水率不得超过 0.2%。

检测项目四　细集料筛分试验(水洗法)

1. 目的与适用范围

测定细集料(天然砂、人工砂、石屑)的颗粒级配及粗细程度。对沥青混合料及基层用细集料必须用水洗法筛分。

注：当细集料中含有粗集料时，可参照此方法用水洗法筛分，但需特别注意保护标准筛筛面不遭损坏。

2. 仪具与材料

(1)标准筛。

(2)天平：称量 1000g，感量不大于 0.5g。

(3)摇筛机。

(4)烘箱：能控温在 105℃ ±5℃。

(5)其他：浅盘和硬、软毛刷等。

3. 试验准备

根据样品中最大粒径的大小，选用适宜的标准筛。通常为 9.5mm 筛(水泥混凝土用天然砂)或 4.75mm 筛(沥青路面及基层用天然砂、石屑、机制砂等)筛除其中的超粒径材料然后将样品在潮湿状态下充分拌匀，用分料器法或四分法缩分至每份小少于 550g 的试样两份，在 105℃ ±5℃ 的烘箱中烘干至恒重，冷却至室温后备用。

4. 试验步骤

(1)准确称取烘干试样约 500g(m_1)，准确至 0.5g。

(2)将试样置于洁净容器中，加入足够数量的洁净水，将集料全部淹没。

(3)用搅棒充分搅动集料，将集料表面洗涤干净，使细粉悬浮在水中，但不得有集料从水中溅出。

(4)用 1.18mm 筛及 0.075mm 筛组成套筛，仔细将容器中混有细粉的悬浮液徐徐倒出，经过套筛流入另一容器中，但不得将集料倒出。

注：不可直接倒至0.075mm筛上，以免集料掉出损坏筛面。

(5)重复(2)~(4)步骤，直至倒出的水洁净且小于0.075mm的颗粒全部倒出。

(6)将容器中的集料倒入搪瓷盘中，用少量水冲洗，使容器上黏附的集料颗粒全部进入搪瓷盘中，将筛子反扣过来，用少量的水将筛上集料冲入搪瓷盘中。操作过程中不得有集料散失。

(7)将搪瓷盘连同集料一起置于105℃ ±5℃烘箱中烘干至恒重，称取干燥集料试样的总质量(m_2)。准确至0.1%。m_1与m_2之差即为通过0.075mm筛部分。

(8)将全部要求筛孔组成套筛(但不需0.075mm筛)，将已经洗去小于0.075mm部分的干燥集料置于套筛上(通常为4.75mm筛)，将套筛装入摇筛机，摇筛约10min，然后取出套筛，再按筛孔大小顺序，从最大的筛号开始，在清洁的浅盘上逐个进行手筛，直至每分钟的筛出量不超过筛上剩余量的0.1%时为止，将筛出通过的颗粒并入下一号筛，和下一号筛中的试样一起过筛。按这样顺序进行，直至各号筛全部筛完为止。

注：如为含有粗集料的集料混合料，套筛筛孔根据需要选择。

(9)称量各筛筛余试样的质量，精确至0.5g。所有各筛的分计筛余量和底盘中剩余量的总质量与筛分前后试样总量m_2的差值不得超过后者的1%。

5. 计算

(1)计算分计筛余百分率。

各号筛的分计筛余百分率为各号筛上的筛余量除以试样总量(m_1)的百分率，精确至0.1%。对沥青路面细集料而言，0.15mm筛下部分即为0.075mm的分计筛余(由试验步骤第(7)步骤测得的m_1与m_2之差即为小于0.075mm的筛底部分)。

(2)计算累计筛余百分率。

各号筛的累计筛余百分率为该号筛及大于该号筛的各号筛的分计筛余百分率之和，准确至0.1%。

(3)计算质量通过百分率。

各号筛的质量通过百分率等于100减去该号筛的累计筛余百分率，准确至0.1%。

(4)根据各筛的累计筛余百分率或通过百分率，绘制级配曲线。

(5)天然砂的细度模数按式(3-45)计算，精确至0.01。

$$M_X = \frac{A_{0.15} + A_{0.3} + A_{0.6} + A_{1.18} + A_{2.36} - 5A_{4.75}}{100 - A_{4.75}} \tag{3-45}$$

式中：M_X——砂的细度模数；

$A_{0.15}$、$A_{0.3}$、…、$A_{4.75}$——0.15mm，0.3mm，…，4.75mm各筛上的累计筛余百分率(%)。

(6)进行两次平行试验，以试验结果的算术平均值作为测定值。如两次试验所得的细度模数之差大于0.2，应重新进行试验。

检测项目五　细集料的密度及吸水率试验

相关资源见二维码16。

1. 目的与适用范围

(1)用坍落筒法测定细集料(天然砂、机制砂、石屑)在23℃时对水的毛体积相对密度、表观相对密度、表干相对密度(饱和面干相对密度)。

(2)用坍落筒法测定细集料(天然砂、机制砂、石屑)处于饱和面干状态时的吸水率。

(3)用坍落筒法测定细集料(天然砂、机制砂、石屑)的毛体积密度、表观密度、表干密度(饱和面干密度)。

16-细集料的表观密度试验

(4)本方法适用于小于 2.36mm 以下的细集料。当含有大于 2.36mm 的成分时,如 0～4.75mm 石屑,宜采用 2.36mm 的标准筛进行筛分,其中大于 2.36mm 的部分采用《公路工程集料试验规程》(JTG E42—2005)中 T 0308“粗集科密度与吸水率测定方法”测定,小于2.36mm的部分用本方法测定。

2. 仪具与材料

(1)天平:称量 1kg,感量不大于 0.1g。

(2)饱和面干试模:上口径 40mm ±3mm,下口径 90mm ±3mm,高 75mm ±3mm 的坍落筒(图 3-9)。

(3)捣棒:金属棒,直径 25mm ±3mm,质量 340g ±15g(图 3-9)。

(4)容量瓶:500mL。

(5)烘箱:能控温在 105℃ ±5℃。

(6)洁净水,温度为 23℃ ±1.7℃。

(7)其他:干燥器、吹风机(手提式)、浅盘、铝制料勺、玻璃棒、温度计等。

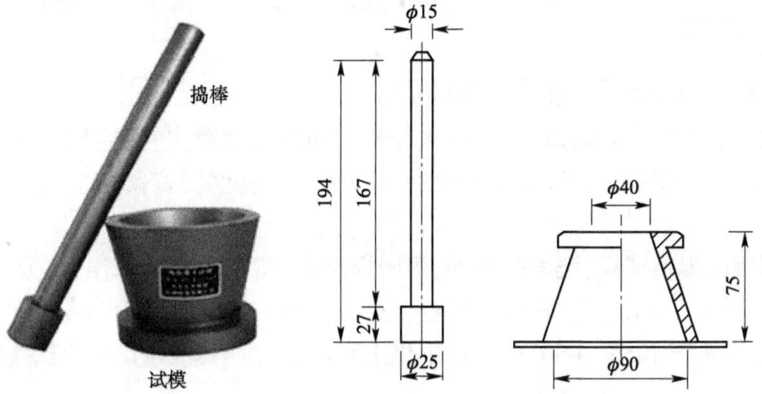

图 3-9　饱和面干试模及其捣棒(尺寸单位:mm)

3. 试验准备

(1)将来样用 2.36mm 标准筛过筛,除去大于 2.36mm 的部分。在潮湿状态下用分料器法或四分法缩分细集料至每份约 1000g,拌匀后分成两份,分别装入浅盘或其他合适的容器中。

(2)注入洁净水,使水面高出试样表面 20mm 左右(测量水温并控制在 23℃ ±1.7℃),用玻璃棒连续搅拌 5min,以排除气泡,静置 24h。

(3)细心地倒去试样上部的水,但不得将细粉部分倒走,并用吸管吸去余水。

(4)将试样在盘中摊开,用手提吹风机缓缓吹入暖风,并不断翻拌试样,使集料表面的水在各部位均匀蒸发,达到估计的饱和面干状态。注意吹风过程中不得使细粉损失。

(5)然后将试样松散地一次性装入饱和面干试模中,用捣棒轻捣 25 次,捣棒端面距试样表面距离不超过 10mm,使之自由落下,捣完后刮平模口,如留有空隙亦不必再装满。

(6)从垂直方向徐徐提起试模,如试样保留锥形没有坍落,则说明集料中尚含有表面水,应继续按上述方法用暖风干燥、试验,直至试模提起后试样开始出现坍落为止。如试模提起后试样坍落过多,则说明试样已干燥过分,此时应将试样均匀洒水约 5mL,经充分拌匀,并静置于加盖容器中 30min 后,再按上述方法进行试验,至达到饱和面干状态为止。判断饱和面干状态的标准,对天然砂,宜以"在试样中心部分上部成为 2/3 左右的圆锥体,即大致坍塌 1/3左右"作为标准状态,如图 3-10 所示;对机制砂和石屑,宜以"当移去坍落筒第一次出现坍落时的含水率即最大含水率作为试样的饱和面干状态"。

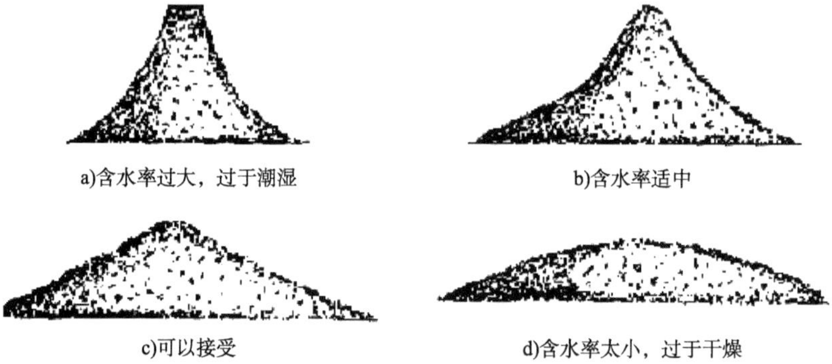

图 3-10　集料表干状态

4. 试验步骤

(1)立即称取饱和面干试样约 300g(m_3)。

(2)将试样迅速放入容量瓶中,勿使水分蒸发和集料粒散失,而后加洁净水至约 450mL 刻度处,转动容量瓶排除气泡后,再仔细加水至 500mL 刻度处,塞紧瓶塞,擦干瓶外水分,称其总量(m_2)。

(3)全部倒出集料试样,洗净瓶内外,用同样的水(每次需测量水温,宜为 23℃ ±1.7℃,两次水温相差不大于 2℃),加至 500mL 刻度处,塞紧瓶塞,擦干瓶外水分,称其总量(m_1)。将倒出的集料样置于 105℃ ±5℃的烘箱中烘干至恒重,在干燥器内冷却至室温后,称取干样的质量(m_0)。

5. 计算

(1)细集料的表观相对密度 γ_a、表干相对密度 γ_s 及毛体积相对密度 γ_b 按式(3-46)、式(3-47)、式(3-48)计算至小数点后 3 位。

$$\gamma_a = \frac{m_0}{m_0 + m_1 - m_2} \tag{3-46}$$

$$\gamma_s = \frac{m_3}{m_3 + m_1 - m_2} \tag{3-47}$$

$$\gamma_b = \frac{m_0}{m_3 + m_1 - m_2} \tag{3-48}$$

式中:γ_a——集料的表观相对密度,无量纲;

γ_s——集料的表干相对密度,无量纲;

γ_b——集料的毛体积相对密度,无量纲;

m_0——集料的烘干后质量(g);

m_1——水、瓶总质量(g);

m_2——饱和面干试样、水、瓶总质量(g);

m_3——饱和面干试样质量(g)。

(2)细集料的表观密度 ρ_a、表干密度 ρ_s 及毛体积密度 ρ_b 按式(3-49)、式(3-50)、式(3-51)计算至小数点后3位。

$$\rho_a = (\gamma_a - \alpha_T) \times \rho_\Omega \tag{3-49}$$

$$\rho_s = (\gamma_s - \alpha_T) \times \rho_\Omega \tag{3-50}$$

$$\rho_b = (\gamma_b - \alpha_T) \times \rho_\Omega \tag{3-51}$$

式中:ρ_a——集料的表观密度(g/cm^3);

ρ_s——集料的表干密度(g/cm^3);

ρ_b——集料的毛体积密度(g/cm^3);

ρ_Ω——水在4℃时的密度(g/cm^3);

α_T——试验时水温对水密度影响的修正系数,按表3-33取用。

(3)细集料的吸水率按式(3-52)计算,精确至0.01%。

$$w_x = \frac{m_3 - m_0}{m_3} \times 100\% \tag{3-52}$$

式中:w_x——集料的吸水率(%);

m_3——饱和面干试样质量(g);

m_0——烘干试样质量(g)。

(4)如因特殊需要,需以饱和面干状态的试样为基准求取细集料的吸水率时,细集料的饱和面干吸水率按式(3-53)计算,精确至0.01%,但需在报告中注明。

$$w'_x = \frac{m_3 - m_0}{m_3} \times 100\% \tag{3-53}$$

式中:w'_x——集料的饱和面干吸水率(%);

m_3——饱和面干试样质量(g);

m_0——烘干试样质量(g)。

6. 精度与允许差

(1)毛体积密度及饱和面干密度以两次平行试验结果的算术平均值为测定值,如两次结果与平均值之差大于0.01g/cm^3时,应重新取样进行试验。

(2)吸水率以两次平行试验结果的算术平均值作为测定值,如两次结果与平均值之差大于0.02%,应重新取样进行试验。

检测项目六 矿粉筛分试验(水洗法)

相关资源见二维码17。

1. 目的与适用范围

测定矿粉的颗粒级配，同时适用于测定供拌制沥青混合料用的其他填料如水泥、石灰、粉煤灰的颗粒级配。

17-矿粉筛分试验

2. 仪具与材料

(1)标准筛：孔径为0.6mm、0.3mm、0.15mm、0.075mm。

(2)天平：感量不大于0.1g。

(3)烘箱：能控温在105℃ ±5℃。

(4)搪瓷盘。

(5)橡皮头研杵。

3. 试验步骤

(1)将矿粉试样放入105℃ ±5℃烘箱中烘干至恒重，冷却，称取100g，准确至0.1g。如有矿粉团粒存在，可用橡皮头研杵轻轻研磨粉碎。

(2)将0.075mm筛装在筛底上，仔细倒入矿粉，盖上筛盖。手工轻轻筛分，至大体筛不下去为止。存留在筛底上的小于0.075mm部分可弃去。

(3)除去筛盖和筛底，按筛孔大小顺序套成套筛。将存留在0.075mm筛上的矿粉倒回0.6mm筛上，在自来水龙头下方接一胶管，打开自来水，用胶管的水轻轻冲洗矿粉过筛，0.075mm筛下部分任其流失，直至流出的水色清澈为止。水洗过程中，可以适当用手扰动试样，加速矿粉过筛，待上层筛冲干净后，取去0.6mm筛，接着从0.3mm筛或0.15mm筛上冲洗，但不得直接冲洗0.075mm筛。

注：①自来水的水量不可太大、太急，防止损坏筛面或将矿粉冲出，水不得从两层筛之间流出，自来水龙头宜装有防溅水龙头。当现场缺乏自来水时，也可由人工浇水冲洗。

②如直接在0.075mm筛上冲洗，将可能使筛面变形，筛孔堵塞，或者造成矿粉与筛面发生共振，不能通过筛孔。

(4)分别将各筛上的筛余反过来用小水流仔细冲洗入各个搪瓷盘中，待筛余沉淀后，稍稍倾斜搪瓷盘。仔细除去清水，放入105℃烘箱中烘干至恒重。称取各号筛上的筛余量，准确至0.1g。

4. 计算

(1)各号筛上的筛余量除以试样总量的百分率，即为各号筛的分计筛余百分率，精确至0.1%。用100减去0.6mm、0.3mm、0.15mm、0.075mm各筛的分计筛余百分率，即为通过0.075mm筛的通过百分率，加上0.075mm筛的分计筛余百分率即为0.15mm筛的通过百分率，依次类推，计算出各号筛的通过百分率，精确至0.1%。

(2)以两次平行试验结果的平均值作为试验结果，各号筛的通过率相差不得大于2%。

检测项目七　矿粉密度试验

相关资源见二维码18。

1. 目的与适用范围

用于检验矿粉的质量，供沥青混合料配合比设计计算使用，同时适用于测定供拌制沥青混合料用的其他填料，如水泥、石灰、粉煤灰的相对密度。

18-矿粉密度试验

2. 仪具与材料

(1)李氏比重瓶:容量为250mL或300mL,见图3-11。

(2)天平:感量不大于0.01g。

(3)烘箱:能控温在105℃±5℃。

(4)恒温水槽:能控温在20℃±0.5℃。

(5)其他:瓷皿、牛角匙、干燥器、漏斗等。

3. 试验步骤

(1)将代表性矿粉试样置瓷皿中,在105℃烘箱中烘干至恒重(一般不少于6h),放入干燥器中冷却后,连同牛角匙、漏斗一起准确称量(m_1),准确至0.01g,矿粉质量应不少于20%。

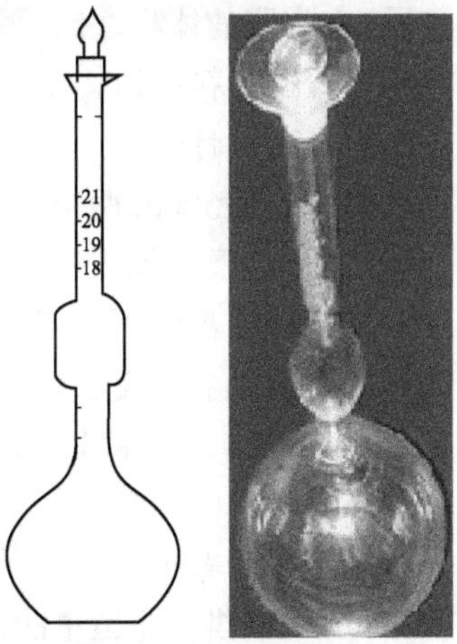

图3-11　李氏比重瓶

(2)向比重瓶中注入蒸馏水,至刻度0~1mL,将比重瓶放入20℃的恒温水槽中,静放至比重瓶中的水温不再变化为止(一般不少于2h),读取比重瓶中水面的刻度(V_1),准确至0.02mL。

(3)用牛角匙将矿粉试样通过漏斗徐徐加入比重瓶中,待比重瓶中水的液面上升至接近比重瓶的最大读数时为止,轻轻摇晃比重瓶,使瓶中的空气充分逸出。再次将比重瓶放入恒温水槽中,待温度不再变化时,读取比重瓶的读数(V_2),准确至0.02mL。整个试验过程中,比重瓶中的水温变化不得超过1℃。

(4)准确称取牛角匙、瓷皿、漏斗及剩余矿粉的质量(m_2),准确至0.01g。

注:对亲水性矿粉应采用煤油做介质测定,方法相同。

4. 计算

(1)按式(3-54)及式(3-55)计算矿粉的密度和相对密度,精确至小数点后3位。

$$\rho_f = \frac{m_1 - m_2}{V_2 - V_1} \tag{3-54}$$

$$\gamma_f = \frac{\rho_f}{\rho'_w} \tag{3-55}$$

式中:ρ_f——矿粉的密度(g/cm^3);

γ_f——矿粉对水的相对密度,无量纲;

m_1——牛角匙、瓷皿、漏斗及试验前瓷器中矿粉的干燥质量(g);

m_2——牛角匙、瓷皿、漏斗及试验后瓷器中矿粉的干燥质量(g);

V_1——加矿粉以前比重瓶的初读数(mL);

V_2——加矿粉以后比重瓶的终读数(mL);

ρ'_w——试验温度时水的密度,按表3-33取用。

(2)同一试样应平行试验两次,取平均值作为试验结果。两次试验结果的差值不得大于0.01g/cm^3。

检测项目八　矿粉亲水系数试验

1. 目的与适用范围

矿粉的亲水系数即矿粉试样在水(极性介质)中膨胀的体积与同一试样在煤油(非极性

介质)中膨胀的体积之比,用于评价矿粉与沥青结合料的黏附性能。本方法也适用于测定供拌制沥青混合料用的其他填料如水泥、石灰、粉煤灰的亲水系数。

2. 仪具与材料

(1)量筒:50mL 两个,刻度至 0.5mL。

(2)研钵及有橡皮头的研杵。

(3)天平,感量不大于 0.01g。

(4)煤油:在温度 270℃分馏得到的煤油,并经杂黏土过滤而得到[过滤用杂黏土应先经加热至 250℃(3h),待其冷却后使用]。

(5)烘箱。

3. 试验步骤

(1)称取烘干至恒重的矿粉 5g(准确至 0.01g),将其放在研钵中,加入 15~30mL。蒸馏水,用橡皮研杵仔细磨 5min,然后用洗瓶把研钵中的悬浮液洗入量筒中,使量筒中的液面恰为 50mL。然后用玻璃棒搅和悬浮液。

(2)同上法将另一份同样质量的矿粉,用煤油仔细研磨后将悬浮液冲洗移入另一量筒中,液面亦为 50mL。

(3)将上两量筒静置,使量筒内液体中的颗粒沉淀。

(4)每天两次记录沉淀物的体积,直至体积不变为止。

4. 计算

(1)亲水系数按式(3-56)计算。

$$\eta = \frac{V_B}{V_H} \tag{3-56}$$

式中:η——亲水系数,无量纲;

V_B——水中沉淀物体积(mL);

V_H——煤油中沉淀物体积(mL)。

(2)平行测定两次,以两次测定值的平均值作为试验结果。

工程示例

矿粉试验报告

工程名称:××高速公路改扩建工程路面综合二合同　　　　报告编号:KF－S03－2012082201

承包单位	辽宁××公路工程有限责任公司			委托单编号	KF－S03－2012082101
工程名称	辽宁××公路工程有限责任公司			分项工程	沥青面层
监理单位	××公路工程监理有限责任公司			试验者	×××
试验单位	辽宁省×××公路工程质量检测中心			校核者	×××
试验规程	JTG E42—2011(T 0351～0355)			试验日期	2012－08－21
试样描述	矿粉			报告日期	2012－08－22
试样编号	01	名称	矿粉	代表数量	46.28t

续上表

产地	辽阳小屯		用途	沥青路面		取样地点		拌和站	
组号	试样质量(g)	筛孔尺寸(mm)	分计筛余质量(g)			分计筛余百分率(%)	累计筛余百分率(%)	通过百分率(%)	规定通过百分率(%)
			1	2	平均值				
1	100.10	0.6	0.000	0.000	0.000	0.0	0.0	100.0	100
		0.15	2.060	2.150	2.105	2.1	2.1	97.9	90~100
		0.075	7.960	8.230	8.095	8.1	10.2	89.8	75~100
2	100.10	0.6	0.000	0.000	0.000	0.0	0.0	100.0	100
		0.15	2.420	2.150	2.285	2.3	2.3	97.7	90~100
		0.075	8.030	8.580	8.305	8.3	10.6	89.4	75~100
密度(g/cm^3)	2.700	相对密度	2.705	液限(%)	20.8	塑限(%)	17.6	塑性指数	3.2
含水率(%)	0.85	亲水系数	0.768	亲水系数评价		该矿粉对沥青有大于水的亲和力			
结论:符合设计要求					技术负责人意见: 签名:				
监督(理)工程师意见: 签名:					试验室盖章:				

检测项目九　沥青与矿料的黏附性试验

1. 目的和适用范围

(1)沥青与矿料黏附性试验是根据沥青黏附在粗集料表面的薄膜,在一定温度下,受水的作用产生剥离的程度,判断沥青与集料表面的黏附性能。

(2)本方法适用于检验沥青与粗集料表面的黏附性及评定集料的抗水剥离能力。对于最大粒径大于13.2mm的集料应用水煮法,对最大粒径小于(或等于)13.2mm的集料应用水浸法进行试验。对同一种料源既有集料最大粒径既有大于又有小于13.2mm的集料时,取大于13.2mm水煮法试验为标准,对细粒式沥青混合料以水浸法试验为标准。

2. 仪具与材料

(1)天平:称量500g,感量不大于0.01g。

(2)恒温水槽:能保持温度80℃ ±1℃。

(3)拌和用小型容器:500mL。

(4)烧杯:1000mL。

(5)试验架。

(6)细线:尼龙线或棉线、铜丝线。

(7)铁丝网。

(8)标准筛:9.5mm、13.2mm、19mm各1个。

(9)烘箱:装有自动温度调节器。

(10)电炉、燃气炉。

(11)玻璃板:200mm×200mm左右。

(12)搪瓷盘:300mm×400mm左右。

(13)其他:拌和铲、石棉网、纱布、手套等。

3. 水煮法(适用于粒径大于13.2mm粗集料)试验步骤

1)准备工作

(1)将集料过13.2mm、19mm的筛,取粒径13.2~19mm形状接近立方体的规则集料5个,用洁净水洗净,置温度为105℃±5℃的烘箱中烘干,然后放在干燥器中备用。

(2)将大烧杯中盛水,并置加热炉的石棉网上煮沸。

2)试验步骤

(1)将集料逐个用细线在中部系牢,再置105℃±5℃烘箱内1h。

按下述的方法准备沥青试样。

①将装有试样的盛样器带盖放入恒温烘箱中,烘箱温度80℃左右,加热至沥青全部熔化。将盛样器皿放在有石棉垫的炉具上缓慢加热,时间不超过30min,并用玻璃棒轻轻搅拌,防止局部过热。在沥青温度不超过100℃的条件下,仔细脱水至无泡沫为止,最后的加热温度不超过软化点以上100℃(石油沥青)或50℃(煤沥青)。

②将盛样器中的沥青通过0.6mm的滤筛过滤,分装入擦试干净并干燥的一个或数个沥青盛样器皿中,数量应满足一批试验项目所需的沥青样品并有富余。

注:试样冷却后反复加热的次数不得超过2次,以防沥青老化影响试验结果。

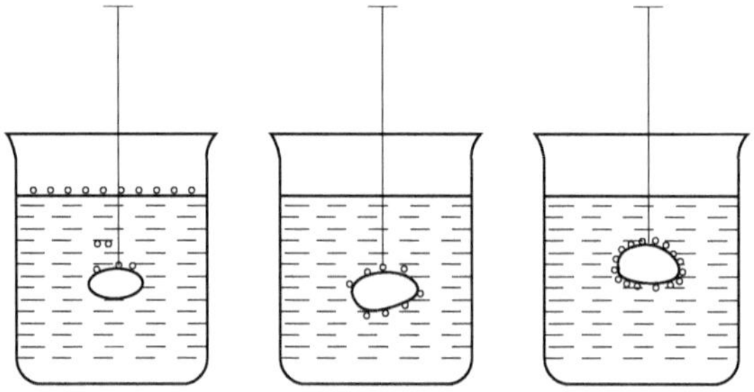

a) b) c)

图3-12 水煮法试验

(2)逐个取出加热的矿料颗粒用线提起,浸入预先加热的沥青(石油沥青130~150℃)试样中45s后,轻轻拿出,使集料颗粒完全为沥青膜所裹覆。

(3)将裹覆沥青的集料颗粒悬挂于试验架上,下面垫一张纸,使多余的沥青流掉,并在室温下冷却15min。

(4)待集料颗粒冷却后,逐个用线提起,浸入盛有煮沸水的大烧杯中央,调整加热炉,使烧杯中的水保持微沸状态,如图3-12b)、c)所示,但不允许有沸开的泡沫[图3-12c)]。

(5)浸煮3min后,将集料从水中取出,观察矿料颗粒上沥青膜的剥落程度,并按表3-35评定其黏附性等级。

沥青与集料黏附性的等级评定 表3-35

试验后石料表面上沥青膜剥落情况	黏附性等级
沥青膜完全保存,剥离面积百分率接近于0	5
沥青膜少部分为水所移动,厚度不均匀,剥离面积百分率少于10%	4
沥青膜局部明显地为水所移动,基本保留在石料表面上,剥离面积百分率少于30%	3
沥青膜大部为水所移动,局部保留在石料表面上,剥离面积百分率大于30%	2
沥青膜完全为水所移动,石料基本裸露,沥青全浮于水面上	1

(6)同一试样应平行试验5个集料颗粒,并由两名以上经验丰富的试验人员分别评定后,取平均等级作为试验结果。

4. 水浸法(适用于粒径小于13.2mm粗集料)的试验步骤

1)准备工作

(1)将集料用9.5mm、13.2mm(或圆孔筛10mm、15mm)过筛,取粒径9.5~13.2mm(圆孔筛10~15mm)形状规则的集料200g用洁净水洗净,并置温度为105℃±5℃的烘箱烘干,然后放在干燥器中备用。

(2)按水煮法所述准备沥青试样,加热至表3-36中要求决定的沥青与矿料的拌和温度。

(3)将煮沸过的热水注入恒温水浴中,维持80℃±1℃恒温。

沥青混合料拌和温度参考表　　表3-36

沥青种类	拌和温度(℃)	沥青种类	拌和温度(℃)
石油沥青	130~160	煤沥青	90~120

2)试验步骤

(1)按四分法称取集料颗粒(9.5~13.2mm)100g置搪瓷盘中,连同搪瓷盘一起放入已升温至沥青拌和温度以上5℃的烘箱中持续加热1h。

(2)按每100g矿料加入沥青5.5g±0.2g的比例称取沥青,准确至0.1g,放入小型拌和容器中,一起置入同一烘箱中加热15min。

(3)将搪瓷盘中的集料倒入拌和容器的沥青中后,从烘箱中取出拌和容器,立即用金属铲均匀拌和1~1.5min,使集料完全被沥青薄膜裹覆。然后,立即将裹有沥青的集料取20个,用小铲移至玻璃板上摊开,并置室温下冷却1h。

(4)将放有集料的玻璃板浸入温度为80℃±2℃的恒温水槽中,保持30min,并将剥离及浮于水面的沥青,用纸片捞出。

(5)由水中小心取出玻璃板,浸入水槽内的冷水中,仔细观察裹覆集料的沥青薄膜的剥落情况。由两名以上经验丰富的试验人员分别目测,评定剥离面积的百分率,评定后取平均值表示。

注:为使估计的剥离面积百分率较为正确,宜先制取若干个不同剥离率的样本,用比照法目测评定,不同剥离率的样本,可用加不同比例抗剥离剂的改性沥青与酸性集料拌和后浸水得到,也可由同一种沥青与不同集料品种拌和后浸水得到,样本的剥离面积百分率逐个仔细计算得出。

(6)由剥离面积百分率按表3-35评定沥青与集料黏附性的等级。

检测项目十　沥青混合料马歇尔试件制作方法(击实法)

相关资源见二维码19~二维码21。

1. 目的与适用范围

(1)本方法适用于标准击实法或大型击实法制作沥青混合料试件,以供试验室进行沥青混合料物理力学性质试验使用。

19-沥青混合料试件制作方法(击实法)准备工作

20-沥青混合料试件制作方法(去实法)拌制沥青混合料

21-沥青混合料试件制作方法(击实法)成型方法

(2)标准击实法适用于马歇尔试验、间接抗拉试验(劈裂法)等所使用的 ϕ101.6mm × 63.5mm 圆柱体试件的成型。大型击实法适用于 ϕ152.4mm × 95.3mm 的大型圆柱体试件的成型。

(3)沥青混合料试件制作时的矿料规格及试件数量应符合如下规定:

①当集料公称最大粒径小于或等于 26.5mm 时,采用标准击实法。一组试件的数量不少于 4 个。

②当集料公称最大粒径大于 26.5mm,宜采用大型击实法一组试件的数量不少于 6 个。

2. 仪具与材料

仪具与材料见图 3-13。

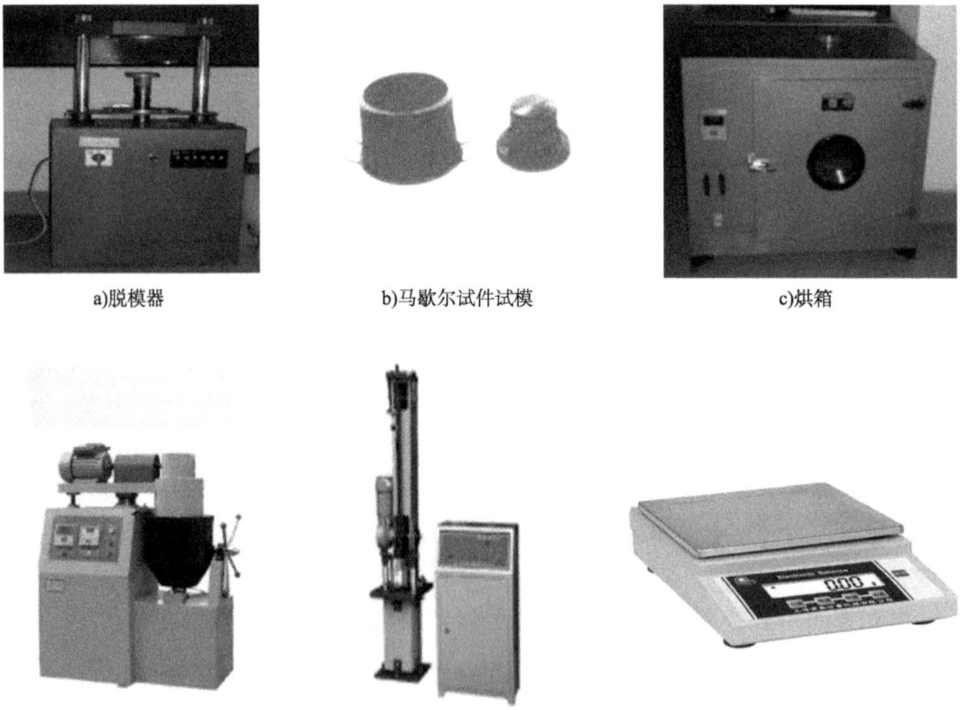

a)脱模器　b)马歇尔试件试模　c)烘箱

d)沥青混合料拌和机　e)电动击实仪　f)天平

图 3-13　马歇尔试验所需仪器

(1)自动击实仪:击实仪应具有自动记数、控制仪表、按钮设置、复位及暂停等功能。按用途分为以下两种:

①标准击实仪：由击实锤、ϕ98.5mm ±0.5mm 平圆形压实头及带手柄的导向棒组成。用机械将压实锤提升，从 457.2mm ±1.5mm 高度沿导向棒自由落下连续击实，标准击实锤质量 4536g ±9g。

②大型击实仪：由击实锤、ϕ149.4mm ±0.1mm 平圆形压实头及带手柄的导向棒组成。用机械将压实锤提升，从 457.2mm ±2.5mm 高度沿导向棒自由落下击实，大型击实锤质量 10210g ±10g。

(2)试验室用沥青混合料拌和机：能保证拌和温度并充分拌和均匀，可控制拌和时间，容量不小于 10L。搅拌叶自转速度 70 ~80r/min、公转速度 40 ~50r/min。

(3)脱模器：电动或手动，应无破损地推出圆柱体试件，备有标准试件及大型试件尺寸的推出环。

(4)试模：由高碳钢或工具钢制成，几何尺寸如下，见图 3-14。

①标准击实仪试模的内径 101.6mm ±0.2mm，圆柱形金属筒高 87mm、底座直径约120.6mm，套筒内径 104.8mm、高 70mm。

②大型击实仪试模与套筒尺寸见图 3-14。套筒外径 165.1mm，内径 155.6mm ±0.3mm，总高 83mm。试模内径 152.4mm ±0.2mm，总高 115mm，底座板厚 12.7mm，直径 172mm。

(5)烘箱：大、中型各 1 台，应有温度调节器。

(6)天平或电子秤：用于称量矿料的，感量不大于0.5g；用于称量沥青的，感量不大于 0.1g。

(7)布洛克菲尔德黏度计。

(8)插刀或大螺丝刀。

(9)温度计：分度值 1℃。宜采用有金属插杆的数显温度计，金属插杆的长度不小于 150mm。量程 0 ~300℃。

(10)其他：电炉或煤气炉、沥青熔化锅、拌和铲、标准筛、滤纸(或普通纸)、胶布、卡尺、秒表、粉笔、棉纱等。

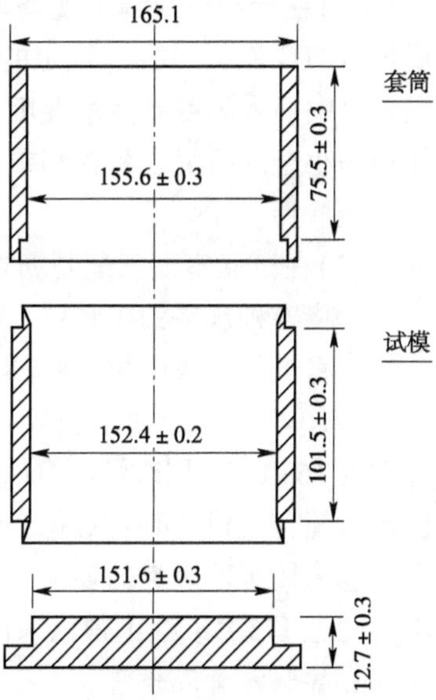

图 3-14　大型圆柱体试件的试模与套筒(尺寸单位：mm)

3. 准备工作

1)确定制作沥青混合料试件的拌和温度与压实温度

(1)测定沥青的黏度，绘制黏度曲线。按表 3-37 的要求确定适宜于沥青混合料拌和及压实的等黏温度。

沥青混合料拌和及压实的沥青等黏温度　　表 3-37

沥青混合料种类	黏度与测定方法	适宜于拌和的沥青结合料黏度(Pa·s)	适宜于压实的沥青结合料黏度(Pa·s)
石油沥青	表观黏度	0.17 ±0.02	0.28 ±0.03

注：液体沥青混合料的压实成型温度按石油沥青要求执行。

(2)当缺乏沥青黏度测定条件时，试件的拌和与压实温度可按表 3-38 选用，并根据沥青品种和标号做适当调整。针入度小、稠度大的沥青取高限；针入度大、稠度小的沥青取低限；

一般取中值。

沥青混合料拌和及压实温度参考表 表3-38

沥青结合料种类	拌和温度(℃)	压实温度(℃)
石油沥青	130~160	120~150
改性沥青	160~175	140~170

(3)对改性沥青,应根据实践经验、改性剂的品种和用量,适当提高混合料的拌和和压实温度;对大部分聚合物改性沥青,通常在普通沥青的基础上提高10~20℃;掺加纤维时,尚需再提高10℃左右。

(4)常温沥青混合料的拌和及压实在常温下进行。

2)沥青混合料试件的制作条件

(1)在拌和厂或施工现场采集沥青混合料试样。按《公路工程沥青及沥青混合料试验规程》(JTG E20—2011)规定的沥青混合料取样方法取样,将试样置于烘箱中加热或保温,在混合料中插入温度计测量温度,待混合料温度符合要求后成型。需要适当拌和时,可倒入已加热的小型沥青混合料拌和机中适当拌和,时间不超过1min。但不得用铁锅在电炉或明火上加热炒拌。

(2)在试验室人工配制沥青混合料时,材料准备按下列步骤进行:

①将各种规格的矿料置105℃±5℃的烘箱中烘干至恒重(一般不少于4~6h)。

②将烘干分级的粗、细集料,按每个试件设计级配要求称其质量,在一金属盘中混合均匀,矿粉单独放入小盆里;然后置烘箱中预热至沥青拌和温度以上约15℃(采用石油沥青时通常为163℃;采用改性沥青时通常需180℃)备用。一般按一组试件(每组4~6个)备料,但进行配合比设计时宜对每个试件分别备料。常温沥青混合料的矿料不应加热。

③将按规范规定的要求采集的沥青试样,用烘箱加热至规定的沥青混合料拌和温度,但不得超过175℃。当不得已采用燃气炉或电炉直接加热进行脱水时,必须使用石棉垫隔开。

4. 拌制沥青混合料

1)黏稠石油沥青混合料

(1)将沥青混合料拌和机预热至拌和温度以上10℃左右。

(2)用蘸有少许黄油的棉纱擦净试模、套筒及击实座等,置100℃左右烘箱中加热1h备用。常温沥青混合料用试模不加热。

(3)将加热的粗、细集料置于拌和机中,用小铲子适当混合,然后再加入需要数量的已加热至拌和温度的沥青(如沥青已称量在一专用容器内时,可在倒掉沥青后用一部分热矿粉将沾在容器壁上的沥青擦拭,一起倒入拌和锅中),开动拌和机一边搅拌一边将拌和叶片插入混合料中拌和1~1.5min;然后暂停拌和,加入加热的矿粉,继续拌和至均匀为止,并使沥青混合料保持在要求的拌和温度范围内。标准的总拌和时间为3min。

2)液体石油沥青混合料

将每组(或每个)试件的矿料置已加热至55~100℃的沥青混合料拌和机中,注入要求数量的液体沥青,并将混合料边加热边拌和,使液体沥青中的溶剂挥发至50%以下。拌和时间应事先试拌决定。

3)乳化沥青混合料

将每个试件的粗、细集料,置于沥青混合料拌和机(不加热,也可用人工炒拌)中;注入计算的用水量(阴离子乳化沥青不加水)后,拌和均匀并使矿料表面完全湿润;再注入设计的沥青乳液用量,在1min内使混合料拌匀,然后加入矿粉后迅速拌和,使混合料拌成褐色为止。

5. 成型方法

(1)击实法的成型步骤如下:

①将拌好的沥青混合料,用小铲适当拌和均匀,称取一个试件所需的用量(标准马歇尔试件约1200g,大型马歇尔试件约4050g)。当已知沥青混合料的密度时,可根据试件的标准尺寸计算并乘以1.03得到要求的混合料数量。当一次拌和几个试件时,宜将其倒入经预热的金属盘中,用小铲适当拌和均匀分成几份,分别取用。在试件制作过程中,为防止混合料温度下降,应连盘放在烘箱中保温。

②从烘箱中取出预热的试模及套筒,用蘸有少许黄油的棉纱擦拭套筒、底座及击实锤底面。将试模装在底座上,放一张圆形的吸油性小的纸,用小铲将混合料铲入试模中,用插刀或大螺丝刀沿周边插捣15次、中间10次。插捣后将沥青混合料表面整平。对大型马歇尔试件,混合料分两次加入,每次插捣次数同上。

③插入温度计,至混合料中心附近,检查混合料温度。

④待混合料温度符合要求的压实温度后,将试模连同底座一起放在击实台上固定,在装好的混合料上面垫一张吸油性小的圆纸,再将装有击实锤及导向棒的压实头放入试模中。开启电动机使击实锤从457mm的高度自由落下击实规定的次数(75次或50次)。对大型试件,击实次数为75次(相应于标准击实50次)或112次(相应于标准击实75次的情况)。

⑤试件击实一面后,取下套筒,将试模翻面,装上套筒,然后以同样的方法和次数击实另一面。

乳化沥青混合料试件在两面击实后,将一组试件在室温下横向放置24h;另一组试件置温度为105℃ ±5℃的烘箱中养生24h。将养生试件取出后再立即两面锤击各25次。

⑥试件击实结束后,立即用镊子取掉上下面的纸,用卡尺量取试件离试模上口的高度并由此计算试件高度,如高度不符合要求时,试件应作废,并按下式调整试件的混合料质量,以保证高度符合63.5mm ±1.3mm(标准试件)或95.3mm ±2.5mm(大型试件)的要求。

$$\text{调整后混合料质量} = \frac{\text{要求试件高度} \times \text{原用混合料质量}}{\text{所得试件的高度}}$$

(2)卸去套筒和底座,将装有试件的试模横向放置,冷却至室温后(不少于12h),置脱模机上脱出试件。用于做现场马歇尔指标检验的试件,在施工质量检验过程中如急需试验,允许采用电风扇吹冷1h或浸水冷却3min以上的方法脱模,但浸水脱模法不能用于测量密度、空隙率等各项物理指标。

(3)将试件仔细置于干燥洁净的平面上,供试验用。

检测项目十一　车辙试验试件制备(轮碾法)

1. 目的与适用范围

(1)本方法规定了在试验室用轮碾法制作沥青混合料试件的方法,以供进行沥青混合料物理力学性质试验时使用。

(2)轮碾法适用于长300mm×宽300mm×厚50~100mm板块状试件的成型,此试件可用切割机切制成棱柱体试件或在试验室用芯样钻机钻取试样。成型试件的密度应符合马歇尔标准击实试样密度100% ±1%的要求。

(3)沥青混合料试件制作时的试件厚度可根据集料粒径大小及工程需要选择。对于集料公称最大粒径小于或等于19mm的沥青混合料,宜采用长300mm×宽300mm×厚50mm的板块试模成型;对于集料公称最大粒径大于或等于26.5mm的沥青混合料,宜采用长300mm×宽300mm×厚80~100mm的板块试模成型。

2. 仪具与材料

(1)轮碾成型机:如图3-15所示,具有与钢筒式压路机相似的圆弧形碾压轮,轮宽300mm,压实线荷载为300N/cm,碾压行程等于试件长度,经碾压后的板块状试件可达到马歇尔试验标准击实密度的100% ±1%。

(2)试验室用沥青混合料拌和机:能保证拌和温度并充分拌和均匀,可控制拌和时间,宜采用容量大于30L的大型沥青混合料拌和机,也可采用容量大于10L的小型拌和机。

(3)试模:由高碳钢或工具钢制成,试模尺寸应保证成型后符合要求试件尺寸的规定。试验室制作车辙试验板块状试件的标准试模如图3-15所示,内部平面尺寸为长300mm×宽300mm×厚50~100mm。

(4)烘箱:大、中型各一台,装有温度调节器。

图3-15 轮碾成型机及车辙试模

(5)台秤、天平或电子秤:称量5kg以上的,感量不大于1g;称量5kg以下时,用于称量矿料的感量不大于0.5g,用于称量沥青的感量不大于0.1g。

(6)沥青黏度测定设备:布洛克菲尔德黏度计、真空减压毛细管。

(7)小型击实锤:钢制端部断面80mm×80mm,厚10mm,带手柄,总质量0.5kg左右。

(8)温度计:分度为1℃。宜采用有金属插杆的插入式数显温度计,金属插杆的长度不小于150mm。量程0~300℃。

(9)其他:电炉或煤气炉、沥青熔化锅、拌和铲、标准筛、滤纸、胶布、卡尺、秒表、粉笔、垫木、棉纱等。

3. 准备工作

(1)按《公路工程沥青及沥青混合料试验规程》(JTG E20—2011)中规定的制作沥青混合料的方法决定制作沥青混合料试件的拌和与压实温度。常温沥青混合料的拌和及压实在常温下进行。

(2)在拌和厂或施工现场采取代表性的沥青混合料,如混合料温度符合要求,可直接用于成型。在试验室人工配制沥青混合料时,按《公路工程沥青及沥青混合料试验规程》(JTG E20—2011)规定制备沥青混合料的方法准备矿料及沥青。常温沥青混合料的矿料不加热。

(3)将金属试模及小型击实锤等置于100℃左右烘箱中加热1h备用。常温沥青混合料用试模不加热。

(4)按《公路工程沥青及沥青混合料试验规程》(JTG E20—2011)规定的方法拌制沥青混合料。当采用大容量沥青混合料拌和机时宜全量一次拌和;当采用小型混合料拌和机时,可分两次拌和。混合料质量及各种材料数量由块试件的体积按马歇尔标准击实密度乘以1.03的系数求得。常温沥青混合料的矿料不加热。

4.轮碾成型方法

1)在试验室用轮碾成型机制备试件

试件尺寸通常为长300mm×宽300mm×厚50~100mm。试件的厚度可根据集料粒径大小选择,同时根据需要也可采用其他尺寸,但混合料一层碾压的厚度不得超过100mm。

(1)将预热的试模从烘箱中取出,装上试模框架;在试模中铺一张裁好的普通纸(可用报纸),使底面及侧面均被纸隔离,将拌和好的全部沥青混合料(注意不得散失,分两次拌和的应倒在一起),用小铲稍加拌和后均匀地沿试模由边至中按顺序转圈装入试模,中部要略高于四周。

(2)取下试模框架,用预热的小型击实锤由边至中转圈夯实一遍,整平成凸圆弧形。

(3)插入温度计,待混合料达到规定的压实温度(为使冷却均匀,试模底下可用垫木支起)时,在表面铺一张裁好尺寸的普通纸。

(4)成型前将将碾压轮预热至100℃左右。然后,将盛有沥青混合料的试模置于轮碾机的平台上,轻轻放下碾压轮,调整总荷载为9kN(线荷载300N/cm)。

(5)启动轮碾机,先在一个方向碾压2个往返(4次);卸荷,再抬起碾压轮,将试件调转方向;再加相同荷载碾压至马歇尔标准密实度100%±1%为止。试件正式压实前,应经试压,测定密度后,确定试件碾压次数。对普通沥青混合料,一般12个往返(24次)左右可达要求。(试件厚度为50mm)。

(6)压实成型后,揭去表面的纸,用粉笔在试件表面标明碾压方向。

(7)盛有压实试件的试模,置室温下冷却,至少12h后方可脱模。

2)在工地制备试件

(1)按规定采取代表性的沥青混合料样品,数量需多于3个试件的需要量。

(2)按试验室方法称取一个试样混合料数量装入符合要求尺寸的试模中,用小锤均匀击实。试模应不妨碍碾压成型。

(3)碾压成型:在工地上,可用小型振动压路机或其它适宜的压路机碾压,在规定的压实温度下,每一遍碾压3~4s,约25次往返,使沥青混合料压实密度达到马歇尔标准密度100%±1%。

(4)如将工地取样的沥青混合料送往试验室成型时,混合料必须放在保温桶内,不使温度下降,且在抵达试验室后立即成型,如温度低于要求可适当加热至压实温度后,用轮碾成型机成型。如系完全冷却后经二次加热重塑成型的试件,必须在试验报告上注明。

检测项目十二　压实沥青混合料密度试验(表干法)

相关资源见二维码22。

1.目的与适用范围

(1)表干法适用于测定吸水率不大于2%的各种沥青混合料试件,密实型沥青混凝土、

22-压实沥青混合料密度试验(表干法)

沥青玛蹄脂碎石混合料(SMA)和沥青稳定碎石等沥青混合料试件的毛体积相对密度和毛体积密度。标准温度为25℃ ±0.5℃。

(2)本方法测定的毛体积相对密度和毛体积密度适用于计算沥青混合料试件的空隙率、矿料间隙率等各项体积指标。

2. 仪具与材料

(1)浸水天平或电子秤:当最大称量在3kg以下时,感量不大于0.1g;最大称量3kg以上时,感量不大于0.5g;应有测量水中重的挂钩。

(2)网篮。

(3)溢流水箱:如图3-16所示,使用洁净水,有水位溢流装置,能保持试件和网篮浸入水中后的水位一定,能调整水温至25℃ ±0.5℃。

(4)试件悬吊装置:天平下方悬吊网篮及试件的装置,吊线应采用不吸水的细尼龙线绳,并有足够的长度。对轮碾成型机成型的板块状试件可用铁丝悬挂。

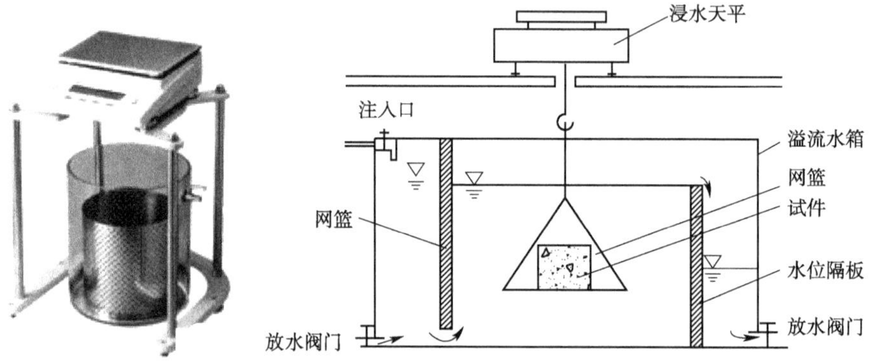

图3-16　溢流水箱及下挂法水中重称量方法示意图

(5)秒表。

(6)毛巾。

(7)电风扇或烘箱。

3. 方法与步骤

(1)准备试件。可采用室内成型试件,也可采用工程现场钻心、切割等方法获得的试件。当采用现场取芯样时,试验前试件宜在阴凉处保存(温度不宜高于35℃),且放置在水平的平面上,注意不要使试件产生变形。

(2)选择适宜的浸水天平或电子秤,最大称量应满足试件质量的要求。

(3)除去试件表面的浮粒,称取干燥试件的空中质量(m_a),根据选择的天平的感量读数,准确至0.1g或0.5g。

(4)将溢流水箱保持在25℃ ±0.5℃。挂上网篮,浸入溢流水箱中,调节水位,将天平调平并复零,把试件置于网篮中(注意不要晃动水)浸水中3～5min,称取水中质量(m_w)。若天平读数持续变化,不能很快达到稳定,说明试件吸水较严重,不适用于此法测定,应改用蜡封法测定。

(5)从水中取出试件,用洁净柔软的拧干湿毛巾轻轻擦去试件的表面水(不得吸走空隙内的水),称取试件的表干质量(m_f)。从试件拿出水面到擦拭结束不宜超过5s,称量过程中流出的水不得再擦拭。

(6)对从工程现场钻取的非干燥试件,可先取水中质量(m_w)和表干质量(m_f),然后用电风扇吹干至恒重(一般不少于12h,当不需进行其他试验时,也可用60℃ ±5℃烘箱烘干至恒重),再称取空气中质量(m_a)。

4. 计算

(1)按式(3-57)计算试件的吸水率,取1位小数。试件的吸水率即试件吸水体积占沥青混合料毛体积的百分率。

$$S_a = \frac{m_f - m_a}{m_f - m_w} \times 100\% \tag{3-57}$$

式中:S_a——试件的吸水率(%);

m_a——干燥试件的空中质量(g);

m_w——试件的水中质量(g);

m_f——试件的表干质量(g)。

(2)按式(3-58)及式(3-59)计算试件的毛体积相对密度和毛体积密度,取3位小数。

$$\gamma_f = \frac{m_a}{m_f - m_w} \tag{3-58}$$

$$\rho_f = \frac{m_a}{m_f - m_w} \times \rho_w \tag{3-59}$$

式中:γ_f——试件毛体积相对密度(无量纲);

ρ_f——试件毛体积密度(g/cm^3);

ρ_w——25℃水的密度,取0.9971g/cm^3。

(3)按式(3-60)计算试件的空隙率,取1位小数。

$$VV = \left(1 - \frac{\gamma_f}{\gamma_t}\right) \times 100\% \tag{3-60}$$

式中:VV——试件的空隙率(%);

γ_t——沥青混合料理论最大相对密度(无量纲);

γ_f——试件的毛体积相对密度,用表干法测定,当试件吸水率 $S_a > 2\%$ 时,宜采用蜡封法测定;当按规定容许采用水中重法测定时,也可用表观相对密度代替。

(4)确定沥青混合料的理论最大相对密度,取3位小数。

①对非改性的普通沥青混合料,采用真空法实测沥青混合料的理论最大相对密度 γ_t。

②对改性沥青或SMA混合料宜按式(3-61)或式(3-62)计算沥青混合料对应油石比的理论最大相对密度。

$$\gamma_t = \frac{100 + P_a}{\dfrac{100}{\gamma_{se}} + \dfrac{P_a}{\gamma}} \tag{3-61}$$

$$\gamma_t = \frac{100}{\dfrac{100 - P_b}{\gamma_{se}} + \dfrac{P_b}{\gamma}} \tag{3-62}$$

式中:γ_t——沥青混合料最大理论相对密度(无量纲);

P_a——沥青混合料的油石比(%);

P_b——沥青含量(%);

γ——沥青的相对密度(无量纲);

γ_{se}——矿料合成相对密度,可分别采用合成毛体积相对密度或合成表观相对密度来计算(无量纲):

$$\gamma_{se}=\frac{100_b}{\frac{P_1}{\gamma_1}+\frac{P_2}{\gamma_2}+\cdots+\frac{P_n}{\gamma_n}} \tag{3-63}$$

式中对应各规格集料的相对密度,可采用毛体积相对密度或表观相对密度(无量纲)。

(5)按式(3-64)~式(3-66)计算试件的空隙率、矿料间隙率VMA和有效沥青的饱和度VFA,取1位小数。

$$VV=\left(1-\frac{\gamma_f}{\gamma_t}\right)\times100\% \tag{3-64}$$

$$VMA=\left(1-\frac{\gamma_f}{\gamma_{sb}}\times P_s\right)\times100\% \tag{3-65}$$

$$VFA=\frac{VMA-VV}{VMA}\times100\% \tag{3-66}$$

式中:VV——沥青混合料试件的空隙率(%);

VMA——沥青混合料试件的矿料间隙率(%);

VFA——沥青混合料试件的有效沥青饱和度(%);

P_s——各种矿料占沥青混合料总质量的百分率之和(%),$P_s=100-P_b$;

γ_{sb}——矿料的合成毛体积相对密度(无量纲)。

(6)应在试验报告中注明沥青混合料的类型及测定密度采用的方法;试件毛体积密度重复性的允许误差为0.020g/cm^3,试件毛体积相对密度试验重复性的允许误为0.020。

检测项目十三　沥青混合料马歇尔稳定度试验

相关资源见二维码23。

23-沥青混合料马歇尔稳定度试验

1.目的与适用范围

(1)本方法适用于马歇尔稳定度试验和浸水马歇尔稳定度试验,以进行沥青混合料的配合比设计或沥青路面施工质量检验。浸水马歇尔稳定度试验(根据需要,也可进行真空饱水马歇尔试验)供检验沥青混合料受水损害时抵抗剥落的能力时使用,通过测试其水稳定性检验配合比设计的可行性。

(2)本方法适用于成型的标准马歇尔试件圆柱体和大型马歇尔试件圆柱体。

2.仪具与材料

(1)沥青混合料马歇尔试验仪(图3-17):

分为自动式和手动式。自动式马歇尔试验仪应具备控制装置、记录荷载—位移曲线、自动测定荷载与试件的垂直变形,能自动显示和存储或打印试验结果的功能。手动式由人工操作,试验数据通过操作者目测后读取数据。对于高速公路和一级公路沥青混合料宜采用自动马歇尔试验仪。

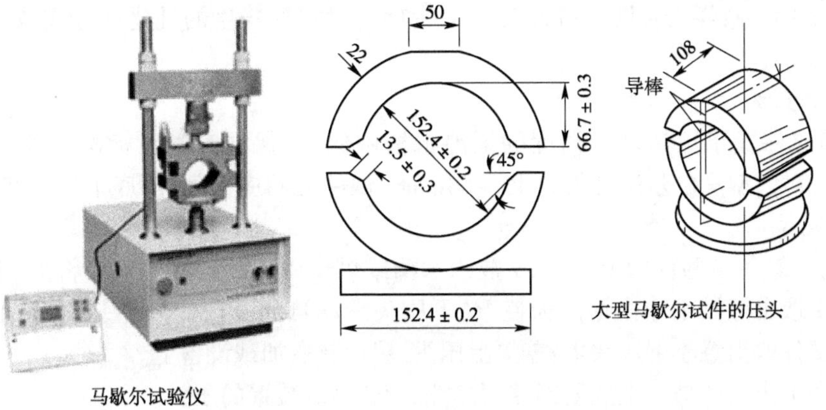

图3-17　马歇尔试验仪与大型马歇尔试件的压头(尺寸单位:mm)

①当集料公称最大粒径小于或等于26.5mm时,宜采用ϕ101.6mm×63.5mm的标准马歇尔试件,试验仪最大荷载不得小于25kN读数准确至0.1kN,加载速度应能保持50mm/min±5mm/min。钢球直径16mm±0.05mm,上、下压头曲率半径为50.5mm±0.08mm。

②当集料公称最大粒径大于26.5mm时,宜采用ϕ152.4mm×95.3mm的大型马歇尔试件,试验仪最大荷载不得小于50kN读数准确至0.1kN。上、下压头的曲率内径为152.4mm,上、下压头间距19.05mm±0.1mm。大型马歇尔试件的压头尺寸,如图3-17所示。

(2)恒温水槽:控温准确度为1℃,深度不小于150mm。

(3)真空饱水容器:包括真空泵及真空干燥器。

(4)烘箱。

(5)天平:感量不大于0.1g。

(6)温度计:分度为1℃。

(7)卡尺。

(8)其他:棉纱,黄油。

3.标准马歇尔试验方法

1)准备工作

(1)按标准击实法成型马歇尔试件,标准马歇尔尺寸应符合直径101.6mm±0.2mm、高63.5mm±1.3mm的要求。对大型马歇尔试件,尺寸应符合直径152.4mm±0.2mm、高95.3mm±2.5mm的要求。一组试件的数量最少不得少于4个,并符合《公路工程沥青及沥青混合料试验规程》(JTG E20—2011)的规定。

(2)量测试件的直径及高度:用卡尺测量试件中部的直径,用马歇尔试件高度测定器或用卡尺在十字对称的4个方向量测离试件边缘10mm处的高度,准确至0.1mm,并以其平均值作为试件的高度。如试件高度不符合63.5mm±1.3mm或95.3mm±2.5mm要求或两侧高度差大于2mm时,此试件应作废。

(3)按《公路工程沥青及沥青混合料试验规程》(JTG E20—2011)规定的方法测定试件的密度、并计算空隙率、沥青体积百分率、沥青饱和度、矿料间隙率等体积指标。

(4)将恒温水槽调节至要求的试验温度,对黏稠石油沥青或烘箱养生过的乳化沥青混合料为60℃ ±1℃,对煤沥青混合料为33.8℃ ±1℃,对空气养生的乳化沥青或液体沥青混合料为25℃ ±1℃。

2)试验步骤

(1)将试件置于已达规定温度的恒温水槽中保温,保温时间对标准马歇尔试件需为30 ~40min,对大型马歇尔试件需为45 ~60min。试件之间应有间隔,底下应垫起,距水槽底部不小于5cm。

(2)将马歇尔试验仪的上、下压头放入水槽或烘箱中达到同样温度。将上、下压头从水槽或烘箱中取出擦拭干净内面。为使上、下压头滑动自如,可在下压头的导棒上涂少量黄油。再将试件取出置于下压头上,盖上上压头,然后装在加载设备上。

(3) 在上压头的球座上放妥钢球,并对准荷载测定装置的压头。

(4)当采用自动马歇尔试验仪时,将自动马歇尔试验仪的压力传感器、位移传感器与计算机或 *X-Y* 记录仪正确连接,调整好适宜的放大比例,将压力和位移传感器调零。

(5) 当采用压力环和流值计时,将流值计安装在导棒上,使导向套管轻轻地压住上压头,同时将流值计读数调零。调整压力环中百分表,对零。

(6)启动加载设备,使试件承受荷载,加载速度为(50 ±5)mm/min。计算机或 *X-Y* 记录仪自动记录传感器压力和试件变形曲线并将数据自动存入计算机。

(7)当试验荷载达到最大值的瞬间,取下流值计,同时读取压力环中百分表读数及流值计的流值读数。

(8)从恒温水槽中取出试件至测出最大荷载值的时间,不得超过30s。

3)浸水马歇尔试验方法

浸水马歇尔试验方法与标准马歇尔试验方法的不同之处在于,试件在已达规定温度恒温水槽中的保温时间为48h,其余步骤均与标准马歇尔试验方法相同。

4.计算

1)试件的稳定度及流值

(1)当采用自动马歇尔试验仪时,将计算机采集的数据绘制成压力和试件变形曲线,或由 *X-Y* 记录仪自动记录的荷载—变形曲线,按图3-18所示的方法在切线方向延长曲线与横坐标相交于 O_1,将 O_1 作为修正原点,从 O_1 起量取相应于荷载最大值时的变形作为流值(FL),以mm计,准确至0.1mm。最大荷载即为稳定度(MS),以kN计,准确至0.01kN。

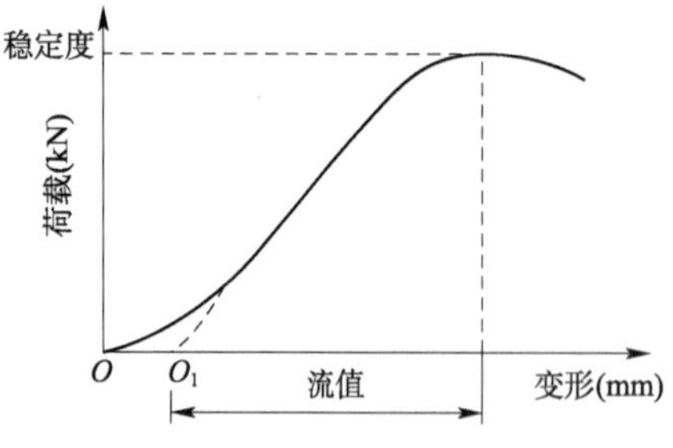

图3-18 马歇尔试验结果的修正方法

(2)采用压力环和流值计测定时,根据压力环标定曲线,将压力环中百分表的读数换算为荷载值,或者由荷载测定装置读取的最大值即为试样的稳定度(MS),以kN计,准确至0.01kN。由流值计及位移传感器测定装置读取的试件垂直变形,即为试件的流值(FL),以mm计,准确至0.1mm。

2)试件的马歇尔模数按式(3-67)计算。

$$T=\frac{MS}{FL} \tag{3-67}$$

式中:T——试件的马歇尔模数(kN/mm);

MS——试件的稳定度(kN);

FL——试件的流值(mm)。

3)试件的浸水残留稳定度按式(3.68)计算。

$$MS_0=\frac{MS_1}{MS}\times 100 \tag{3-68}$$

式中:MS_0——试件的浸水残留稳定度(%);

MS_1——试件浸水48h后的稳定度(kN)。

5.报告

(1)当一组测定值中某个测定值与平均值之差大于标准差的 k 倍时,该测定值应予舍弃,并以其余测定值的平均值作为试验结果。当试件数目 n 为3、4、5、6个时,k 值分别为1.15、1.46、1.67、1.82。

(2)报告中需列出马歇尔稳定度、流值、马歇尔模数,以及试件尺寸、密度、空隙率、沥青用量、沥青体积百分率、沥青饱和度、矿料间隙率等各项物理指标。当采用自动马歇尔试验时,试验结果应附上荷载—变形曲线原件或自动打印结果。

工程示例

沥青混合料马歇尔稳定度试验(表干法)报告

工程名称:　××高速公路改扩建工程路面综合二合同　　　　报告编号:LH－S03－2012082802

承包单位	辽宁××公路工程有限责任公司								合同编号	LH－S03－2012082802		
委托单位	辽宁××公路工程有限责任公司								分项工程	沥青面层		
监理单位	××公路工程监理有限责任公司								试验者	×××		
试验单位	辽宁省×××公路工程质量检测中心								校核者	×××		
试验规程	JTG E20—2011(T0719—2011)								试验日期	2012-08-28		
试样描述	LAC－25沥青混凝土								报告日期	2012-08-29		
矿料名称	1号仓	2号仓	3号仓	4号仓	5号仓	6号仓	矿粉	水泥	沥青种类	道路石油沥青		
矿料毛体积相对密度	2.733	2.700	2.710	2.712	2.723	2.722	2.721	3.076	沥青等级	A－90号		
矿料表观相对密度	2.733	2.741	2.718	2.717	2.727	2.728	2.721	3.076	沥青相对密度	1.01	水的密度(g/cm^3)	0.997
矿料比例	22	17	11	15	29	2	2	2	击实温度(℃)	140	击实次数	双面各75次
油石比	4.5%	混合料级配	LAC－25	混合料用途	路面下面层		取样地点		拌和站	混合料种类		沥青混凝土

续上表

件号	试件尺寸(mm) 直径	高度 1	高度 2	高度 3	高度 4	平均值	空气中质量(g)	水中质量(g)	表干质量(g)	相对密度 理论值 2.547 / 实测值	空隙率 VV(%)	沥青体积百分率(%)	矿料间隙率 VMA(%)	饱和度 VFA(%)	稳定度 MS(kN)	流值 FL(mm)	马歇尔模数(kN/mm)
1	101.6	62.8	62.9	63.0	62.4	62.8	1204.4	718.5	1208.5	2.458	3.5	10.2	13.7	74.5	8.98	30.8	2.92
2	101.6	63.4	63.0	63.2	63.3	63.2	1209.4	719.5	1211.1	2.460	3.4	10.2	13.6	75.0	9.56	32.5	2.94
3	101.6	62.7	62.5	62.4	62.4	62.5	1207.4	720.5	1212.1	2.456	3.6	10.2	13.7	73.7	10.02	34.1	2.94
4	101.6	62.5	62.7	62.6	62.7	62.6	1207.6	719.5	1210.9	2.457	3.5	10.2	13.7	74.5	9.86	33.4	2.95
平均值										2.458	3.5	10.2	13.7	74.4	9.61	32.7	2.94
结论:符合设计要求										技术负责人意见: 签名:							
监督(理)工程师签字: 签名:										验室盖章:							

检测项目十四　沥青混合料车辙试验

1. 目的与适用范围

(1)本方法适用于测定沥青混合料的高温抗车辙能力,供沥青混合料配合比设计的高温稳定性检验使用,也可用于现场沥青混合料的高温稳定性检验。

(2)车辙试验的试验温度与轮压(试验轮与试件的接触压强)可根据有关规定和需要选用,非经注明,试验温度为60℃,轮压为0.7MPa。根据需要,如在寒冷地区也可采用45℃、在高温条件下采用70℃等,对重载交通的轮压可增加至1.4MPa,但应在报告中注明。计算动稳定度的时间,原则上为试验开始后45~60min。

(3)本方法适用于用轮碾成型机碾压成型的长300mm、宽300mm、厚50~100mm的板块状试件,切割试件的尺寸根据现场面层的实际情况由试验确定。

2. 仪具与材料

(1)车辙试验机:如图3-19所示。主要由下列部分组成:

①试件台:可牢固地安装两种宽度(300mm及150mm)的规定尺寸试件的试模。

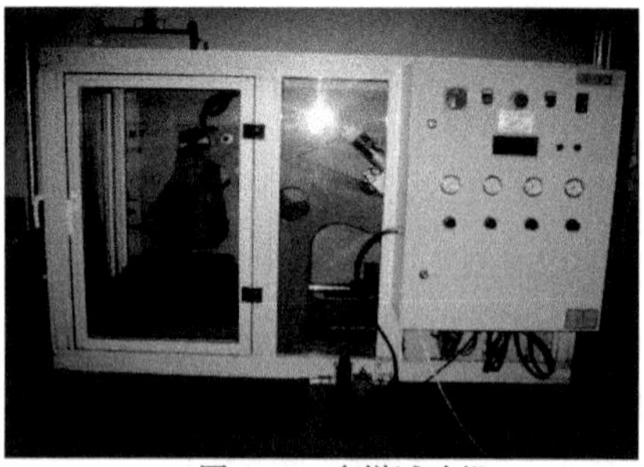

图3-19　车辙试验机

②试验轮:橡胶制的实心轮胎,外径200mm、轮宽50mm、橡胶层厚15mm。橡胶硬度(国际标准硬度)20℃时为84±4,60℃时为78±2。试验轮行走距离为230mm±10mm,往返碾压速度为42次/min±1次/min(21次往返/min)。允许采用曲柄连杆驱动加载轮往返运行方式。

注:轮胎橡胶硬度应注意检验,不符合要求者应及时更换。

③加载装置:通常情况下试验轮与试件的接触压强在60℃时为0.7MPa±0.05MPa,施加的总荷载为780N左右,根据需要可以调整接触压强大小。

④试模:钢板制成,由底板及侧板组成,试模内侧尺寸长300mm、宽300mm、厚50~100mm,也可根据需要对厚度进行调整。

⑤试件变形测量装置:自动采集车辙变形并记录曲线的装置,通常用位移传感器LVDT或非接触位移计。位移测量范围0~130mm,精度±0.01mm。

⑥温度检测装置:自动检测并记录试件表面及恒温室内温度的温度传感器,精度±0.5℃。温度应能自动连续记录。

(2)恒温室:恒温室应具有足够的空间。车辙试验机必须整机安放在恒温室内,装有加热器、气流循环装置及装有自动温度控制设备,同时恒温室还应有至少能保温3块试件并进行试验的条件。保持恒温室温度60℃±1℃(试件内部温度60℃±0.5℃),根据需要亦可采用其他试验温度。

(3)台秤:称量15kg,感量不大于5g。

3.方法与步骤

1)准备工作

(1)试验轮接地压强测定:测定在60℃时进行,在试验台上放置一块50mm厚的钢板,其上铺一张毫米方格纸,上铺一张新的复写纸,以规定的700N荷载后试验轮静压复写纸,即可在方格纸上得出轮压面积,并由此求得接地压强。当压强不符合0.7MPa±0.05MPa时,荷载应予适当调整。

(2)用轮碾成型法制作车辙试验试块。在试验室或工地制备成型的车辙试件,板块状试件尺寸为长300mm×宽300mm×厚50~100mm(厚度根据需要确定)。也可从路面切割得到需要尺寸的试件。

(3)当直接在拌和厂取拌和好的沥青混合料样品制作车辙试件检验生产配合比设计或混合料生产质量时,必须将混合料装入保温桶中,在温度下降至成型温度之前迅速送达试验室制作试件,如果温度稍有不足,可放在烘箱中稍做加热(时间不超过30min)后成型,但不得将混合料冷却后二次加热重塑制作试件。重塑制件的试验结果仅供参考,不得作为评定配合比设计是否合格的标准。

(4)如需要,将试件脱模按《公路工程沥青及沥青混合料试验规程》(JTG E20—2011)规定的方法测定密度及空隙率等各项物理指标。

(5)试件成型后,连同试模一起在常温条件下放置的时间不得少于12h。对聚合物改性沥青混合料,放置的时间以48h为宜,使聚合物改性沥青充分固化后方可进行车辙试验,但室温放置时间也不得长于一周。

注:为使试件与试模紧密接触,应记住四边的方向位置不变。

2)试验步骤

(1)将试件连同试模一起,置于已达到试验温度60℃±1℃的恒温室中,保温不少于5h,也不得多于12h。在试件的试验轮不行走的部位上,粘贴一个热电偶温度计(也可在试件制作时预先将热电偶导线埋入试件一角),控制试件温度稳定在60℃±0.5℃。

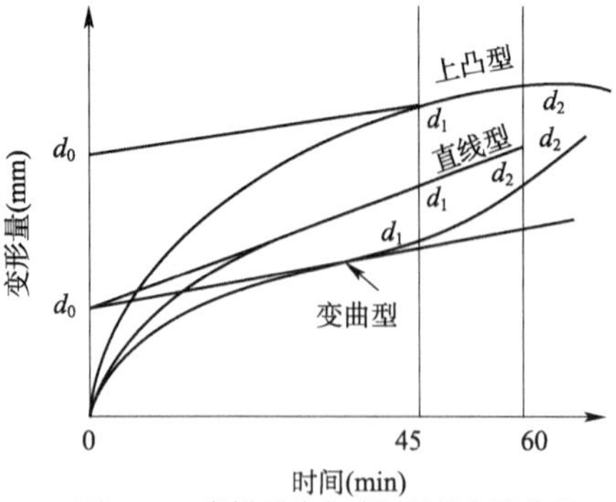

图 3-20 车辙试验自动记录的变形曲线

(2)将试件连同试模移置于轮辙试验机的试验台上,试验轮在试件的中央部位,其行走方向须与试件碾压或行车方向一致。开动车辙变形自动记录仪,然后启动试验机,使试验轮往返行走,时间约1h,或最大变形达到25mm时为止。

试验时,记录仪自动记录变形曲线(图3-20)及试件温度。

注:对试验变形较小的试件,也可对一块试件在两侧1/3位置上进行两次试验,然后取平均值。

4.计算

(1)从图3-20上读取45min(t_1)及60min(t_2)时的车辙变形 d_1 及 d_2,准确至0.01mm。当变形过大,在未到60min变形已达25mm时,则以达到25mm(d_2)时的时间为 t_2,将其前15min为 t_1,此时的变形为 d_1。

(2)沥青混合料试件的动稳定度按式(3.69)计算。

$$DS = \frac{(t_2 - t_1) \times N}{d_2 - d_1} \times C_1 \times C_2 \tag{3-69}$$

式中:DS——沥青混合料的动稳定度(次/mm);

d_1——对应于时间 t_1 的变形量(mm);

d_2——对应于时间 t_2 的变形量(mm);

C_1——试验机类型修正系数,曲柄连杆驱动试件的变速行走方式为1.0;

C_2——试件系数,试验室制备的宽300mm的试件为1.0。

5.报告

(1)同一沥青混合料或同一路段的路面,至少平行试验3个试件,当3个试件动稳定度变异系数小于20%时,取其平均值作为试验结果;变异系数大于20%时应分析原因,并追加试验。如计算动稳定度值大于6000次/mm时,记作:>6000次/mm。

(2)试验报告应注明试验温度、试验轮接地压强、试件密度、空隙率及试件制作方法等。

(3)重复性试验动稳定度变异系数的允许差为20%。

工程示例

沥青混合料车辙试验报告

工程名称:××高速公路改扩建工程路面综合二合同　　　报告编号 LH－S03－2012082802

承包单位	辽宁××公路工程有限责任公司	委托单编号	LH－S03－2012082802
工程名称	辽宁××公路工程有限责任公司	分项工程	沥青面层
监理单位	××公路工程监理有限责任公司	试验者	×××
试验单位	辽宁省×××公路工程质量检测中心	校核者	×××
试验规程	JTG E20—2011(T 0719—2011)	试验日期	2012－08－28

续上表

试样描述	LAC－25 沥青混合料				报告日期	2012-08-28		
试验温度(℃)	60		轮压(MPa)	0.7	试件密度(g/cm^3)	2.458		
试件尺寸(mm×mm×mm)	300×300×50		制作方法	轮碾成型	空隙率(%)	3.5		
混合料用途	路面下面层		取样地点	拌和站	混合料类型	沥青混凝土		
试验编号	时间 t_1(min)	时间 t_2(min)	时间 t_1 的变形量(mm)	时间 t_2 的变形量(mm)	试验机类型修正系数	试件系数	动稳定度(次/mm)	
							单值	平均值
01	45	60	2.372	2.707	1	1.0	1880	1790
02	45	60	2.498	2.849	1	1.0	1794	
03	45	60	2.842	3.213	1	1.0	1698	
变异系数	5.09%							
结论:符合设计要求					技术负责人意见: 签名:			
监督(理)工程师意见: 签名:					试验室盖章:			

沥青混合料车辙试验报告(以试件 03 为例)

试验温度	60℃	试轮接触压强	0.7MPa
试件尺寸	300mm×300mm×50mm	试轮行走距离	230mm±10mm
试轮行走速度	42 次/min±1 次/min	试验日期	2012-08-28

车辙试验变形曲线

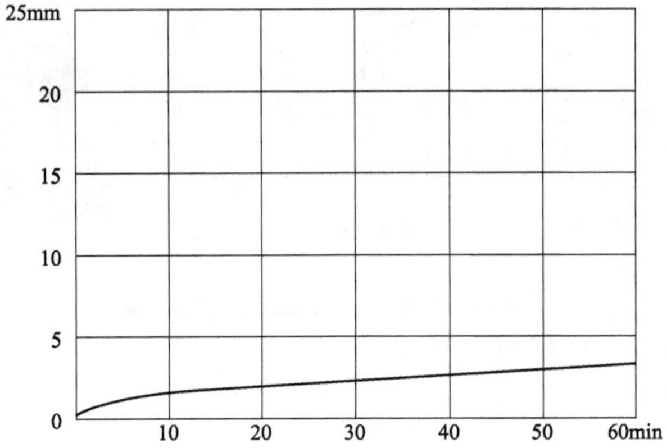

$t_1=45min$	$d_1=2.842$	沥青混合料试件的动稳定度为:
$t_2=60min$	$d_2=3.216$	$DS=[(t_2-t_1)\times42/(d_2-d_1)]\times C_1\times C_2=1698.113$
$C_1=1.0$	$C_2=1.0$	

检测项目十五　沥青混合料理论最大相对密度试验

24-沥青混合料理论最大相对密度(真空法)试验

相关资源见二维码24。

1. 目的与适用范围

(1)本方法适用于采用真空法测定沥青混合料理论最大相对密度,供沥青混合料配合比设计、路况调查或路面施工质量管理计算空隙率、压实度等使用。

(2)本方法不适用于吸水率大于3%的多孔性集料的沥青混合料。

2. 仪具与材料

(1)天平:称量5kg以上,感量不大于0.1g;称量2kg以下,感量不大于0.05g。

(2)负压容器:根据试样数量选用表3-39中的A、B、C任何一种类型。负压容器扣带橡皮塞,上接橡胶管,管口下方有滤网,防止细料部分吸入胶管。为便于抽真空时观察气泡情况,负压容器至少有一面透明或者采用透明的密封盖。

负压容器类型　　表3-39

类型	容　器	附属设备
A	耐压玻璃,塑料或金属制的罐,容积大于2000mL	有密封盖,接真空胶管,分别于真空装置和压力表连接
B	容积大于2000mL的真空容量瓶	带胶皮塞,接真空胶管,分别于真空装置和压力表连接
C	4000mL耐压真空容器皿或干燥器	带胶皮塞,接真空胶管,分别于真空装置和压力表连接

(3)真空负压装置:如图3-21所示,由真空泵、真空表、调压装置、压力表及干燥或积水装置等组成。

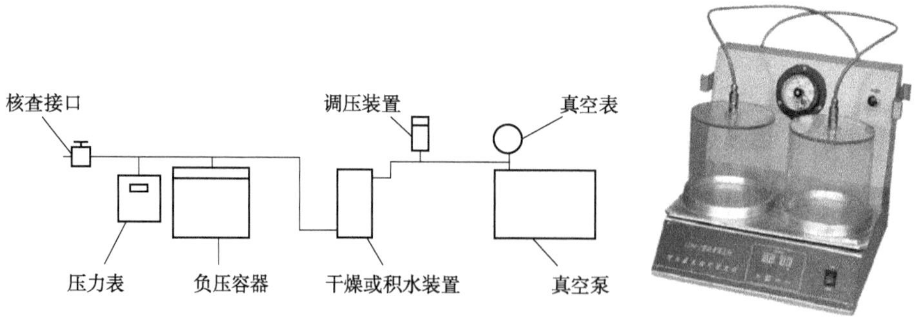

图3-21　理论最大相对密度仪及其装置图

①真空泵应使负压容器内产生3.7kPa±0.3kPa负压;真空表分度值大于2kPa。

②调压装置应具备过压调节功能,以保持负压容器的负压稳定在要求的范围内,同时还应具有卸除真空压力的功能。

③压力表应经过标定,能够测定0~4kPa(0~30mmHg)负压。当采用水银压力表时分度值1mmHg,示值误差为2mmHg;非水银压力表分度值0.14kPa。压力表不得直接与真空装置连接,应单独与负压容器相接。

④采用干燥或积水装置主要是为了防止负压容器内的水分进入真空泵。

(4)振动装置:试验过程中根据需要可以开启或关闭。

(5)恒温水槽:水温控制25℃ ±0.5℃。

(6)温度计:分度值0.5℃。

(7)其他:玻璃板、平底盘、铲子等。

3. 方法与步骤

1)准备工作

(1)按以下方法获取沥青混合料试样,试样数量宜不少于表3-40规定数量。

①拌制2个平行试样的沥青混合料,放置于平底盘中。

②从拌和楼、运料车或者摊铺现场取代表性的沥青混合料,趁热按四分法将其缩分成2个平行试样,分别放置于平底盘中。

③从沥青路面上钻芯取样或切割的试样,或其他来源的冷沥青混合料,应置于125℃ ±5℃烘箱中加热至变软、松散后,缩分成2个平行试样,分别放置于平底盘中。

沥青混合料试样数量　　表3-40

公称最大粒径(mm)	试样最小质量(g)	公称最大粒径(mm)	试样最小质量(g)
4.75	500	26.5	2500
9.5	1000	31.5	3000
13.2、16	1500	37.5	3500
19	2000		

(2)将平底盘中的热沥青混合料,在室温中冷却或者用电风扇吹,一边冷却一边将混合料团块仔细分散,粗集料不破碎,细集料团块分散到小于6.4mm。若混合料坚硬时可用烘箱适当加热然后再分散,加热温度不超过60℃。分散试样时可用铲子翻动、分散,在温度较低时应用手掰开,不得用锤子打碎,防止集料破碎。当试样是从施工现场采取得非干燥混合料时,应用电风扇吹干至恒重再操作。

(3)负压容器标定:

①A类容器:将容器全部浸入25℃ ±0.5℃的恒温水槽中,负压容器完全浸没、恒温10min ±1min,称取容器的水中质量m_1。

取出负压容器和玻璃板,向负压容器。

②B、C类容器:向B、C类容器装满25℃ ±0.5℃水(容器端口用玻璃板盖住以保持完全充满水),正确称取负压容器与水的总质量m_b。

(4)将负压容器干燥、编号,称取其干燥质量。

2)试验步骤

(1)将沥青混合料试样装入干燥的负压容器中,称容器及沥青混合料总质量,得到试样的净质量m_a。试样质量应不小于上述规定的最小数量。

(2)在负压容器中注入25℃ ±0.5℃的水,将混合料全部浸没,并较混合料顶面高出约2cm。

(3)将负压容器放到试验仪上,与真空泵、压力表等连接,开动真空泵,使负压容器负压在2min内达到3.7kPa±0.3kPa(27.5mmHg±2.5mmHg)时,开始计时,同时开动振动装置和抽真空,持续15min±2min。为使气泡容易除去,可在水中加有0.01%浓度的表面活性剂(如每100mL水中加0.01g洗涤灵)。

(4)当抽真空结束后,关闭真空装置和振动装置,打开调压阀慢慢卸压,卸压速度不得大于8 kPa/s(通过真空表读数控制),使负压容器内压力表逐渐恢复。

(5)当负压容器采用A类容器时,将盛试样的容器浸入保温至25℃±0.5℃的恒温水槽中,恒温10min±1min后,称取负压容器与沥青混合料的水中质量(m_2)。

(6)当负压容器采用B、C类容器时,将装有沥青混合料试样的容器浸入保温至25℃±0.5℃的恒温水槽中,恒温10min±1min后注意容器中不得有气泡,擦净容器外的水分,称取容器、水和沥青混合料试样的总质量(m_c)。

4.计算

(1)采用A类容器时,沥青混合料的理论最大相对密度按式(3-70)计算。

$$\gamma_t = \frac{m_a}{m_a - (m_2 - m_1)} \tag{3-70}$$

式中:γ_t——沥青混合料理论最大相对密度;

m_a——干燥沥青混合料试样的空气中质量(g);

m_1——负压容器在25℃水中的质量(g);

m_2——负压容器与沥青混合料在25℃水中的质量(g)。

(2)采用B、C类容器作负压容器时,沥青混合料的最大相对密度按式(3-71)计算。

$$\gamma_t = \frac{m_a}{m_a + m_b - m_c} \tag{3-71}$$

式中:m_b——装满25℃水的负压容器质量(g);

m_c——25℃时试样、水与负压容器的总质量(g)。

(3)沥青混合料25℃时的理论最大密度按式(3-72)计算。

$$\rho_t = \gamma_t \times \rho_w \tag{3-72}$$

式中:ρ_t——沥青混合料的理论最大密度(g/cm^3);

ρ_w——25℃时水的密度,0.9971g/cm^3。

5.报告

同一试样至少平行试验两次,计算平均值作为试验结果,计算至小数点后3位。

工程示例

沥青混合料最大密度试验(真空法)报告

工程名称:××高速公路改扩建工程路面综合二合同　　　　报告编号:LH－S03－2012081202

承包单位	辽宁××公路工程有限责任公司	委托单编号	LH－S03－2012082802
工程名称	辽宁××公路工程有限责任公司	分项工程	沥青面层
监理单位	××公路工程监理有限责任公司	试验者	×××
试验单位	辽宁省×××公路工程质量检测中心	校核者	×××

续上表

<table>
<tr><td>试验规程</td><td colspan="4">JTG E20—2011(T 0711—2011)</td><td>试验日期</td><td colspan="4">2012-08-12</td></tr>
<tr><td>试样描述</td><td colspan="4">LAC-25 沥青混凝土,油石比4.5%</td><td>报告日期</td><td colspan="4">2012-08-12</td></tr>
<tr><td>试验水温(℃)</td><td colspan="2">25</td><td>取样地点</td><td>拌和站</td><td>水的密度(g/cm³)</td><td colspan="4">0.9971</td></tr>
<tr><td colspan="2">混合料类型</td><td>沥青混凝土</td><td>混合料级配</td><td>LAC-25</td><td colspan="2">容器类型</td><td colspan="3">C类</td></tr>
<tr><td colspan="5">混合料用途</td><td colspan="5">沥青路面下面层</td></tr>
<tr><td>试件组号</td><td>负压容器编号</td><td>负压容器质量(g)</td><td>干燥混合料与负压容器质量(g)</td><td>试样和水及负压容器质量(g)</td><td>装满水的负压容器质量(g)</td><td>理论最大相对密度</td><td>平均理论最大相对密度</td><td>理论最大密度(g/cm³)</td><td>平均理论最大密度(g/cm³)</td></tr>
<tr><td rowspan="2">1</td><td>01</td><td>1023</td><td>3265</td><td>8594.1</td><td>7262.1</td><td>2.464</td><td rowspan="2">2.464</td><td>2.457</td><td rowspan="2">2.457</td></tr>
<tr><td>02</td><td>1024</td><td>3567</td><td>8923.2</td><td>7422.9</td><td>2.464</td><td>2.457</td></tr>
<tr><td colspan="5">结论:符合设计要求</td><td colspan="5">技术负责人意见:
签名:</td></tr>
<tr><td colspan="5">监督(理)工程师意见:
签名:</td><td colspan="5">试验室盖章</td></tr>
</table>

算例:

已知某沥青混合料理论最大密度是2.500g/cm³,沥青含量5.0%。矿料由粗集料、细集料和矿粉组成,三种规格的材料分别占40%、50%、10%,各自对应的毛体积相对密度分别为2.720、2.690和2.710。现成型一马歇尔试件所用沥青混合料的总质量为1210g,并且马歇尔试件击实后对应的水中质量为776g,表干质量为1280g。根据上述条件求出该马歇尔试件的空隙率(VV)、矿料间隙率(VMA)和沥青饱和度(VFA)。

(1)计算马歇尔试件毛体积相对密度:

$$\gamma_{混合料毛体积}=\frac{m_{干}}{m_{表干}-m_{水中}}=\frac{1210}{1280-776}=2.401$$

(2)计算合成矿料毛体积密度:

$$\gamma_{合成矿料}=\frac{100}{\frac{P_{粗}}{\gamma_{粗}}+\frac{P_{细}}{\gamma_{细}}+\frac{P_{粉}}{\gamma_{粉}}}=\frac{100}{\frac{40}{2.720}+\frac{50}{2.690}+\frac{10}{2.710}}=2.704$$

计算空隙率:

$$VV(\%)=\left(1-\frac{\gamma_{混合料毛体积密度}}{\gamma_{混合料理论最大密度}}\right)\times100=\left(1-\frac{2.401}{2.500}\right)\times100=4.0$$

(3)计算矿料间隙率:

$$VMA(\%)=\left(1-\frac{\gamma_{混合料毛体积}}{\gamma_{合成矿料毛体积}}\times P_{矿料总量百分率}\right)\times100=\left(1-\frac{2.401}{2.704}\times95\%\right)\times100=15.6$$

(4)计算饱和度:

$$VMA(\%)=\frac{VMA-VV}{VMA}\times100=\frac{15.6-4.0}{15.6}\times100=74.4$$

项目三　路面现场试验检测

路面的使用性能是保证行车运输安全和舒适以及降低运输成本和延长道路使用寿命的保障。路面使用性能包括功能、结构和安全三个方面。路面功能为路面提供舒适程度,路面结构指路面的物理状况包括承载能力和破损状况,路面安全指路面的抗滑能力。路面现场检测成为路面施工、使用过程中的质量控制和评价施工质量的关键。

任务一　路面结构性能(承载能力)检测

路面承载能力检测包括破损和无损检测两种。破损检测就是从各结构层内钻取试样进行承载能力的检测。如钻芯法测路面的压实度;无损检测通过无破损弯沉的测定,检测路面承载能力。柔性路面在荷载作用下会产生竖向变形,在荷载作用后变形会恢复,能够恢复的那部分变形量就是弯沉。它是直接反映路面强度的一个重要指标。弯沉测试方法有贝克曼梁法、自动弯沉仪法和落锤式弯沉仪法三种。贝克曼梁法属于静态测试,测定结果为回弹弯沉其测试速度慢,是目前弯沉测试的标准方法和常用方法。自动弯沉仪法属于静态测试其测定的是总弯沉,测试速度快,能连续测试。落锤式弯沉仪法属于动态弯沉,可反算路面的回弹模量,能快速连续测试。下面详细介绍这三种方法。

检测项目一　贝克曼梁测定路基路面回弹弯沉试验方法

国内外普遍采用回弹弯沉值来表示路基路面的承载能力,回弹弯沉值越小,承载能力越大,反之则越小。通常所说的回弹弯沉值是指标准轴载轮隙中心处的最大回弹弯沉值。在路表进行测试,则反映了路基路面综合承载能力。回弹弯沉值在我国已广泛使用且有很多试验和研究成果。正确地测试路表回弹弯沉具有重要的意义。

1. 目的和适用范围

本方法适用于测定各类路基路面的回弹弯沉,用以评定其整体承载能力,可供路面结构设计使用。

沥青路面的弯沉以路表温度 20℃ 时为准,在其他温度测试时,对厚度大于 5cm 的沥青路面,弯沉值应予温度修正。

2. 仪具与材料

(1)标准车:双轴、后轴双侧 4 轮的载货汽车,其标准轴荷载、轮胎尺寸、轮胎间隙及轮胎气压等主要参数应符合表 3-41 的要求。测试车应采用后轴 10t 标准轴载 BZZ-100 汽车。

(2)路面弯沉仪:由贝克曼梁、百分表及表架组成,贝克曼梁由合金铝制成,上有水准泡,其前臂(接触路面)与后臂(装百分表)长度比为2∶1。弯沉仪长度有两种:一种长3.6m,前后臂分别为2.4m和1.2m;另一种加长的弯沉仪长5.4m,前后臂分别为3.6m和1.8m。当在半刚性基层沥青路面或水泥混凝土路面上测定时,宜采用长度为5.4m的贝克曼梁弯沉仪;对于柔性基层或混合式结构沥青路面,可采用长度3.6m的贝克曼梁弯沉仪测定。弯沉采用百分表量得,也可用自动记录装置进行测量。如图3-22所示。

(3)接触式路表温度计:端部为平头,分度不大于1℃。

(4)其他:皮尺、口哨、白油漆或粉笔、指挥旗等。

测定弯沉用的标准车参数　　表3-41

标准轴载等级	BZZ-100
后轴标准轴载 P (kN)	100 ±1
一侧双轮荷载(kN)	50 ±0.5
轮胎充气压力(MPa)	0.70 ±0.05
单轮传压面当量圆直径(cm)	21.30 ±0.5
轮隙宽度	应满足能自由插入弯沉仪测头的测试要求

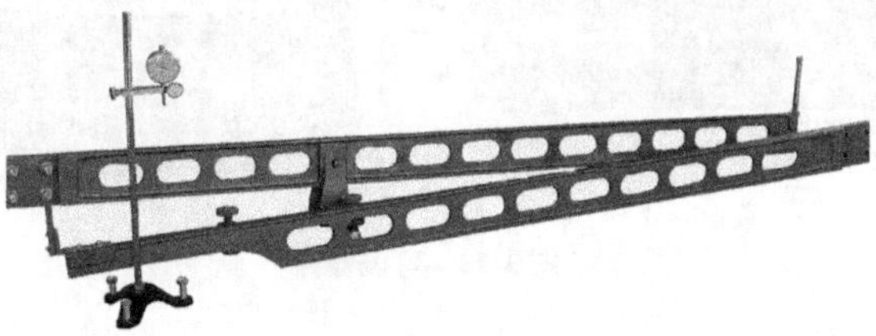

图3-22　弯沉仪

3.试验方法

1)准备工作

检查并保持测定用标准车的车况及制动性能良好,轮胎内胎符合规定充气压力。

(1)向汽车车槽中装载(铁块或集料),并用地中衡称量后轴总质量及单侧轮荷载,均应符合要求的轴重规定,汽车行驶及测定过程中轴重不得变化。

(2)测定轮胎接地面积:在平整光滑的硬质路面上用千斤顶将汽车后轴顶起,在轮胎下方铺一张新的复写纸和一张方格纸,轻轻落下千斤顶,即在方格纸上印上轮胎印痕,用求积仪或数方格的方法测算轮胎接地面积,准确至0.1cm^2。

(3)检查弯沉仪百分表测量灵敏情况。

(4)当在沥青路面上测定时,用路表温度计测定试验时气温及路表温度(1d中气温不断变化,应随时测定),并通过气象台了解前5d的平均气温(日最高气温与最低气温的平均值)。

(5)记录沥青路面修建或改建材料、结构、厚度、施工及养护等情况。

2)测试步骤

(1)在测试路段布置测点,其距离随测试需要而定。测点应在路面行车车槽的轮迹带上,并用白油漆或粉笔画上标记。

(2)将试验车后轮轮隙对准测点后 3～5cm 处的位置上。

(3)将弯沉仪插入汽车后轮之间的缝隙处,与汽车方向一致,梁臂不得碰到轮胎,弯沉仪测头置于测点上(轮隙中心前方 3～5cm 处),并安装百分表于弯沉仪的测定杆上,百分表调零,用手指轻轻叩打弯沉仪,检查百分表是否稳定回零。弯沉仪可以是单侧测定,也可以是双侧同时测定。

(4)测定者吹哨发令指挥汽车缓缓前进,百分表随路面变形的增加而持续向前转动。当表针转动到最大值时,迅速读取初读数 L_1。汽车仍在继续前进,表针反向回转,待汽车驶出弯沉影响半径(3m 以上)后,吹口哨或挥动指挥红旗,汽车停止。待表针回转稳定后,再次读取终读数 L_2。汽车前进的速度宜为 5km/h 左右,如图 3-23 所示。

图 3-23　弯沉检测

4. 弯沉仪的支点变形修正

(1)当采用长度为 3.6m 的弯沉仪进行弯沉测定时,有可能引起弯沉仪支座处变形,在测定时应检验支点有无变形。如果有变形,此时应用另一台检测用的弯沉仪安装在测定用弯沉仪后方,其测点架于测定用弯沉的支点旁。当汽车开出时,同时测定两台弯沉仪的弯沉读数,如检验弯沉仪百分表有读数,即应该记录并进行支点变形修正。当在同一结构层上测定时,可在不同位置测定 5 次,求取平均值,以后每次测定时以此作为修正值。支点变形修正原理见图 3-24。

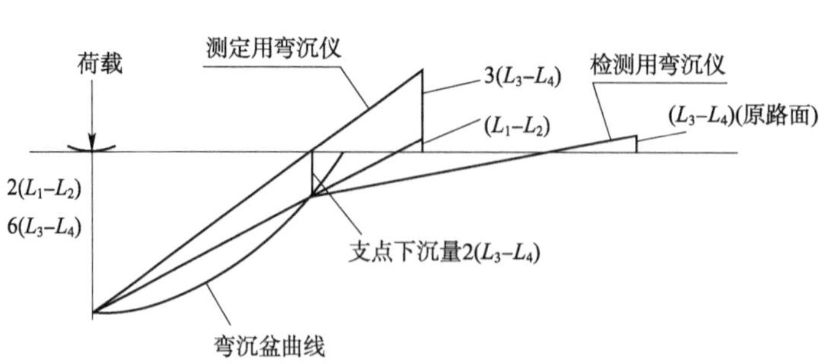

图 3-24　弯沉仪支点变形修正原理

(2)当采用长度为 5.4m 的弯沉仪测定时,可不进行支点变形修正。

5. 结果计算及温度修正

(1)路面测点的回弹弯沉值按式(3-73)计算。

$$L_T = (L_1 - L_2) \times 2 \tag{3-73}$$

式中：L_T——在路面温度为 T 时的回弹弯沉值(0.01mm)；

L_1——车轮中心临近弯沉仪测头时百分表的最大读数(0.01mm)；

L_2——汽车驶出弯沉影响半径后百分表的最大读数(0.01mm)。

(2)当需进行弯沉仪支点变形修正时，路面测点回弹弯沉值按式(3-74)计算。

$$L_T = (L_1 - L_2) \times 2 + (L_3 - L_4) \times 6 \tag{3-74}$$

式中：L_1——车轮中心邻近弯沉仪测头时，测定用弯沉仪最大读数(0.01mm)；

L_2——汽车驶出弯沉影响半径后，测定用弯沉仪最终读数(0.01mm)；

L_3——车轮中心邻近弯沉仪测头时，检验用弯沉仪最大读数(0.01mm)；

L_4——汽车驶出弯沉影响半径后检验用弯沉仪最终读数(0.01mm)。

(3)沥青面层厚度大于5cm的沥青路面，回弹弯沉值应进行温度修正。温度修正及回弹弯沉的计算按下列步骤进行。

①测定时的沥青层平均温度 t：

$$t = \frac{t_{25} + t_m + t_e}{3} \tag{3-75}$$

式中：t——测定时沥青层平均温度(℃)；

t_{25}——根据 t_0 由图3-25决定的路表下25cm处的温度(℃)；

t_m——根据 t_0 由图3-25决定的沥青层中间深度的温度(℃)；

t_e——根据 t_0 由图3-25决定的沥青层底面处的温度(℃)。

图3-25中 t_0 为测定时路表温度与测定前5d日平均气温的平均值之和(℃)，日平均气温为日最高气温与最低气温的平均值。

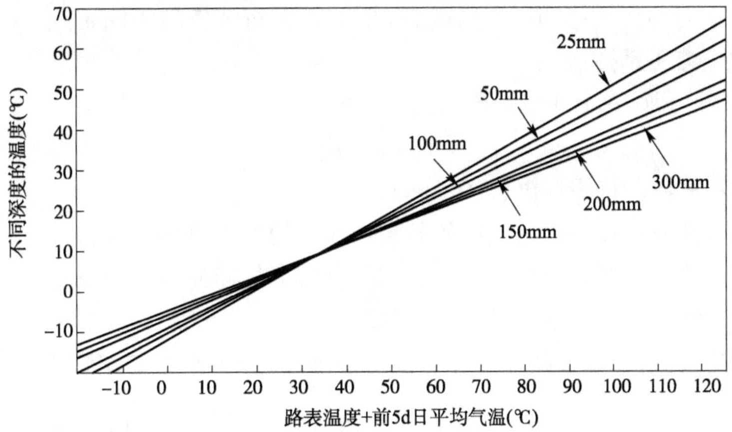

图3-25　沥青层平均温度的决定

②根据沥青基层平均温度 t 及沥青面层厚度，分别由图3-26及图3-27求取不同基层的沥青路面弯沉值的温度修正系数 K。

③沥青路面回弹弯沉按式(3-76)计算：

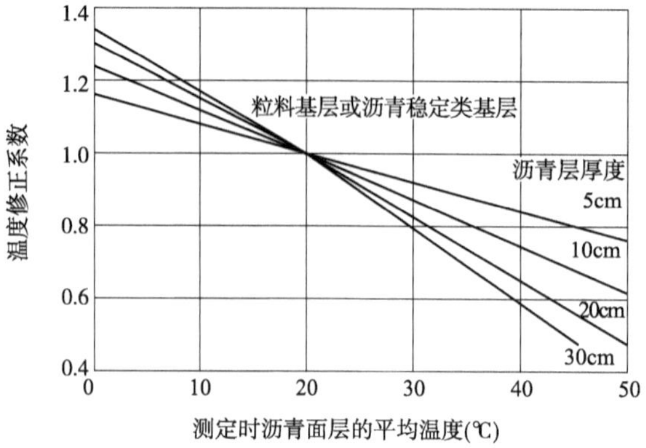

图 3-26　路面弯沉温度修正系数曲线

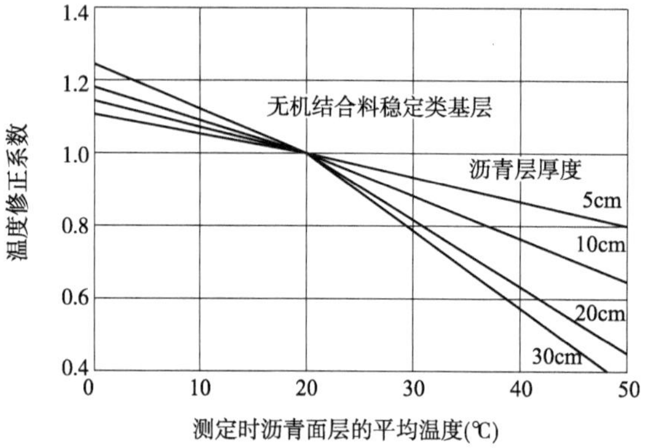

图 3-27　路面弯沉温度修正系数曲线(适用于无机结合料稳定的半刚性基层)

$$l_{20} = l_T \times K \tag{3-76}$$

式中：l_{20}——换算为 20℃的沥青路面回弹弯沉值(0.01mm)；

l_T——测定时沥青面层的平均温度为 t 时的回弹弯沉值(0.01mm)；

K——温度修正系数；

按式(3-77)计算每一个评定路段的代表弯沉：

$$L_r = \bar{L} + Z_a S \tag{3-77}$$

式中：L_r——评定路段的代表弯沉(0.01mm)；

$\bar{L}$——评定路段内经各项修正后的各测点弯沉的平均值(0.01mm)；

S——评定路段内经各项修正后的全部测点弯沉的标准差(0.01mm)；

Z_a——与保证率有关的系数，采用下列数值：

高速公路、一级公路，$Z_a = 2.0$；二级公路，$Z_a = 1.645$；二级以下公路，$Z_a = 1.5$。

检测项目二　自动弯沉仪测定路面弯沉试验方法

1. 目的和适用范围

(1)本方法适用于各类 Lacroix 型自动弯沉仪在新建、改建路面工程的质量验收中，在无严重坑槽、车辙等病害的正常通车条件下连续采集沥青路面弯沉数据。

(2)本方法的数据采集、传输、记录和处理分别由专用软件自动控制进行。

2. 仪具与材料

(1)Lacroix 型自动弯沉仪：由承载车、测量机架及控制系统、位移、温度和距离传感器、数据采集与处理系统等基本部分组成，如图3-28所示。

图3-28　自动弯沉仪的量测机构及自动弯沉仪

(2)设备承载车技术要求和参数：

自动弯沉仪的承载车辆应为单后轴、单侧双轮组的承重车。其标准条件参考贝克曼梁测定路基路面回弹弯沉试验方法中BZZ-100车型的标准参数。

(3)测试系统基本技术要求和参数：

①位移传感器分辨率：0.01mm。

②位移传感器有效量程：≥3mm。

③设备工作环境温度：0～60℃。

④距离标定误差：≤1%。

3. 方法与步骤

1)准备工作

(1)位移传感器标定。每次测试之前必须按照设备使用手册规定的方法进行位移传感器的标定，记录标定数据并存档。

(2)检查承载车车轮胎气压。每次测试前都必须检查后轴轮胎气压，应满足0.7MPa±0.05MPa的要求。

(3)检查承载车车轮载。一般每年检查一次，如果承载车因改装等原因改变了后轴载，也必须进行此项工作，后轴载应满足100kN±1kN的要求。

(4)检查测量架的易损部件情况，及时更换损坏部件。

(5)打开设备电源进行检查，控制面板功能键、指示灯、显示器等应正常。

(6)开动承载车试测2～3个步距，观察测试机构，测试机构正常，否则需要调整。

2)测试步骤

(1)测试系统在开始测试前需要通电预热，时间不少于设备手册要求，并开启工程警灯和导向标等警告标志。

(2)在测试路段前20m处将测量架放落在路面上，并检查各机构的部件情况。

(3)操作人员按照设备使用手册的规定和测试路段的现场技术要求，设置完毕所需的测试状态。

(4)驾驶员缓缓加速承载车到正常测试速度，沿正常行车轨迹驶入测试路段。

(5)操作人员将测试路段起终点、桥涵等特殊位置的桩号输入到记录数据中。

(6)当承载车驶出测试路段后,操作人员停止数据采集和记录,并恢复仪器各部分至初始状态,驾驶员缓缓停止承载车,提起测量架。

(7)操作人员检查数据文件,文件应完整,内容应正常,否则需要重新测试。

(8)关闭测试系统电源,结束测试。

4. 计算

(1)采用自动弯沉仪采集路面弯沉盆峰值数据。

(2)数据组中左臂测值、右臂测值按单独弯沉处理。

(3)对原始弯沉测试数据进行温度、坡度、相关性等修正。

5. 弯沉值的横坡修正

当路面横拔不超过4%时,不进行超高影响修正;当横拔超过4%时,超高峰影响的修正参照表3-42规定进行。

弯沉值横拔修正　　表3-42

横拔范围	高位修正	低位修正
>4%	$\frac{1}{1-i}$	$\frac{1}{1+i}$

6. 自动弯沉仪与贝克曼梁弯沉值对比

1)试验条件

(1)按弯沉值不同,选择不少于4段路面结构相似的路段。路段长度可为300~500m,标记好起终点位置。

(2)对比试验路段的路面应清洁干燥,温度应在10~35℃,并且选择温度变化不大的时间,宜选择晴天无风的天气条件,试验路段附近没有重型交通和振动。

2)试验步骤

(1)按照自动弯沉检测步骤,令自动弯沉仪按照正常测试车速测试选定路段,工作人员仔细用油漆每隔三个测试步距或约20mm标记测试点位置。

(2)自动弯沉仪测试完毕后,等待30min;然后,在每一个标记位置用贝克曼梁按照贝克曼梁测定路基路面回弹弯沉试验方法测定各点回弹弯沉值。

(3)试验数据处理。

从自动弯沉仪的记录数据中按照路面标记点的相应桩号提出各测试点测值,并与贝克曼梁测值一一对应,用数理统计的回归分析方法得到贝克曼梁测值和自动弯沉测值之间的相关关系方程,相关系数R不得小于0.95。

7. 报告

测试报告中应该包括以下内容:

(1)弯沉平均值、标准方差、代表值、测试时的路面温度及温度修正值。

(2)自动弯沉仪测值与贝克曼梁测值的相关关系式及相关系数。

检测项目三　落锤式弯沉仪测定路面弯沉试验方法

1. 目的与适用范围

用于在落锤式弯沉仪(FWD)标准质量的重锤落下一定高度发生的冲击荷载的作用下,

测定路基和路面所产生的瞬时变形，即测定在动态荷载作用下产生的动态弯沉及弯沉盆，并可由此反算路基路面各层材料的动态弹性模量，作为设计参数使用。所测结果也可用于评定公路承载能力、调查水泥混凝土路面的接缝的传力效果、探查路面板下的空洞等。

2. 仪具与材料技术要求

本方法需要下列仪具与材料：

FWD，由荷载发生装置、弯沉检测装置、运算控制系统与车辆牵引系统等组成。

(1)荷载发生装置：重锤的质量及落高根据使用目的与公路等级选择，荷载由传感器测定，如无特殊需要，重锤的质量为200kg±10kg，可采用50kg±2.5kg的冲击荷载。承载板宜为十字对称分开成4部分且底部固定有橡胶片的承载板，承载板的直径为300mm。

(2)弯沉检测装置：由一组高精度位移传感器组成，如图3-29所示，传感器可为差动变压器式位移计(LVDT)。自中心开始，承载板沿道路纵向设置，隔开一定距离布设一组传感器，传感器总数可为5～7个，根据需要及设备性能决定。

(3)运算控制装置：能在冲击荷载作用的瞬间内，记录冲击荷载及各个传感器所在位置测点的动态变形。

(4)牵引装置：牵引FWD并安装有运算及控制装置的车辆。

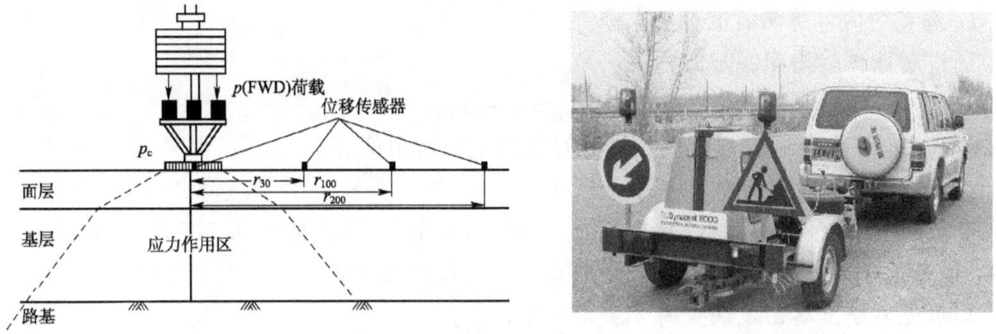

图3-29　落锤式弯沉仪传感器布置、应力作用状态示例及落锤式弯沉仪

3. 方法与步骤

1)准备工作

(1)调整重锤的质量及落高，使重锤的质量及产生的冲击荷载符合前述仪器的要求。

(2)在测试路段的路基或路面各层表面布置测点，其位置或距离随测试需要而定。当在路面表面测定时，测点宜布置在行车车道的轮迹带上。测试时，还可利用距离传感器定位。

(3)检查FWD的车况及使用性能，用手动操作检查，各项指标符合仪器规定要求。

(4)将FWD牵引至测定地点，将仪器打开，进入工作状态。牵引FWD行驶的速度不宜超过50km/h。

(5)对位移传感器按仪器使用说明书进行标定，使之达到规定的精度要求。

2)测试步骤

(1)承载板中心位置对准测点，承载板自动落下，放下弯沉装置的各个传感器。

(2)启动落锤装置，落锤瞬即落下，冲击力作用于承载板上，又立即自动提升至原来位置固定。同时，各个传感器检测结构层表面变形，记录系统将位移信号输入计算机，并得到路面弯沉峰值，同时得到弯沉盆。每一测点重复测定应不少于3次，除去第一个测定值，取以后几次测定值的平均值为计算依据。

(3)提起传感器及承载板，牵引车向前移动至下一个测点，重复上述步骤，进行测定。

(4)落锤式弯沉仪与贝克曼梁弯沉仪对比试验步骤如下：

①路段选择。

选择结构类型完全相同的路段，针对不同地区选择某种路面结构的代表性路段，进行两种测定方法的对比试验，以便将落锤式弯沉仪测定的动弯沉换算成贝克曼梁测定的回弹弯沉值。选择的对比路段长度300～500m，弯沉值应有一定的变化幅度。

②对比试验步骤。

A. 采用与实际使用相同且符合要求的落锤式弯沉仪及贝克曼梁弯沉仪测定车。落锤式弯沉仪的冲击荷载应与贝克曼梁弯沉仪测定车的后轴双轮荷载相同。

B. 用油漆标记对比路段起点位置。

C. 布置测点位置，用贝克曼梁定点测定回弹弯沉，测定车开走后，用粉笔以测点为圆心，在周围画一个半径为15cm的圆，标明测点位置。

D. 将落锤式弯沉仪的承载板对准圆圈，位置偏差不超过30mm，按第(3)条进行测定。两种仪器对一点弯沉测试的时间间隔不应超过10min。

E. 逐点对应计算两者的相关关系。

通过对比试验得出回归方程式

$$L_B = a + bL_{FWD}$$

式中：L_{FWD}、L_B——落锤式弯沉仪及贝克曼梁测定的弯沉值。

回归方程式的相关系数应不小于0.90。

注：由于路面结构的材料、路基状况、温度、水文条件、路面使用状况不同，对比关系也有所不同，为了提高数据的准确性，应分别情况对此项对比试验。

4. 水泥混凝土路面板调查的方法与步骤

(1)在测试路段的水泥混凝土路面板表面布置测点，当为调查水泥混凝土路面的接缝的传力效果时，测点布置在接缝的一侧，位移传感器分开在接缝两边布置。当为探查路面板下的空洞时，测点布置位置随测试需要而定，应在不同位置测定。

(2) 按“3. 方法与步骤中测试步骤第(3)条”进行测定。

5. 计算

(1)按桩号记录各测点的弯沉及弯沉盆数据，按附录B的方法计算一个评定路段的平均值、标准差、变异系数。

(2) 当为调查水泥混凝土路面接缝的传力效果时，利用分开在接缝两边布置的位移传感器测定值的差异及弯沉盆的形状，进行判断。

(3)当为探查路面板下的空洞时，利用在不同位置测定的测定值差异及弯沉盆的形状，进行判断。

6. 报告

(1)报告应包括下列内容：

①各测点的最大弯沉及弯沉盆测定数据。

②每一个评定路段全部测点弯沉的平均值、标准差、变异系数及代表弯沉。

(2)如与贝克曼梁弯沉仪进行了对比试验，尚应列出相关关系式、相关系数和换算的回弹弯沉。

工程实例

贝克曼梁弯沉检测记录表

工程名称：××高速公路改扩建工程路面综合二合同　　　　报告编号：XC－S03－2015050302

承包单位	辽宁××公路工程有限责任公司	委托编号	XC－S03－2015050302
委托单位	辽宁××公路工程有限责任公司	合同编号：	辽高××合字2015第3号
监理单位	××公路工程监理有限责任公司	试验者	×××
试验单位	辽宁省×××公路工程质量检测中心	校核者	×××
试验规程	JTG E60—2008(T0951—2008)	试验日期	2015-05-01
检测路段	K0＋000～K0＋600	报告日期	2015-05-03

结构层类型	路面面层	设计弯沉(0.01mm)	100	弯沉仪类型	贝克曼梁
测试车车型	BZZ-100	后轴重(kN)	100	轮胎压强(MPa)	0.7
气温(℃)	18.0	检测车道	左半幅	保证率系数	2.0

测点桩号	左车轮		右车轮	
	读数值(初读数－终读数)	弯沉(0.01mm)(读数值×2)	读数值(初读数－终读数)	弯沉(0.01mm)(读数值×2)
K0＋100	37.0	74.0	30.0	60.0
K0＋020	42.0	84.0	45.0	90.0
K0＋040	45.0	90.0	46.0	92.0
K0＋060	38.5	77.0	43.0	86.0
K0＋080	42.0	84.0	45.6	91.2
K0＋000	42.5	85.0	45.0	90.0
K0＋020	43.0	86.0	48.4	96.8
K0＋040	42.6	85.2	41.0	82.0
K0＋060	48.2	96.4	41.5	83.0
K0＋080	49.5	99.0	43.2	86.4
K0＋200	43.5	87.0	42.5	85.0
K0＋220	45.2	90.4	43.2	86.4
K0＋240	41.5	83.0	36.5	73.0
K0＋260	34.5	69.0	38.6	77.2

测点数	平均值(0.01mm)	标准差	代表弯沉 L_r(0.01mm)
62	80	9.6	99.2

结论：弯沉合格	技术负责人意见： 签名：
监督(理)工程师签字： 签名：	试验室盖章：

贝克曼梁弯沉检测记录表

工程名称： ××高速公路改扩建工程路面综合二合同　　　　报告编号：XC－S03－2015050302

承包单位	辽宁××公路工程有限责任公司	委托编号	XC－S03－2015050302
委托单位	辽宁××公路工程有限责任公司	合同编号：	辽高××合字2015第3号
监理单位	××公路工程监理有限责任公司	试验者	×××
试验单位	辽宁省×××公路工程质量检测中心	校核者	×××
试验规程	JTG E60—2008(T0951—2008)	试验日期	2015-05-01
检测路段	K0＋100～K0＋600	报告日期	2015-05-03

结构层类型	路面面层	设计弯沉(0.01mm)	100	弯沉仪类型	贝克曼梁
测试车车型	BZZ-100	后轴重(kN)	100	轮胎压强(MPa)	0.7
气温（℃）	18.0	检测车道	左半幅	保证率系数	2.0

测点桩号	左车轮		右车轮	
	读数值（初读数－终读数）	弯沉(0.01mm)（读数值×2）	读数值（初读数－终读数）	弯沉(0.01mm)（读数值×2）
K0＋280	30.5	35.5	61.0	71.0
K0＋300	40.5	42.5	81.0	85.0
K0＋320	38.5	39.5	77.0	79.0
K0＋340	41.5	40.5	83.0	81.0
K0＋360	38.0	32.0	76.0	64.0
K0＋380	39.6	32.0	79.2	64.0
K1＋400	39.5	32.0	79.0	64.0
K1＋420	42.0	28.0	84.0	56.0
K1＋440	41.0	38.0	82.0	76.0
K0＋460	32.0	43.0	64.0	86.0
K0＋480	39.5	32.0	79.0	64.0
K0＋500	40.0	31.5	80.0	63.0
K0＋520	41.5	43.0	83.0	86.0
K0＋540	43.0	45.0	86.0	90.0

测点数	平均值(0.01mm)	标准差	代表弯沉(0.01mm)
62	80	9.6	99.2

结论：弯沉合格	技术负责人意见： 签名：
监督(理)工程师签字： 签名：	试验室盖章：

贝克曼梁弯沉检测记录表

工程名称：××高速公路改扩建工程路面综合二合同　　　　报告编号：XC－S03－2015050302

承包单位	辽宁××公路工程有限责任公司			委托编号	XC－S03－2015050302
委托单位	辽宁××公路工程有限责任公司			合同编号：	辽高××合字2015第3号
监理单位	××公路工程监理有限责任公司			试验者	×××
试验单位	辽宁省×××公路工程质量检测中心			校核者	×××
试验规程	JTG E60—2008(T0951—2008)			试验日期	2015－05－01
检测路段	K0＋100～K0＋600			报告日期	2015－05－03
结构层类型	路面面层	设计弯沉(0.01mm)	100	弯沉仪类型	贝克曼梁
测试车车型	BZZ-100	后轴重(kN)	100	轮胎压强(MPa)	0.7
气温(℃)	18.0	检测车道	左半幅	保证率系数	2.0
测点桩号	左车轮			右车轮	
	读数值（初读数－终读数）	弯沉(0.01mm)（读数值×2）		读数值（初读数－终读数）	弯沉(0.01mm)（读数值×2）
K0＋560	35.0	37.0		70.0	74.0
K0＋580	40.0	40.0		80.0	80.0
K0＋600	41.0	42.0		82.0	84.0
测点数	平均值(0.01mm)		标准差	代表弯沉(0.01mm)	
62	80		9.6	99.2	
结论：弯沉合格			技术负责人意见： 签名：		
监督(理)工程师签字： 签名：			试验室盖章：		

FWD 落锤式弯沉检测报告

工程名称：××高速公路路基桥涵工程第十合同段　　　　报告编号：20110819002

承包单位	××公路工程有限公司			合同编号	HT20100522001	
委托单位	××公路工程有限公司			分项工程	路基工程	
监理单位	辽宁××公路工程监理有限公司			试验者	×××	
试验单位	辽宁省×××公路工程质量检测中心			校核者	×××	
试验规程	JTG E60—2008			试验日期	2011-08-19	
试样描述	平整			报告日期	2011-08-19	
结构层类型	路基	干湿状况	干燥	设计弯沉(0.01mm)	填方	241.8
					石质挖方	145.8
试验结果						

续上表

路段桩号	幅别	填挖类别	平均值(0.01mm)	标准差	变异系数(%)	代表弯沉(0.01mm)
K100+500~K101+500	右幅	填方	97.17	37.41	38.51	172.00
结论:符合设计要求			技术负责人意见: 签名:			
监督(理)工程师签字: 签名:			试验室盖章:			

××高速公路路基桥涵工程第十合同段　弯沉检测报告附表(右幅)

桩号	幅别车道	弯沉值(0.01mm)	设计值(0.01mm)	桩号	幅别车道	弯沉值(0.01mm)
K100+500	右幅超车道	72.56	241.8	K101+000	右幅行车道	106.39
K100+500	右幅行车道	64.05		K101+021	右幅行车道	98.09
K100+521	右幅超车道	72.50		K101+024	右幅超车道	103.47
K100+523	右幅行车道	64.93		K101+042	右幅行车道	78.43
K100+541	右幅行车道	65.59		K101+044	右幅超车道	126.78
K100+543	右幅超车道	54.91		K101+060	右幅行车道	84.55
K100+561	右幅行车道	83.43		K101+064	右幅超车道	114.34
K100+563	右幅超车道	62.54		K101+081	右幅行车道	159.24
K100+581	右幅超车道	98.64		K101+082	右幅超车道	65.67
K100+581	右幅行车道	144.01		K101+101	右幅行车道	69.05
K100+601	右幅行车道	204.22		K101+102	右幅超车道	94.59
K100+606	右幅超车道	89.54		K101+120	右幅行车道	71.04
K100+621	右幅行车道	96.50		K101+122	右幅超车道	120.95
K100+626	右幅超车道	129.18		K101+139	右幅超车道	108.70
K100+639	右幅超车道	110.06		K101+140	右幅行车道	58.16
K100+642	右幅行车道	70.24		K101+159	右幅超车道	96.74
K100+659	右幅超车道	170.54		K101+163	右幅行车道	76.77
K100+660	右幅行车道	149.26		K101+180	右幅超车道	112.83
K100+681	右幅超车道	196.15		K101+182	右幅行车道	74.42
K100+682	右幅行车道	90.06		K101+200	右幅行车道	60.64
K100+700	右幅行车道	109.42		K101+202	右幅超车道	44.75
K100+702	右幅超车道	110.96		K101+220	右幅行车道	56.70
K100+722	右幅超车道	128.75		K101+222	右幅超车道	111.18
K100+722	右幅行车道	102.40		K101+240	右幅行车道	60.43
K100+742	右幅行车道	105.00		K101+242	右幅超车道	119.05

续上表

桩号	幅别车道	弯沉值(0.01mm)	设计值(0.01mm)	桩号	幅别车道	弯沉值(0.01mm)
K100+743	右幅超车道	116.87		K101+260	右幅行车道	57.90
K100+757	右幅超车道	107.34		K101+270	右幅超车道	55.53
K100+761	右幅行车道	100.35		K101+281	右幅行车道	57.19
K100+777	右幅超车道	118.30		K101+290	右幅超车道	105.89
K100+780	右幅行车道	73.35		K101+300	右幅行车道	75.19
K100+798	右幅超车道	125.52		K101+321	右幅行车道	136.05
K100+801	右幅行车道	55.64		K101+322	右幅超车道	44.64
K100+820	右幅超车道	71.25		K101+341	右幅超车道	123.53
K100+822	右幅行车道	59.06		K101+342	右幅行车道	145.66
K100+840	右幅超车道	98.53		K101+361	右幅超车道	189.71
K100+840	右幅行车道	51.60		K101+363	右幅行车道	110.49
K100+850	右幅超车道	51.68		K101+381	右幅行车道	70.63
K100+863	右幅行车道	57.20	241.8	K101+387	右幅超车道	202.02
K100+870	右幅超车道	97.96		K101+401	右幅行车道	57.64
K100+883	右幅行车道	68.04		K101+408	右幅超车道	200.27
K100+900	右幅行车道	118.36		K101+420	右幅行车道	66.78
K100+902	右幅超车道	58.21		K101+428	右幅超车道	112.64
K100+921	右幅行车道	109.73		K101+441	右幅行车道	50.59
K100+922	右幅超车道	118.39		K101+442	右幅超车道	68.19
K100+941	右幅行车道	112.94		K101+461	右幅超车道	74.63
K100+942	右幅超车道	128.12		K101+462	右幅行车道	75.15
K100+960	右幅超车道	114.47		K101+481	右幅行车道	56.90
K100+962	右幅行车道	104.62		K101+482	右幅超车道	107.89
K100+980	右幅行车道	168.10		K101+500	右幅超车道	53.54
K100+981	右幅超车道	129.85		K101+500	右幅行车道	69.96
K101+000	右幅超车道	112.45				
起止桩号		平均值	标准差		变异系数	代表弯沉
K100+500~K101+500		97.18	37.41		38.50	172.00

任务二　路面压实度的检测

在沥青混凝土路面施工中,路面的压实度是施工工艺中最重要的施工质量管理项目,也是路面质量评定和验收的一个重要控制指标。路面的压实质量决定着路面的密实度,较高的路面密实度可显著提高路面的承载能力和不透水性,从而减小车辆对路面的冲击载荷,延长路面和车辆的使用寿命。所以路面压实度的检测是非常重要的。路面压实度的检测方法包括钻芯法、无核密度仪法。无核密度仪不宜用于工程验收、评定和仲裁试验,而且还要根据探测深度的需要选择不同类型的无核密度仪。下文这里只介绍钻芯法检测压实度的具体内容。

检测项目　路面压实度试验检测——钻芯法

1. 目的和适用范围

(1)压实沥青混合料面层的施工压实度是指按规定方法采取的混合料试样的毛体积密度与标准之比,以百分率表示。

(2)本方法适用于检验从压实的沥青路面上钻取的沥青混合料芯样试件的密度,以评定沥青面层的施工压实度。

2. 仪具与材料

本试验需要下列仪具与材料(图 3-30)。

(1)路面取芯钻机。

(2)天平:感量不大于 0.1g。

(3)水槽。

(4)吊篮。

(5)石蜡。

(6)其他:卡尺、毛刷、小勺、取样袋(容器)、电风扇。

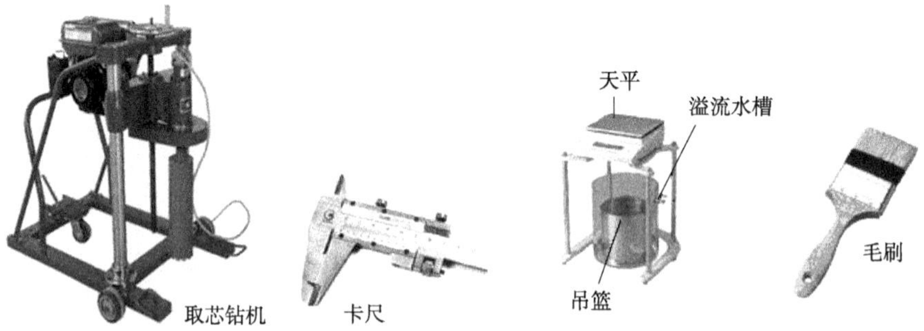

图 3-30　试验所需仪具与材料

3. 方法与步骤

(1)钻取芯样

按 T 0901“路面钻孔切割取样方法”钻取路面芯样,芯样直径不宜小于 ϕ 100mm。当一次钻孔取得的芯样包含有不同层位的沥青混合料时,应根据结构组合情况,用切割机将芯样沿各层结合面锯开分层进行测定,如图 3-31 所示。

钻孔取样应在路面完全冷却后进行,对普通沥青路面通常在第二天取样,对于改性沥青及 SMA 路面宜在第三天以后取样。

图 3-31　钻芯后的钻坑及试件

(2)测定试件密度。

①将钻取的试件在水中用毛刷轻轻刷净黏附的粉尘。如试件边角有浮松颗粒,应仔细清除。

②将试件晾干或用电风扇吹干不少于 24h,直至恒重。

③按现行《公路工程沥青及沥青混合料试验规程》(JTG E20—2011)的沥青混合料试件密度试验方法测定试件

密度 ρ_s。通常情况下采用表干法测定试件的毛体积密度；对于吸水率大于 2% 的试件宜采用蜡封法测定试件的毛体积密度；对于吸水率小于 0.5% 特别致密的沥青混合料，在施工质量检验时，允许采用水中重法测定表观相对密度。

(3)根据的《公路沥青路面施工技术规范》(JTG F40—2004)的规定，确定计算压实度的标准密度。

4. 计算

(1)当计算压实度的沥青混合料的标准密度采用马歇尔击实试件成型密度或试验路段钻孔取样密度时，沥青面层的压实度按式(3-78)计算：

$$K = \frac{\rho_s}{\rho_0} \times 100\% \tag{3-78}$$

式中：K——沥青面层某一测定部位的压实度(%)；

ρ_s——沥青混合料芯样试件的实际密度(g/cm^3)；

ρ_0——沥青混合料的标准密度(g/cm^3)。

(2)计算压实度的标准密度采用最大理论密度时，沥青面层的压实度按式(3.79)计算

$$K = \frac{\rho_s}{\rho_t} \times 100\% \tag{3-79}$$

式中：ρ_s——沥青混合料芯样试件的实际密度(g/cm^3)；

ρ_t——沥青混合料的最大理论密度(g/cm^3)。

(3)按附录 B 的数据整理方法，计算一个评定路段检测的压实度的平均值、标准差、变异系数，并计算代表压实度。

5. 报告

压实度试验报告应记载压实度检查的标准密度及依据，并列表表示各测点的试验结果。

工程示例

钻芯法测定沥青面层压实度试验(表干法)报告

工程名称：　××高速公路改扩建工程路面综合二合同　　　报告编号：XC－S03－2012090202

承包单位	辽宁××公路工程有限责任公司			委托单编号	XC－S03－2012090101
工程名称	辽宁××公路工程有限责任公司			分项工程	沥青面层
监理单位	××公路工程监理有限责任公司			试验者	×××
试验单位	辽宁省×××公路工程质量检测中心			校核者	×××
试验规程	JTG E60—2008(T 0924—2008)			试验日期	2012-09-01
试样描述	芯样完好无损			报告日期	2012-09-02
混合料种类	沥青混凝土	混合料类型	LAC－25	取芯日期	2012-09-01

续上表

公路等级	高速公路、一级公路		施工日期	2012－09－01	标准密度(g/cm^3)		2.452	
设计压实度(%)	97		施工桩号	K21＋700－K22＋300 右幅				
试件编号	取芯桩号及位置	取芯厚度(mm)	干燥试件空气中质量(g)	试件水中质量(g)	试件表干质量(g)	试件吸水率(%)	试件毛体积密度(g/cm^3)	压实度(%)
01	K21＋800，距中 15m	78.5	1306.2	773.1	1308.7	0.5	2.439	99.5
02	K22＋000 距中 13m	78.9	1301.5	770.2	1303.6	0.4	2.440	99.5
03	K22＋200 距中 13m	77.6	1305.9	771.7	1306.5	0.1	2.442	99.6
平均值	99.5(%)	标准差	0.06	变异系数	0.06	代表压实度(%)		99.4
结论：符合设计要求					技术负责人意见： 签名：			
监督(理)工程师意见： 签名：					试验室盖章：			

任务三　路面渗水检测

沥青路面水损害是指沥青路面在存在水分的条件下，经受荷载和温度的反复作用，使沥青膜逐渐从集料表面剥离，导致集料之间的黏结力丧失而发生的路面逐渐出现的麻面、唧浆、网裂、松散、坑洞等病害。水破坏表现的现象有：上面层出现空洞；上面层和中面层同时产生坑洞以及局部表面产生网裂和形变；路面唧浆、网裂、坑洞。为了避免上述现象发生，科研人员研制了适于室内和现场使用的渗水仪，确定了相应的渗水试验方法，推荐了渗水系数的标准，建议作为多雨潮湿地区沥青混合料配合比设计检验和施工质量控制的指标。路面渗水系数是指在规定的水头压力下，水在单位时间内通过一定面积的路面渗入下层的数量，以 mL/min 计。路面渗水系数的测定对提高沥青路面的质量、防止早期损坏具有重要的指导意义和实用价值。路面渗水系数的测定具体如下：

1. 目的和适用范围

本方法适用于路面渗水仪测定沥青路面的渗水系数。

2. 仪具与材料

本试验需要下列仪具与材料：

(1)路面渗水仪(图 3-32)：形状及尺寸上部盛水量筒由透明有机玻璃制成，容积 600mL，上有刻度，在 100mL 及 500mL 处有粗标线，下方通过 10mm 的细管与底座相接，中间有一开关。量筒通过支架连接，底座下方开口内径 150mm，外径 165mm，仪器附压重铁圈两个，每个质量约 5kg，内径 160mm。

（2）水桶及大漏斗。

（3）秒表。

（4）密封材料：防水腻子、油灰或橡皮泥。

（5）其他：水、粉笔、扫帚、塑料圈、刮刀等。路面渗水仪结构示意图。

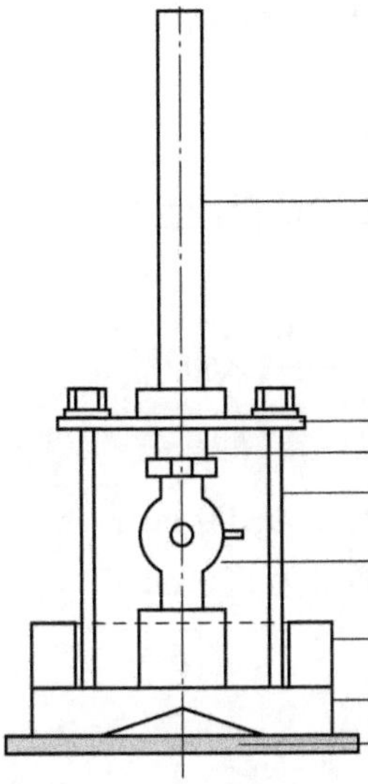

图3-32　渗水仪结构

3. 方法与步骤

1）准备工作

（1）在测试路段的行车道面上，按随机取样方法选择测试位置，每一个检测路段应测定5个测点，用扫帚清扫表面，并用粉笔画上测试标记。

（2）试验前，首先用扫帚清扫表面，并用刷子将路面表面的杂物刷去。杂物的存在一方面影响水的渗入；另一方面也会影响渗水仪和路面或者试件的密封效果。

2）试验步骤

（1）将塑料圈置于试件中央或者路面表面的测试点上，用粉笔分别沿塑料圈的内侧和外侧画上圈，在外环和内环之间的部分就是需要用密封材料进行密封的区域。

（2）用密封材料对环状密封区域进行密封处理，注意不要使密封材料进入圈内。如果密封材料不小心进入圈内，必须用刮刀将其刮走。然后再将搓成拇指粗细的条状密封材料摞在环状蜜蜂区域的中央，并且摞成一圈。

（3）将渗水仪放在试件或者路面表面的测点上，注意使渗水仪的中心尽量和圆环中心重合，然后略微使劲将渗水仪压在条状密封材料表面，再将配重加上，以防压力水从底座与路面间流出。

（4）将开关关闭，向量筒中注满水，然后打开开关，使量筒中的水下流排出渗水仪底部内的空气，当量筒中水面下降速度变慢时，用双手轻压渗水仪，使渗水仪底部的气泡全部排出。关闭开关，并再次向量筒中注满水。

（5）将开关打开，待水面下降至100mL刻度时，立即开动秒表开始计时，每间隔60s，读记仪器管的刻度一次，至水面下降500mL时为止。测试过程中，如水从底座与密封材料间渗出，说明底座与路面密封不好，应移至附近干燥路面处重新操作。如水面下降速度很慢，则测定 3min 的渗水量即可停止；如果水面下降较快，在不到 3min 的时间内到达了 500mL 刻度线，则记录达到 500mL 刻度线的时间；若水面下降至一定程度后基本保持不动，说明基本不透水或根本不透水，则在报告中注明。

(6)按以上步骤在同一个检测路段选择 5 个测点测定渗水系数，取其平均值作为检测结果。

4. 计算

计算时以水面从 100mL 下降到 500mL 所需时间为标准，若渗水时间过长亦可采用 3min 通过的水量计算。

$$C_w = \frac{V_2 - V_1}{t_2 - t_1} \times 60 \qquad (3\text{-}80)$$

式中：C_w——路面渗水系数(mL/min)；

V_1——第一次计时时的水量(mL)，通常为 100 mL；

V_2——第二次计时时的水量(mL)，通常为 500 mL；

t_1——第一次计时的时间(s)；

t_2——第二次计时的时间(s)。

5. 报告

报告中每一个检测路段应测定 5 个测点，计算其平均值作为检测结果。若路面不透水，则在报告中注明为 0。

工程示例

沥青路面渗水试验报告

工程名称：××高速公路改扩建工程路面综合二合同　　　报告编号：XC－S03－201209020

<table>
<tr><td>承包单位</td><td colspan="3">辽宁××公路工程有限责任公司</td><td>委托单编号</td><td colspan="3">XC－S03－2012090101</td></tr>
<tr><td>工程名称</td><td colspan="3">辽宁××公路工程有限责任公司</td><td>分项工程</td><td colspan="3">沥青面层</td></tr>
<tr><td>监理单位</td><td colspan="3">××公路工程监理有限责任公司</td><td>试验者</td><td colspan="3">×××</td></tr>
<tr><td>试验单位</td><td colspan="3">辽宁省×××公路工程质量检测中心</td><td>校核者</td><td colspan="3">×××</td></tr>
<tr><td>试验规程</td><td colspan="3">JTG E60—2008(T0971—2008)</td><td>试验日期</td><td colspan="3">2012－09－01</td></tr>
<tr><td>试样描述</td><td colspan="3">路面平整无杂物</td><td>报告日期</td><td colspan="3">2012-09-02</td></tr>
<tr><td>混合料种类</td><td colspan="2">沥青混凝土</td><td>混合料类型</td><td colspan="4">LAC－25</td></tr>
<tr><td>施工日期</td><td colspan="2">2012-09-01</td><td>施工桩号</td><td colspan="4">K21＋700－K22＋300 右幅</td></tr>
<tr><td>测点桩号</td><td>试验次数</td><td>第一次计时时的水量(mL)</td><td>第一次计时时的时间(s)</td><td>第二次计时时的水量(mL)</td><td>第二次计时时的时间(s)</td><td>渗水系数(mL/min)</td><td>平均渗水系数(mL/min)</td></tr>
<tr><td rowspan="3">K21＋800</td><td>1</td><td>100</td><td>0</td><td>372</td><td>180</td><td>91</td><td rowspan="3">88</td></tr>
<tr><td>2</td><td>100</td><td>0</td><td>354</td><td>180</td><td>85</td></tr>
<tr><td>3</td><td>100</td><td>0</td><td>362</td><td>180</td><td>87</td></tr>
</table>

续上表

测点桩号	试验次数	第一次计时时的水量(mL)	第一次计时时的时间(s)	第二次计时时的水量(mL)	第二次计时时的时间(s)	渗水系数(mL/min)	平均渗水系数(mL/min)
K22 +000	1	100	0	389	180	96	94
	2	100	0	385	180	95	
	3	100	0	369	180	90	
K22 +200	1	100	0	380	180	93	93
	2	100	0	371	180	90	
	3	100	0	391	180	97	
平均值(mL/min)	92	标准差		3.21	变异系数		0.04
结论:符合设计要求				技术负责人意见:　签名:			
监督(理)工程师意见: 签名:				试验室盖章:			

任务四　路面安全性能——抗滑性能的检测

路面抗滑性能是指车辆轮胎受到制动时沿表面滑移所产生的力。通常,抗滑性能被看成是路面的表面特性,并用轮胎与路面间的摩阻系数来表示。表面特性包括路表面细构造和粗构造,影响抗滑性能的因素有路面表面特性、路面潮湿程度和行车速度。

路表面细构造是指集料表面的粗糙度,它随车轮的反复磨耗而渐被磨光。通常,采用石料磨光值(PSV)表征抗磨光的性能。细构造在低速(30 ~50km/h 以下)时对路表抗滑性能起决定作用。而高速时主要作用的是粗构造,它是由路表外露集料间形成的构造,功能是使车轮下的路表水迅速排除,以避免形成水膜。粗构造由构造深度表征。

检测项目一　手工铺砂法测定路面构造深度试验方法

1. 目的与适用范围

本方法适用于测定沥青路面及水泥混凝土路面表面构造深度,用以评定路面表面的宏观粗糙度、路面表面的排水性能及抗滑性能。

2. 仪具与材料

(1)人工铺砂仪:由量砂筒、推平板组成。

①量砂筒:一端是封闭的,容积为 25mL ±0.15mL,可通过称量砂筒中水的质量以确定其容积 V,带有一专门的刮尺,可将筒口量砂刮平。如图 3-33a)所示。

②推平板:推平板应为木制或铝制,直径 50mm,底面粘一层厚 1.5mm 的橡胶片,上面有一圆柱把手,如图 3-33b)所示。

(2)刮平尺:可用 30cm 钢板尺代替。

(3)量砂;足够数量的干燥洁净的匀质砂,粒径0.15~0.3mm。

(4)量尺:钢板尺、钢卷尺,或采用已按公式将直径换算成构造深度作为刻度单位的专用的构造深度尺。

(5)其他:装砂容器(小铲)、扫帚或毛刷、挡风板等。

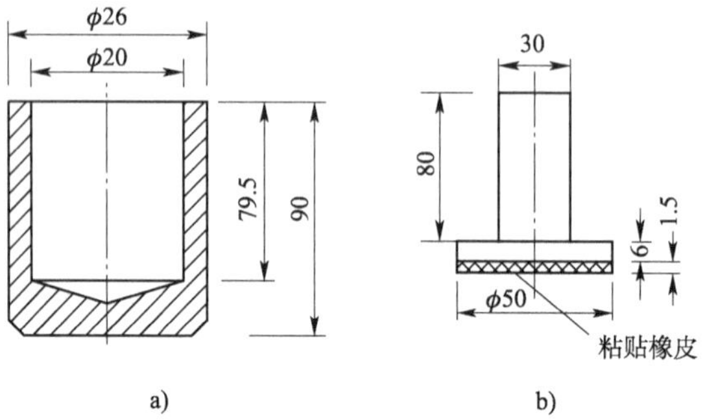

图3-33　量砂筒和推平板(尺寸单位:mm)

3. 方法与步骤

1)准备工作

(1)量砂准备:取洁净的细砂晾干、过筛,取0.15~0.3mm的砂置于适当的容器中备用。量砂只能在路面上使用一次,不宜重复使用。

(2)对测试路段按随机取样选点的方法,决定测点所在横断面位置。测点应选在行车道的轮迹带上,距路面边缘不应小于1m。

2)试验步骤

(1)用扫帚或毛刷子将测点附近的路面清扫干净,面积不小于30cm×30cm。

(2)用小铲装砂沿筒壁向圆筒中注满砂,手提圆筒上方,在硬质路表面上轻轻地叩打3次,使砂密实,补足砂面用钢尺一次刮平,见图3-34中a。

注:不可直接用量砂筒装砂,以免影响量砂密度的均匀性。

(3)将砂倒在路面上,用底面粘有橡胶片的推平板,由里向外重复做旋转摊铺运动,稍稍用力将砂细心地、尽可能地向外摊开,使砂填入凹凸不平的路表面的空隙中,尽可能将砂摊成圆形,并不得在表面上留有浮动余砂。注意摊铺时不可用力过大或向外推挤,见图3-34中b、c。

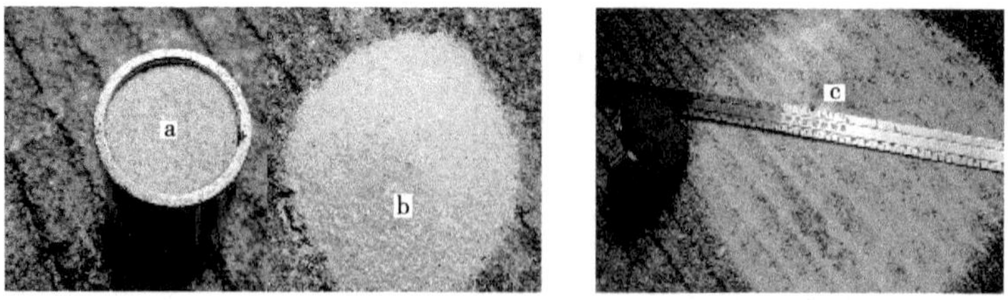

图3-34

(4)用钢板尺测量所构成圆的两个垂直方向的直径,取其平均值,准确至5mm。

(5)按以上方法,同一处平行测定不少于3次,3个测点均位于轮迹带上,测点间距3~5m。对同一处,应该由同一个试验员进行的测定。该处的测定位置以中间测点的位置表示。

3）路面表面构造深度测定结果

$$TD = \frac{1000V}{\pi D^2/4} = \frac{31831}{D^2} \tag{3-81}$$

式中：TD——路面表面构造深度（mm）；

V——砂的体积（$25cm^3$）；

D——摊平砂的平均直径（mm）。

每一处均取3次路面构造深度测定结果的平均值作为试验结果，准确至0.01mm。

4.报告

（1）列表逐点报告路面构造深度的测定值及3次测定的平均值，当平均值小于0.2mm时，试验结果以<0.2mm表示。

（2）每一个评定区间路面构造深度的平均值、标准差、变异系数即是标准差与算术平均值的比值。沥青路面竣工验收值，高速公路、一级公路，构造深度TD≥0.55mm，满足抗滑值标准。

检测项目二　电动铺砂法测定路面构造深度试验方法

1.目的和适用范围

本方法适用于测定沥青路面及水泥混凝土路面表面构造深度，用以评定路面表面的宏观粗糙度及路面表面的排水性能和抗滑性能。

2.仪具与材料

（1）电动铺砂仪（图3-35）：利用可充电的直流电源将量砂通过砂漏铺设成宽度5cm、厚度均匀一致的器具。

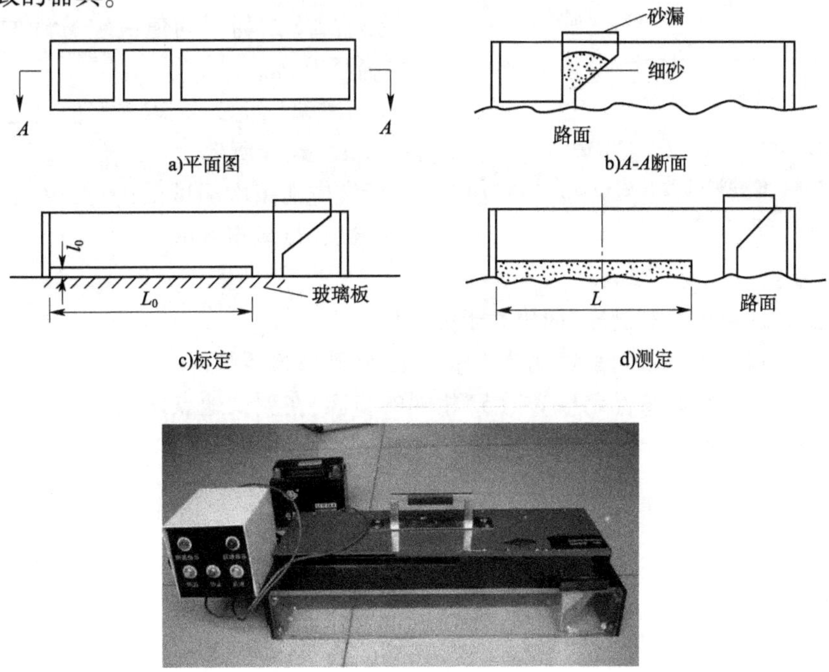

图3-35　电动铺砂仪

(2)量砂:足够数量的干燥洁净的匀质砂,粒径为0.15~0.3mm。

(3)标准量筒:容积50mL。

(4)玻璃板:面积大于铺砂器,厚5mm。

(5)其他:直尺、扫帚、毛刷等。

3. *方法与步骤*

1)准备工作

(1)量砂准备:取洁净的细砂,晾干,过筛,取0.15~0.3mm的砂置于适当的容器中备用。已在路面上使用过的砂如回收重复使用时应重新过筛并晾干。

(2)对测试路段按随机取样选点的方法,决定测点所在横断面的位置、测点应选在行车道的轮迹带上,距路面边缘不应小于1m。

2)电动铺砂仪标定

(1)将铺砂仪平放在玻璃板上,将砂漏移至铺砂仪端部。

(2)将灌砂漏斗口和量筒口大致齐平。通过漏斗向量筒中缓缓注入准备好的量砂至高出量筒成尖顶状,用直尺沿筒口一次刮平,其容积为50mL。

(3)将漏斗口与铺砂仪砂漏上口大致齐平。将砂通过漏斗均匀倒入砂漏,漏斗前后移动,使砂的表面大致齐平。但不得用任何其他工具刮动砂。

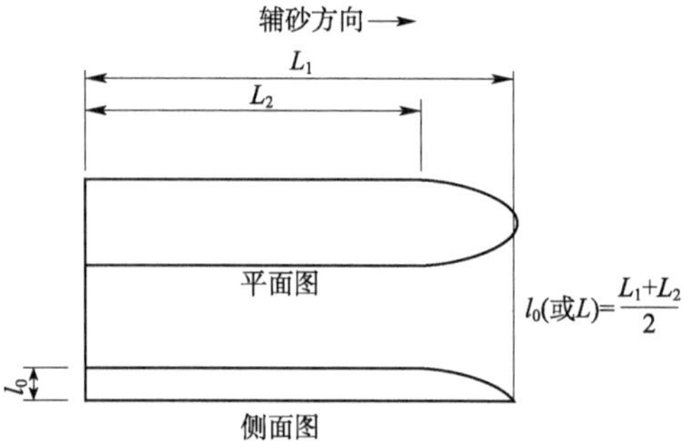

图3-36 确定l_0及L的方法

l_0-玻璃板上50mL量砂摊铺的长度(mm);L-路面上50mL量砂摊铺的长度(mm)

(4)开动电动马达,使砂漏向另一端缓缓运动,量砂沿砂漏底部铺成宽5cm的带状,待砂全部漏完后停止。

(5)L_1及L_2的平均值决定量砂的摊铺长度l_0,精确至1mm。

(6)重复标定3次,取平均值决定l_0,精确至1mm,如图3-36所示。

标定应在每次测试前进行,用同一种量砂,由同一试验员承担测试。

3)测试步骤

(1)将测试地点用毛刷刷净,面积大于铺砂仪。

(2)将铺砂仪沿道路纵向平稳地放在路面上,将砂漏移至端部。

(3)按上述电动铺砂仪标定(2)~(5)相同的步骤,在测试地点摊铺50mL量砂,量取摊铺长度L_1及L_2。计算L,准确至1mm。

$$L=\frac{L_1+L_2}{2} \tag{3-82}$$

(4)按以上方法,同一处平行测定不少于3次,3个测点均位于轮迹带上,测点间距3~5m,该处的测定位置以中间测点的位置表示。

4. 计算

(1)计算铺砂仪在玻璃板上摊铺的量砂厚度t_0。

$$t_0 = \frac{V}{B \times L_0} \times 1000 = \frac{1000}{L_0} \tag{3-83}$$

式中：t_0——量砂在玻璃板上摊铺的标定厚度(mm)；

V——量砂体积，50mL；

B——铺砂仪铺砂宽度，50(mm)。

(2)计算路面构造深度 TD：

$$\mathrm{TD} = \frac{L_0 - L}{L} \times t_0 = \frac{L_0 - L}{L \times L_0} \times 1000 \tag{3-84}$$

(3)每一处均取 3 次路面构造深度的测定结果的平均值作为试验结果，精确至 0.1mm。

(4)计算每一个评定区间路面构造深度的平均值、标准差、变异系数。

5. 报告

(1)列表逐点报告路面构造深度的测定值及 3 次测定的平均值；当平均值小于 0.2mm 时，试验结果以 <0.2mm 表示。

(2)每一个评定区间路面构造深度的平均值、标准差、变异系数。

检测项目三　摆式仪测定路面抗滑值试验方法

1. 目的和适用范围

本方法适用于以摆式摩擦系数测定仪(摆式仪)测定沥青路面、标线或其他材料试件的抗滑值，用以评定路面或路面材料试件在潮湿状态下的抗滑能力。

2. 仪具与材料

(1)摆式仪(图 3-37)；摆及摆的连接部分总质量为 1500kg ± 30g，摆动中心至摆的重心距离为 410mm ± 5mm，测定时摆在路面上滑动长度为 126mm ± 1mm，摆上橡胶片端部距摆动中心的距离为 510mm，橡胶片对路面的正向静压力为 22.2N ± 0.5N。

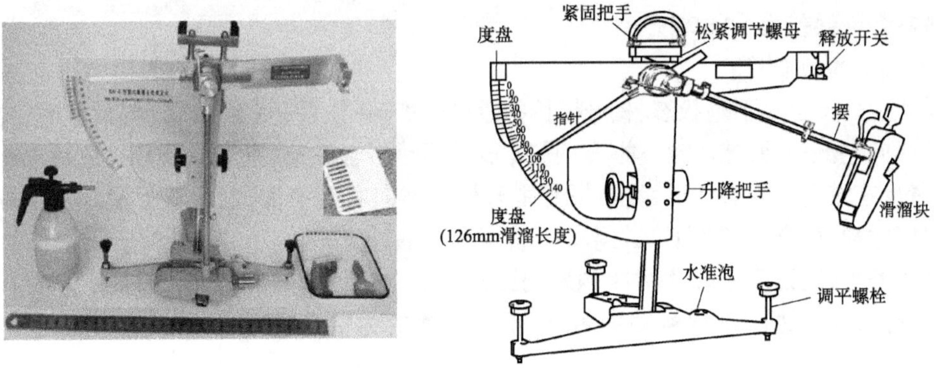

图 3-37　摆式仪结构示意图及路面抗滑所需仪器

(2)橡胶片：当用于测定路面抗滑值时的尺寸为 6.35mm × 25.4mm × 76.2mm。橡胶质量应符合表 3-43 的要求。当橡胶片使用后，端部在长度方向上磨耗超过 1.6mm 或边缘在宽度方向上磨耗超过 3.2mm，或有油类污染时，即应更换新橡胶片。新橡胶片应先在干燥路面上测试 10 次后再用于测试。橡胶片的有效使用期从出厂日期起算为 12 个月。

橡胶物理性质技术要求 表3-43

性能指标	温度(℃)				
	0	10	20	30	40
弹性(%)	43~49	58~65	66~73	71~77	74~79
硬度(IR)	55±5				

(3)滑动长度量尺:长126mm。

(4)路面温度计:分度不大于1℃。

(5)其他;洒水壶、硬毛刷、扫帚、粉笔等。

3. 方法与步骤

1)准备工作

(1)检查摆式仪的调零灵敏情况,并定期进行仪器的标定。

(2)对测试路段按随机取样选点的方法,在横断面上测点应选在行车道的轮迹处,距路面边缘不应小于1m,并用粉笔作出标记。

2)测试步骤

(1)清洁路面:用扫帚或其他工具将测点处的路面打扫干净。

(2)仪器调平:

①将仪器置于路面测点上,并使摆的摆动方向与行车方向一致。

②转动底座上的调平螺栓,使水准泡居中。

(3)调零:

①放松紧固把手,转动升降把手,使摆升高并能自由摆动,然后旋紧紧固把手。

②将摆固定在右侧悬臂上,使摆处于水平释放位置,并把指针拨至右端与摆杆平行处。

③按下释放开关,使摆向左带动指针摆动,当摆达到最高位置后下落时,用手将摆杆接住,此时指针应指零。若不指零,可稍旋紧或放松摆的调节螺母,重复本项操作,直至指针指零。调零允许误差为±1BPN。

(4)校核滑动长度:

①让摆处于自然下垂状态,松开紧固把手,转动升降把手,使摆下降。与此同时,提起举升柄使摆向左侧移动,然后放下举升柄使橡胶片下缘轻轻触地,紧靠橡胶片摆放滑动长度量尺,使量尺左端对准橡胶片下缘;再提升举升柄使摆向右侧移动,然后放下举升柄使橡胶片下缘轻轻触地,检查橡胶片下缘与滑动长度量尺的右端齐平。

②若齐平,则说明橡胶片两次触地的距离(滑动长度)符合126mm的规定。校核长度时,应以橡胶片长边刚刚接触路面为准,不可借摆的力量向前滑动,以免标定长度与实际不符。

③若不齐平,升高或降低摆或仪器底座的高度。微调时,用旋转仪器底座上的调平螺钉调整仪器底座高度的方法比较方便,但需注意保持水准泡居中。

④重复上述动作,直至滑动长度符合126mm的规定。

⑤将摆固定在右侧悬臂上,使摆处于水平释放位置,并把指针拨至右端与摆杆平行处。

⑥用喷壶的水浇洒测点，使路面处于湿润状态。

⑦按下右侧悬臂上的释放开关，使摆在路面滑过。当摆杆回落时，用手按住，读数但不记录。然后使摆杆和指针重新置于水平释放位置。

⑧重复⑥和⑦的操作测定5次，并读记每次测定的摆值。单点测定的5个值中最大值与最小值的差值不得大于3BPN。如差值大于3BPN时，应检查产生的原因，并再次重复上述各项操作，至符合规定为止。取5次测定的平均值作为单点的路面抗滑值(即摆值BPN)，取整数。

⑨在测点位置上用温度计测记潮湿路表的温度，准确至1℃。

⑩每个测点由3个单点组成，即需按以上方法在同一测点平行测定3次，以3次测定结果的平均值作为该测点的代表值(精确到1BPN)。3个单点均应位于轮迹带上，单点间距离为3～5m。该测点的位置以中间单点的位置表示。

4. 抗滑值的温度修正

当路面温度为t(℃)时，测得的摆值为BPN，必须按式(3-85)换算成标准温度20℃的摆值BPN_{20}：

$$BPN_{20} = BPN_t + \Delta BPN \quad (3\text{-}85)$$

式中：BPN_{20}——换算成标准温度20℃时的摆值；

BPN_t——路面温度t时测得的摆值；

ΔBPN——温度修正值按表3-44采用。

温度修正值 表3-44

温度(℃)	0	5	10	15	20	25	30	35	40
温度修正值ΔBPN	-6	-4	-3	-1	0	+2	+3	+5	+8

5. 报告

报告应包含如下内容：

(1)路面单点测定值BPN_t、经温度修正后的BPN_{20}、现场温度、3次的平均值。

(2)评定路段路面抗滑值的平均值、标准差、变异系数。

工程示例

路面抗滑性能试验检测记录

工程名称：××××高速公路　　　　合同编号：辽高××合字2011第8号

承包单位	中铁××局	委托编号	LM03-KHXN-14
委托单位	中铁××局	试验者	×××
监理单位	辽宁省××监理有限公司	校核者	×××
试验单位	辽宁×××公路工程检测中心	试验日期	2011-10-09
试验规程	JTG E60—2008	报告日期	2011-10-09

沥青路面抗滑性能试验

桩　　号	摆　　值					平均值 F_{BT}(BPN)	结论
	1	2	3	4	5		
K212 +000	55	54	55	53	54	54	≥45 合格
K212 +200	52	53	52	55	52	53	≥45 合格
K212 +400	53	54	51	54	52	53	≥45 合格
K212 +600	54	51	52	53	53	53	≥45 合格
K212 +800	55	54	55	53	52	54	≥45 合格

构造深度检测

桩号	摊砂直径(cm)			表面结构(mm)			平均值 TD (mm)	结论
	1	2	3	1	2	3		
K212 +000	16.5	20.9	18.4	1.09	0.83	0.98	0.96	≥0.55 合格
	18.6	18.2	18.9					
K212 +200	16.8	19.2	16.6	0.98	0.84	0.98	0.93	≥0.55 合格
	19.5	19.8	19.8					
K212 +400	19.6	20.3	18.9	0.80	0.84	1.06	0.90	≥0.55 合格
	20.2	18.8	16.8					
K212 +600	18.2	18.3	16.8	1.08	1.00	1.16	1.08	≥0.55 合格
	18.1	18.4	16.4					
K212 +800	20.1	19.8	19.8	0.83	0.99	0.86	0.89	≥0.55 合格
	19.0	16.2	18.6					

结论：	技术负责人意见： 签名：
监督(理)工程师签字： 签名：	试验室盖章：

任务五　路面功能性试验检测

路面的基本功能是为车辆提供快速、安全、舒适和经济的行驶表面。路面行驶质量反映路面满足这一基本功能的能力。路面行驶质量好坏同其表面特性有关，即路面的平整度。平整度是路面施工质量与服务水平的重要指标之一。它是指以规定的标准量规，间断地或连续地测量路表面的凹凸情况，即不平整度的指标。路面的平整度与路面各结构层次的平整状况有着一定的联系，即各层次的平整效果将累积反映到路面表面上，路面面层由于直接与车辆及大气接触，不平整的表面将会增大行车阻力，并使车辆产生附加振动作用。这种振动作用会造成行车颠簸，影响行车的速度和安全、驾驶的平稳和乘客的舒适。同时，振动作用还会对路面施加冲击力，加剧汽车机件损坏和轮胎的磨损，并增大油耗。而且，不平整的路面会积滞雨水,加速路面的破坏。因此,平整度的检测与评定是公路施工与养护水平的一个非常重要的手段。平整度的测试设备分为断面类及反应类两大类。断面类,实际上是测定路面表面凹凸情况的,如最常用的3m直尺、连续式平整度仪及激光平整度测定仪,还可用精确测定高程得到;反应类测定路面凹凸引起车辆振动的颠簸情况。反应类指标是驾驶员和乘客直接感受到的平整度指标,实际上是舒适性能指标。每种测试方法的特点和技术指标,见表3-45。

检测平整度的各种方法特点及技术指标　　表3-45

方　法	特　点	技术指标
3m直尺	设备简单,结果直观,间断测试,工作效率低,反映凹凸程度	最大间隙 h(mm)
连续式平整度仪	设备较复杂,连续测试,工作效率高,反映凹凸程度	标准差 σ(mm)
激光平整度测定仪	设备较复杂,连续测试,工作效率高,作业面广,反映凹凸程度	国际平整度指数 IRI(m/km)
颠簸累积仪	设备较复杂,连续测试,工作效率高,反映凹凸程度	单向累计值 VBI(cm/km)

检测项目一　3m直尺测定平整度试验方法

1. 目的及使用范围

(1)本方法规定用3m直尺测定路表面的平整度。定义3m直尺基准面距离路表面的最大间隙 h 表示路基路面的平整度,以mm计,见图3-38。

(2)本方法适用于测定压实成型的路面各层表面的平整度,以评定路面的施工质量,也可用路基表面成型后的施工平整度检测。

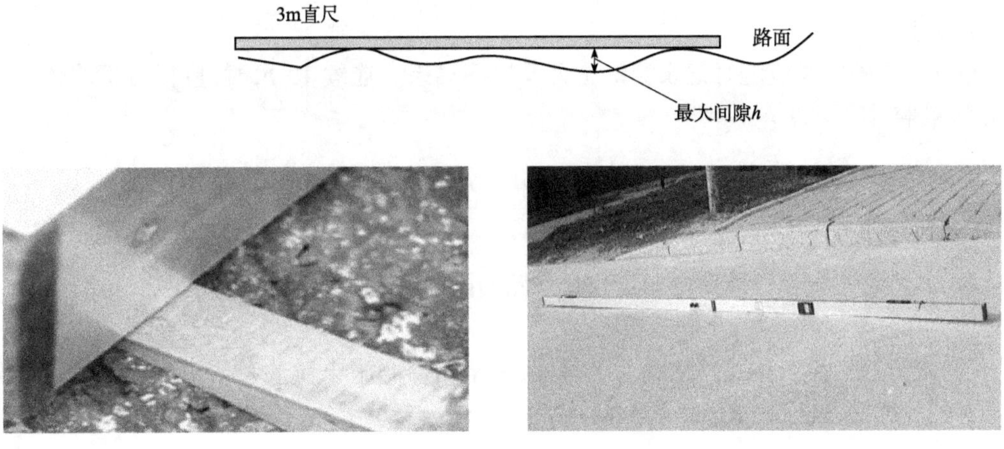

图3-38　3m直尺测平整度示意图

2. 仪具与材料

(1)3m直尺:测量基准面长度为3m,基准面应平直,用硬木或铝合金钢等材料制成。

(2)楔形塞尺:硬木或金属制的三角形塞尺,有手柄。塞尺的长度与高度之比小于10,宽度不大于15mm,边部有高度标记,刻度读数分辨率小于或等于0.2mm。

(3)深度尺:金属的深度测量尺,有手柄,深度尺测量杆端头直径小于10mm。刻度读数分辨率小于或等于0.2mm。

(4)皮尺或钢尺、粉笔等。

3. 准备工作

(1)按有关规范规定选择测试路段。

(2)测试路段的测试地点选择,当为沥青路面施工过程中质量检测时,测试地点应选在接缝处,以单杆测定评定;除高速公路以外,可用于其他等级公路路基路面工程质量检查验收或进行路况评定,每200m测2处,每处连续测量10尺。除特殊需要者外,应以行车道一侧车轮轮迹(距车道线0.8~1.0m)作为连续测定的标准位置。对旧路已形成车辙的路面,应取车辙中间位置为测定位置,用粉笔在路面上做好标记。

(3)清扫路面测定位置的污物。

4. 测试步骤

(1)在施工过程中检测时,按根据需确定的方向,将3m直尺摆在测试地点的路面上。

(2)目测3m直尺底面与路面之间的间隙情况,确定最大间隙的位置。

(3)用有高度标线的塞尺塞进间隙处,量测其最大间隙的高度(mm)。或者用深度尺在最大间隙位置量测直尺上顶面距地面的深度,该深度减去尺高即为测试点的最大间隙的高度,准确至0.2mm。

5. 计算

单杆检测路面的平整度计算,以3m直尺与路面的最大间隙为测定结果。连续测定10尺时,判断每个测定值是否合格。根据要求,计算合格百分率,并计算10个最大间隙的平均值。

$$合格率=\frac{合格尺数}{总测尺数}\times 100\%$$

6. 报告

单杆检测的结果应随时记录测试位置及检测结果。连续10尺时,应报告平均值、不合格尺数、合格率。

检测项目二　连续式平整度仪测定平整度的试验方法

1. 目的和适用范围

(1)本方法规定用连续式平整度仪量测路面的不平整度的标准差σ,以表示路面的平整度,以mm计。

(2)本方法适用于测定路表面的平整度、评定路面的施工质量和使用质量,但不适用于在已有较多坑槽、破损严重的路面上测定。

2. 仪具与材料

(1)连续式平整度仪,如图3-39所示。除特殊情况外,连续式平整度仪的标准长度为3m,其质量应符合仪器标准的要求。中间为一个3m长的机架。机架可缩短或折叠,前后各有4个行车轮,前后两组轮的轴间距离为3m。机架中间有一个能起落的测定轮。机架上装有蓄电池电源及可拆卸的检测箱,检测箱可采用显示、记录、打印或绘图等方式输出测试结果。测定轮上装有位移传感器,距离传感器等检测器,自动采集位移数据时,测定间距为

10cm,每一计算区间的长度为 100m,输出一次结果。当为人工检测、无自动采集数据及计算功能时,应能记录测试曲线。机架头装有一牵引钩及手拉柄,可用人力或汽车牵引。

(2)牵引车:轻型客车或其他小型牵引汽车。

(3)皮尺或测绳。

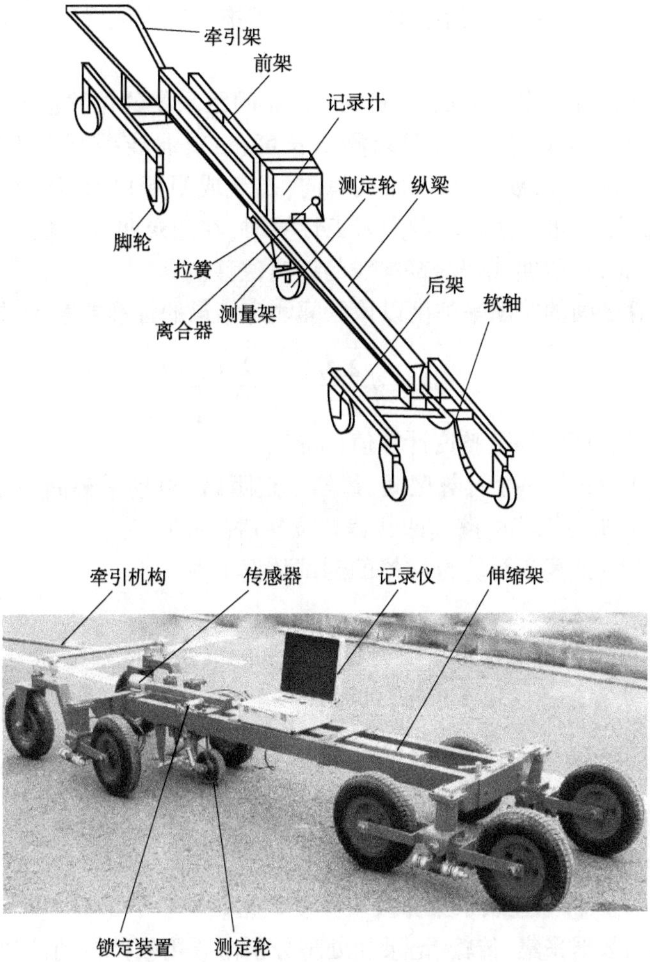

图 3-39　连续式平整度测定仪构造图

3. 试验步骤

1)准备工作

(1)选择测试路段。

(2)当为施工过程中质量检测需要时,测试地点根据需要确定;当为路面工程质量检查验收或进行路况评定需要时,通常以行车道一侧车轮轮迹带作为连续测定的标准位置。对旧路已形成车辙的路面,取一侧车辙中间位置为测定位置。

(3)清扫路面测定位置处的脏物。

(4)检查仪器检测箱各部分是否完好、灵敏,并将各连接线接妥,安装记录设备。

2)试验步骤

(1)将连续式平整度测定仪置于测试路段路面起点上。

(2)在牵引汽车的后部,将平整度测定仪的挂钩挂上后,放下测定轮,启动检测器及记录仪,随即启动汽车,沿道路纵向行驶,横向位置保持稳定,并检查平整度检测仪表上测定数字显示、打印、记录的情况。如遇检测设备中某项仪表发生故障,即须停止检测。牵引平整度测定仪的速度应保持匀速,速度宜为 5km /h,最大不得超过 12km/h。在测试路段较短时,亦可用人力拖拉平整度测定仪测定路面的平整度,但拖拉时应保持匀速前进。

4. 计算

(1)连续式平整度测定仪测定后,按每 10cm 间距采集的位移值自动计算每 100m 计算区间的平整度标准差(mm),还可记录测试长度(m)、曲线振幅大于某一定值(如 3mm、5mm、8mm、10mm 等)的次数、曲线振幅的单向(凸起或凹下)累计值及以 3m 机架为基准的中点路面偏差曲线图,计算打印。当为人工计算时,在记录曲线上任意设一基准线,每隔一定距离(宜为 1.5m)读取曲线偏离基准线的偏离位移值 d_i。

(2)每一计算区间的路面平整度以该区间测定结果的标准差表示,按下式计算:

$$\sigma_i = \sqrt{\frac{\sum d_i^{\ 2} - (\sum d_i)^2/N}{N-1}} \qquad (3\text{-}86)$$

式中:σ_i——各计算区间的平整度计算值(mm);

d_i——以 100m 为一个计算区间,每隔一定距离(自动采集间距 10cm,人工采集间距为 1.5m)采集的路面凹凸偏差位移值(mm);

N——计算区间用于计算标准差的测试数据个数。

5. 报告

试验应列表报告每一个评定路段内各测定区间的平整度标准差、各评定路段平整度的平均值、标准差、变异系数以及不合格区间数。

检测项目三　车载式颠簸累积仪测定平整度试验方法

1. 目的和适用范围

(1)本方法适用于各类颠簸累积仪在新建、改建、路面工程质量验收和无严重坑槽、车辙等病害的正常行车条件下连续采集路段平整度数据。

(2)本方法的数据采集、传输、记录和处理分别由专用软件自动控制进行。

2. 仪具与材料

1)测试系统

测试系统由承载车辆、距离测量装置、颠簸累积值测试装置和主控制系统组成。主控制系统对测试装置的操作实施控制,完成数据采集、传输、存储与计算过程。

2)设备承载车要求

根据设备供应商的要求选择测试系统承载车辆,见图 3-40。

3)测试系统基本技术要求和参数

(1)测试速度:30 ~ 80km/h。

(2)最大测试幅值:±20cm。

(3)垂直位移分辨率:1mm。

(4)距离标定误差:<0.5%。

(5)系统工作环境:0~60℃。

(6)系统软件能够依据相关关系公式自动对颠簸累积值进行换算,间接输出国际平整度指数 IRI。

a)仪器装车图　　b)新型距离测试系统(DMI)　　c)系统外观总图

图 3-40　承载车辆

3. 方法与步骤

1)准备工作

(1)测试车辆具备下列条件之一时,都应进行仪器测值与国际平整度指数 IRI 的相关行标定,相关系数 R 应不低于 0.99;在正常状态下行驶超过 20000km;标定时间间隔超过 1 年;减振器、轮胎等发生更换、维修。

(2)检查测试车轮胎气压,应达到车辆轮胎规定的标准气压;车胎应清洁,不得黏附杂物;车上载重、人数以及分布应与仪器相关性标定试验时一致。

(3)距离测量系统需要现场安装的,根据设备操作手册说明进行安装,确保紧固装置安装牢固。

(4)检查测试系统,各部分应符合测试要求,不应有明显的可视性破损。

(5)打开系统电源,启动控制程序,检查系统各部分的工作状态。

2)测试步骤

(1)测试开始之前应让测试车以测试速度行驶 5~10km,按照设备操作手册规定的预热时间对测试系统进行预热。

(2)测试车停在测试起点前 300~500m 处,启动平整度测试系统程序,按照设备操作手册的规定和测试路段的现场技术要求设置所需的测试状态。

(3)驾驶员在进入测试路段前应保持车速在规定的测试速度范围内,沿正常行车轨迹驶入测试路段。

(4)进入测试路段后,测试人员启动系统的采集和记录程序,在测试过工程中必须及时准确地将测试路段的起终点和其他需要特殊标记的位置输入测试数据记录中。

(5)当测试车辆驶出测试路段后,仪器操作人员停止数据采集和记录,并恢复仪器各部分至初始状态。

(6)操作人员检查数据文件,文件应完整,内容应正常,否则需要重新测试。

(7)关闭测试系统电源,结束测试。

4. 计算

颠簸累积仪直接测试输出的颠簸累积值 VBI,要按照相关性标定试验得到相关关系式,并以 100m 为计算区间换算成 IRI(以 m/km 计)。

5. 颠簸累积仪测值与国际平整度指数 IRI 相关关系对比试验

1)基本要求

由于颠簸累积仪测值受测试速度等因素影响,因此测试系统的每一种实际采用的测试速度都应单独进行标定,建立相关关系公式。标定过程及分析结果应详细记录并存档。

2)试验条件

(1)按照每段 IRI 值变化幅度不小于 1.0 的范围选择不少于 4 段不同平整度水平的路段,且有足够加速或减速长度的路段。根据实际测试道路 IRI 的分布情况,可以增加某些范围内的标定路段。

(2)每段路长度不小于 300m。

(3)每一段内的平整度应均匀,包括路段前 50m 的引道。

(4)选择坡度变化较小的直线路段,路段交通量小,便于疏导。

(5)标定宜选择在车道的正常行驶轮迹上进行,明确标出标定路段的轮迹起终点。

3)试验步骤

(1)距离标定。

①依据设备供应商建议的长度,选择坡度变化小的平坦直线路段,标出起终点和行驶轨迹。

②标定开始前应让测试车以测试速度行驶 5 ~ 10km,按照设备操作手册规定的预热时间对测试系统进行预热。

③将测试车的前轮对准起点线,启动距离校准程序,然后令车辆沿着路段轨迹直线行驶,避免突然加速或减速,接近终点时,看指挥人员手势减速停车,确保测试车的前轮对准终点线,结束距离校准程序。重复此过程,确保距离传感器脉冲当量的准确性,应在允许误差范围之内。

(2)参照测试步骤,按选定的测试速度测试每个标定路段的反应值,重复测试至少 5 次,取其平均值作为该路段的反应值。

(3)IRI 值的确定。

①以精密水准仪作为标准仪具,分别测量标定路段两个轮迹的纵横高程,要求采样间隔为 250mm,高程测试精度为 0.5mm;然后用 IRI 标准计算程序对每个轮迹的纵断面测量值进行模型计算,得到该轮迹的 IRI 值。两个轮迹 IRI 值的平均值即为该路段的 IRI 值。

②其他符合世界银行一类平整度测试标准的纵断面测试仪具也可以作为确定标定路段标准 IRI 值的仪具。

4)试验数据处理

用数理统计的方法将各标定路段的 IRI 值和相应的颠簸累积仪测值进行回归分析,建立相关关系方程式,相关系数 R 不得小于 0.99。

6. 报告

(1)平整度测试报告应包括颠簸累积值 VBI、国际平整度 IRI 平均值和现场测试速度。

(2)提供颠簸累积值 VBI 与国际平整度指数 IRI 在选定测试条件下的相关关系式及相关系数。

检测项目四　车载式激光平整度仪测定平整度试验方法

1. 目的和适用范围

(1)本方法适用于各类车载式激光平整度仪在新建、改建路面工程质量验收和无严重坑槽、车辙等病害及无积水、积雪、泥浆的正常通车条件下连续采集路段平整度数据。

(2)本方法的数据采集、传输、记录和处理分别由专用软件自动控制进行。

2. 仪具和材料

1)测试系统

测试系统由承载车辆、距离传感器、纵断面高程传感器和主控制系统组成。主控制系统对测试装置的操作实施控制,完成数据系统采集、传输存储与计算过程。

2)设备承载车要求

(1)测试速度:30~100km/h。

(2)采样间隔:≤500mm。

(3)传感器测试精度:≤0.5mm。

(4)距离标定误差:<0.1%。

(5)系统工作环境温度:0~60℃。

3. 方法与步骤

1)准备工作

(1)安装设备到传感器上。

(2)根据设备操作手册的要求对测试系统各传感器进行校准。

(3)检查车轮胎气压,达到标准气压,车胎应清洁,不得黏附杂物。

(4)距离测量装置现场安装的,根据操作手册说明进行,确保机械紧固、装置安装牢固。

(5)检查测试系统各部分应符合测试要求,不应有明显可视性破损。

(6)打开系统电源,启动控制程序,检查各部分工作状态。

2)测试步骤

(1)测试开始之前,应让测试车以测试速度行驶5~10km,按照设备使用说明规定的预热时间对测试系统预热。

(2)测试车停在测试起点前50~100km,启动平整度测试系统程序,按照设备操作手册的规定和测试路段的现场技术要求,设置完毕所需的测试状态。

(3)驾驶员应按照设备操作手册要求的测试速度范围驾驶测试车,车速宜在50~80km/h间,避免急加速和急减速,急弯路段应放慢车速,沿正常行车轨迹驶入测试路段。

(4)进入测试路段后,测试人员启动系统的采集和记录程序,在测试过程中必须及时准确地将测试路段的起终点和其他需要特殊标记的位置输入测试数据记录中。

(5)当测试车辆驶出测试路段后,测试人员停止数据采集和记录,并恢复仪器各部分至初始状态。

(6)检查测试数据文件,文件完整,内容正常。否则需重新测试。

(7)关闭测试系统电源,结束测试。

4. 计算

激光平整度仪采集的数据是路面相对高程值,应以100m为计算区间长度用IRI的标准计算程序计算 IRI 值，以 m/km 计。

5. 报告

检测报告包括以下两方面内容：

(1) 国际平整度指数 IRI 平均值。

(2) 提供激光平整度仪测值与国际平整度指数 IRI 在选定测试条件下的相关关系式和相关系数。

任务六　路面厚度的测试

在路面工程中，每个结构层的厚度是和道路整体强度密切相关的，只有在保证厚度的情况下，路面的各个层次及整体的强度才能得到保证。除此之外，严格控制各结构层的厚度，还能对路面的高程起到一定的控制作用，是一个非常重要的指标。

检测项目一　挖坑及钻芯测定路面厚度试验方法

1. 目的和适用范围

适用于各层施工过程中的厚度检验及工程交工验收检查使用。

2. 仪具与材料

(1) 挖坑用镐、铲、凿子、锤子、小铲、毛刷。

(2) 路面取芯样钻机及钻头、冷却水。

(3) 量尺：钢板尺、钢卷尺、卡尺。

(4) 补坑材料：与检测层位的材料相同。

(5) 补坑用具：夯、热夯、水等。

(6) 搪瓷盘、棉纱等。

3. 方法与步骤

(1) 挖坑法厚度测试方法。

①根据现行相关规范的要求，按附录 A 的方法，采用随机取样选点法决定挖坑检查的位置，如为旧路，该点有坑洞等显著缺陷或接缝时，可在其旁边检测。

②在选择试验的地点，选一块约 40cm × 40cm 的平坦表面，用毛刷将其清扫干净。

③根据材料坚硬程度，选择镐、铲、凿子等适当的工具，开挖这一层材料，直至层位的底面。在便于开挖的前提下，开挖面积应该尽量缩小，坑洞大体呈圆形，边开挖边将材料铲出，置于搪瓷盘中。

④用毛刷将坑底清扫干净，确认为下一层的顶面。

⑤将钢尺平放横跨于坑的两边，用另一把钢尺或卡尺等量具在坑底的中部位置垂直伸至坑底，测量坑底至钢板尺的距离，即为检查层的厚度，以 mm 计，准确至 1mm。

(2) 钻芯法厚度测试方法。

①根据现行相关规范的要求，按附录 A 的方法，采用随机取样选点法决定钻孔检查的位置，如为旧路，该点有坑洞等显著缺陷或接缝时，可在其旁边检测。

②按照现场取样的方法用路面取芯钻机钻孔，钻头的标准直径为 100mm，如芯样仅供测

量厚度,不做其他试验时,对沥青面层与水泥混凝土板也可以用直径为 50mm 的钻头,有可能损坏试件时,也可用直径为 150mm 的钻头,但钻孔深度均必须达到层厚。

③仔细取出芯样,清除底面灰土,找出与下层的分界面。

④用钢板尺或卡尺沿圆周对称的十字方向四处量取表面至上下层界面的高度,取其平均值,即为该层的厚度,准确至 1mm。

在沥青路面施工过程中,当沥青混合料尚未冷却时,可根据需要随机选择测点,用大螺丝刀插入沥青层底面深度后用尺读数,量取沥青层的厚度,以 mm 计,准确至 1mm。

(3)填补挖坑或钻孔的方法。

①适当清理坑中残留物,钻孔时留下的积水应用棉纱吸干。

②对无机结合料稳定层及水泥混凝土路面板,应按照相同配合比用新拌的材料分层填补并用小锤压实。水泥混凝土中宜掺加少量的快凝早强剂。

③对无机结合料粒料基层,可用挖坑时取出的材料,适当加水拌和后分层填补,并用小锤压实。

④对正在施工的沥青路面,用相同级配的热拌沥青混合料分层填补并用加热的铁锤或热夯压实,旧路面钻孔也可用乳化沥青混合料修补。

⑤所以补坑结束后时,宜比原面层略微高一些,用重锤或压路机压实平整。

注:补坑工序如有疏忽、遗留或补得不好,易成为隐患而导致开裂,所有挖坑、钻孔均应仔细做好。

(4)在沥青路面施工过程中,当沥青混合料尚未冷却时,可根据需要随机选择测点,用大螺丝刀插入至沥青层底面深度后用尺读数,以 mm 计,准确至 1mm。

4.计算及报告

(1)按下面公式计算路面实测厚度 T_{1i} 与设计厚度 T_{0i} 之差:

$$\Delta T_i = T_{1i} - T_{0i} \tag{3-87}$$

式中:ΔT_i——路面实测厚度与设计厚度的差值(mm);

T_{1i}——路面的实测厚度(mm);

T_{0i}——路面的设计厚度(mm)。

(2)当为检查路面总厚度时,则将各层平均厚度相加即为路面的总厚度。按附录 B 的方法,计算一个评定路段检测厚度的平均值、标准差、变异系数,并计算代表厚度。

5.报告

路面厚度检测报告应列表填写,并记录与设计厚度之差,不足设计厚度为负,大于设计厚度为正。

检测项目二　短脉冲雷达测定路面厚度试验方法

1.目的和适用范围

(1)采用脉冲雷达无损检测路面面层厚度。

(2)数据的采集、传输、记录和数据处理分别由专用软件自动控制进行。

(3)本方法适用于新建、改建路面工程质量验收和旧路加铺路面设计的厚度调查。

(4)雷达发射的电磁波在路面层传播过程中会逐渐消弱、消散、层面反射。雷达最大探测深度是由雷达系统的参数以及路面材料的电磁属性决定的。对于材料过度潮湿或饱和以及有高含铁量矿渣的路面不适合本方法测试。

2. 仪器与材料

雷达测试系统由承载车、天线、雷达发射接收器和控制系统组成，如图3-41所示。

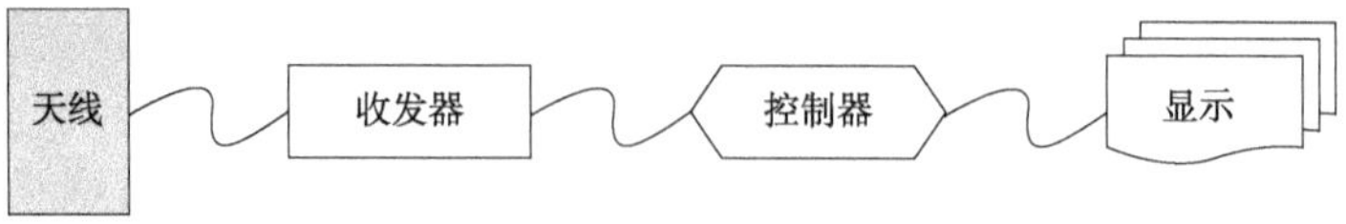

图3-41　雷达系统组成图

1）设备承载车基本技术要求和参数

设备车车型应满足设备制造商要求。

2）测试系统技术要求和参数

（1）距离标定误差：≤0.1%。

（2）设备工作温度：0～40℃。

（3）最小分辨层厚：≤40mm。

（4）系统测量精度要求，见表3-46。

系统精度测量技术标准要求　　表3-46

测量深度（cm）	测量误差（mm）	测量深度（cm）	测量误差（mm）
<10	±3	>25	±10
10～25	±5		

（5）天线：喇叭形空气耦合天线，带宽能适应所选择的发射脉冲频率。

（6）收发器：脉冲宽度≤1.0ns，时间信号处理能力可以适应所需要的测试深度。

3. 检测的方法和步骤

1）准备工作

（1）距离标定：承载车行驶超过20000km，更换轮胎，或使用超过1年的情形下需要进行距离标定。距离标定方法根据厂家提供的说明进行。

（2）安装雷达天线：将雷达天线按照厂商提供的按照方法牢固地安装好，并将天线与主机的连线连接好。

（3）检查连接线安装无误后开机预热，预热时间不得少于厂商规定的时间。

（4）将金属板放置在天线正下方，启动控制软件的标定程序，获取相应的参数。

（5）打开控制软件的参数设置界面，根据不同的检测目的，设置采样间隔、时间窗、增益等参数。

2）测试步骤

（1）将承载车停在起点，开启安全警示灯，启动软件测试程序，令驾驶员缓慢加速车辆到正常的检测速度。

（2）检测过程中，操作人员应该记录测试线路所遇到的桥梁、涵洞、隧道等构造物的起终点。

（3）当测试车辆到达测试终点后，操作人员停止采集程序。

（4）芯样的标定：为了准确反算出路面的厚度，必须知道路面材料的介电常数，通常采用在路面上钻芯取样方法以获得路面的介电常数。做法是首先令雷达天线在需要标定的芯样点的上方取样,然后钻芯,最后将芯样的真实厚度数据输入到计算程序中,反算出路面材料的介电常数或者雷达波在材料中的传播速度。路面材料的介电常数会随着集料类型、沥青产地、密度、湿度等而不同。测试过程中应该根据实际情况增加芯样钻取数量,以保证测试厚度的准确性。

(5)操作人员检查数据文件,文件应完整,内容应正常,否则应重新测试。

(6)关闭测试系统电源,结束测试。

4. 计算

(1)计算原理:

由于地下材料介质具有不同的介电常数,造成各种材料介质具有不同的电导性,电导性的差异影响了电磁波的传播速度。一般用下式计算电磁波在材料介质中的传播速度:

$$v = \frac{C}{\sqrt{\varepsilon_r}} \tag{3-88}$$

式中:v——电磁波在材料介质中的传播速度(mm/ns);

C——电磁波在空气中的传播速度,取300mm/ns ;

ε_r——介质的相对介电常数。

根据电磁波在材料介质中的双程走时以及材料介质的相对介电常数,用下式确定面层厚度。

$$T = \frac{\Delta t \times C}{2\sqrt{\varepsilon_r}} \tag{3-89}$$

式中:T——面层厚度(mm);

C——电磁波在空气中的传播速度,取300mm/ns ;

ε_r——介电常数;

Δt——雷达所发射在路面面层中的双程走时(ns)。

(2)路面材料的相对介电常数ε_r可以通过路面芯样获得。路面厚度的计算通常先由雷达波识别软件自动识别各层分界线,得到雷达波在各层中的双程走时,然后计算各层厚度。

5. 报告

检测报告应包括检测路段路基路面或各结构层的厚度平均值、标准差、厚度代表值,并记录检测时天气状况、气温及工作面的基本情况。

课后练习

一、单选题

1. 路面表面构造深度的标准值为0.8mm,那么测试值应(　　)为合格。

A. ≥0.8mm　　B. ≤0.8mm　　C. >0.8mm　　D. <0.8mm

2. 贝克曼梁前臂(接触路面)与后臂(装百分表)长度之比为(　　)。

A. 1∶1　　B. 1∶2　　C. 1∶3　　D. 2∶1

3. 可直接用于高速公路路面面层平整度验收的方法是(　　)。

A. 3m 直尺　　B. 连续式平整度仪　　C. 颠簸累积仪　　D. 水准仪

4. 在测试回弹弯沉时,应将测头放置在（　　）。

A. 测试轴轮隙中心　　B. 测试轴轮隙中心前方 3 ~ 5cm 处

C. 测试轴轮隙中心后方 3 ~ 5cm 处　　D. 两后轮组的中间

5. 采用贝克曼梁对一级公路进行弯沉测试时,测试车后轴轴重应为(　　)

A. 120kN　　B. 100kN　　C. 80kN　　D. 60kN

6. 用摆式仪测定沥青路面抗滑性能时,如果标定的橡胶片滑动长度小于 126mm,则测得的沥青路面的 BPN 值比实际值(　　)。

A. 小　　B. 大　　C. 一样　　D. 不能确定

7. 贝克曼梁测定路面弯沉时,测定应布置在(　　)位置。

A. 路面中心线　　B. 行车道中心线

C. 行车道标线　　D. 行车道轮迹带

8. 可以测得动态弯沉盆的检测设备是(　　)。

A. 3.6m 贝克曼梁　　B. 5.4m 贝克曼梁

C. 落锤式弯沉仪　　D. 自动弯沉仪

9. 沥青混合料标准马歇尔试件的高度要求为(　　)。

A. 63.5mm ± 1.3mm　　B. 65.5mm ± 1.5mm

C. 95.3mm ± 1.3mm　　D. 95.3mm ± 2.5mm

10. 摆式仪测定的是(　　)状态下的路面抗滑能力。

A. 高温　　B. 低温　　C. 干燥　　D. 潮湿

11. EDTA 滴定法快速测定石灰土中石灰剂量试验中,钙红指示剂加入石灰土和氯化铵反应中,溶液呈(　　)色。

A. 玫瑰红　　B. 黄　　C. 红　　D. 蓝

12. 沥青混凝土标准密度,应由(　　)得到。

A. 马歇尔试验　　B. 击实试验

C. 无侧限抗压强度试验　　D. 钻芯取样试验

13. 弯沉测定中落锤式弯沉仪测定的弯沉为(　　)。

A. 回弹弯沉　　B. 总弯沉　　C. 动态回弹弯沉　　D. 动态总弯沉

二、判断题

1. 粉煤灰中 SiO_2、Al_2O_3和 Fe_2O_3的总含量应大于 65%。（　　）

2. 蜡封法适用于测定吸水率小于 2% 的沥青混合料试验的毛体积密度。（　　）

3. 无侧限抗压强度圆模的径高比为 1∶2。（　　）

4. 半刚性基层材料在北方地区以 25℃湿养 6d、浸水 1d 后进行无侧限抗压强度试验。（　　）

5. 路面的摩擦摆值应换算为温度为 25℃时的摩擦摆值。（　　）

6. 核子法是检测压实质量的仲裁试验。（　　）

7. 用摆式仪测定路面抗滑性能时,重复 5 次测定的差值应不大于 5BPN。（　　）

8. 沥青路面的渗水系数越大,说明沥青路面的质量越差。（　　）

9. 采用 EDTA 滴定法可以快速测定水泥稳定土中的水泥剂量,但应严格控制首次确定的

标准曲线,以后每次测定时只需配制 EDTA 溶液和代表性混合料滴定,达到快速测定目的。（　）

10. 落锤式弯沉仪测定的是静态回弹弯沉可以直接用于路基路面评定。（　）
11. 贝克曼梁弯沉测试标准车,一级公路可采用后轴 6t 的 BZZ-60 标准车。（　）
12. 沥青混合料马歇尔稳定度试验,一组试件的数量最少不得少于 4 个。（　）
13. 沥青面层的弯沉值,若在非不利季节测定时,应考率季节影响系数。（　）
14. 摆式仪测定路面抗滑值,当路面试验温度不是 20℃时,应进行温度修正。（　）
15. 竣工验收弯沉值是检验路面是否达到设计要求的指标之一。（　）
16. 有机质含量超过 2% 的细粒土,用石灰处理后才能用水泥稳定。（　）
17. 路面表层平整度规定值是指交工验收时应达到的平整度要求。（　）
18. 平整度是路面施工质量与服务水平的重要指标之一。（　）

三、简答题

1. 摆式仪测定路面抗滑值试验方法是什么?
2. 平整度的测试设备分为哪几类? 最常用哪种方法检测是什么?
3. 目前路面平整度测试方法及其相应的技术指标是什么?
4. 手工铺砂法测构造深度步骤是什么?
5. 测试弯沉的方法有哪几种?
6. 路基路面压实度检测方法有什么?
7. 水泥或石灰剂量测定时都配置哪些试剂?
8. 无机结合料稳定材料的含水率试验方法包括什么?
9. 简述影响路面抗滑性能的主要因素。
10. 沥青混合料配比设计包括哪几个阶段?
11. 测定沥青混合料试件密度的方法有什么?
12. 确定最佳沥青用量初始值 OAC_1 与哪些指标有关?
13. 路面抗滑性能测试方法是什么?
14. 弯沉测定的方法有几种? 目前应用最多的是哪种?
15. 测定路面平整度常用的方法有哪些?

四、计算题

用摆式摩擦仪测定沥青路面的摩擦摆值(路面温度为 25℃),其测定结果如下表,试计算该处路面的摩擦摆值。(已知温度修正值为 $\Delta F=2$)。

测点桩号	测定平行值(BPN)				
	1	2	3	4	5
K2 +315	52	51	52	51	52
K2 +320	50	49	50	50	51
K2 +325	52	51	49	50	50

附录A　公路路基路面现场测试随机选点方法

1. 目的与适用范围

(1)随机取样选点的方法是指按数理统计原理在路基路面现场测定时决定测定区间、测定断面、测点位置的方法。

(2)本方法在公路路基路面各个层次及各种现场测定时,为取得代表性试验数据而决定测定区间、测定断面、测定位置时使用。

2. 仪具及材料技术要求

本方法需要下列仪具及材料:

(1)量尺:钢尺、皮尺等。

(2)硬纸片:编号从1~28共28块,每块大小2.5cm×2.5cm,装在一个布袋中。

(3)骰子:2个。

(4)其他:毛刷、粉笔等。

3. 测定区间或断面决定

(1)路段确定。根据路面施工或验收、质量评定方法等有关规范决定需要检测的路段。它可以是一个作业段、一天完成的路段或路线全程。在路基路面工程检查验收时,通常以1km为一个检测路段。此时,检测路段的确定也按本方法的步骤进行。

(2)将确定的测试路段划分为一定长度的区间或按桩号间距(一般为20m)划分若干个断面,将其编号为第n个区间或第n个断面,其总的区间数或断面数为T。

(3)从布袋中随机摸出一块硬纸片,硬纸片上的号数即表A-1上的栏号,从1~28栏中选出该栏。

一般取样的随机数　　表A-1

栏号1			栏号2			栏号3			栏号4			栏号5			栏号6		
A	*B*	*C*	*A*	*B*	*C*	*A*	*B*	*C*	*A*	*B*	*C*	*A*	*B*	*C*	*A*	*B*	*C*
15	0.033	0.578	05	0.048	0.879	21	0.013	0.220	18	0.089	0.716	17	0.024	0.863	30	0.030	0.901
21	0.101	0.300	17	0.074	0.156	30	0.036	0.853	10	0.102	0.330	24	0.060	0.032	21	0.096	0.198
23	0.129	0.916	18	0.102	0.191	10	0.052	0.746	14	0.111	0.925	26	0.074	0.639	10	0.100	0.161
30	0.158	0.434	06	0.105	0.257	25	0.061	0.954	28	0.127	0.840	07	0.167	0.512	29	0.133	0.388
24	0.177	0.397	28	0.179	0.447	29	0.062	0.507	24	0.132	0.271	28	0.194	0.776	24	0.138	0.062
11	0.202	0.271	26	0.187	0.844	18	0.087	0.887	19	0.285	0.899	03	0.219	0.166	20	0.168	0.564
16	0.204	0.012	04	0.188	0.482	24	0.105	0.849	01	0.326	0.037	29	0.264	0.284	22	0.232	0.953

续上表

栏号 1			栏号 2			栏号 3			栏号 4			栏号 5			栏号 6		
A	*B*	*C*	*A*	*B*	*C*	*A*	*B*	*C*	*A*	*B*	*C*	*A*	*B*	*C*	*A*	*B*	*C*
08	0.208	0.418	02	0.208	0.577	07	0.139	0.159	30	0.334	0.938	11	0.282	0.262	14	0.259	0.217
19	0.211	0.798	03	0.214	0.402	01	0.175	0.647	22	0.405	0.295	14	0.379	0.994	01	0.275	0.195
29	0.233	0.700	07	0.245	0.080	23	0.196	0.873	05	0.421	0.282	13	0.394	0.405	06	0.277	0.475
07	0.260	0.073	15	0.248	0.831	26	0.240	0.981	13	0.451	0.212	06	0.410	0.157	02	0.296	0.497
17	0.262	0.308	29	0.261	0.037	14	0.255	0.374	02	0.461	0.023	15	0.438	0.700	27	0.311	0.144
25	0.271	0.180	30	0.302	0.883	06	0.310	0.043	06	0.487	0.539	22	0.453	0.635	05	0.351	0.141
06	0.302	0.672	21	0.318	0.088	11	0.316	0.653	08	0.497	0.396	21	0.472	0.824	17	0.370	0.811
01	0.409	0.406	11	0.376	0.936	13	0.324	0.585	25	0.503	0.893	05	0.488	0.118	09	0.388	0.484
13	0.507	0.693	14	0.430	0.814	12	0.351	0.275	15	0.594	0.603	01	0.525	0.222	04	0.410	0.073
02	0.575	0.654	27	0.438	0.676	20	0.371	0.535	27	0.620	0.894	12	0.561	0.980	25	0.471	0.530
18	0.591	0.318	08	0.467	0.205	08	0.409	0.495	21	0.629	0.841	08	0.652	0.508	13	0.486	0.779
20	0.610	0.821	09	0.474	0.138	16	0.445	0.740	17	0.691	0.583	18	0.668	0.271	15	0.515	0.867
12	0.631	0.597	10	0.492	0.474	03	0.494	0.929	09	0.708	0.689	30	0.736	0.634	23	0.567	0.798
27	0.651	0.281	13	0.498	0.892	27	0.543	0.387	07	0.709	0.012	02	0.763	0.253	11	0.618	0.502
04	0.661	0.953	19	0.511	0.520	17	0.625	0.171	11	0.714	0.049	23	0.804	0.140	28	0.636	0.148
22	0.692	0.089	23	0.591	0.770	02	0.699	0.073	23	0.720	0.695	25	0.828	0.425	26	0.650	0.741
05	0.779	0.346	20	0.604	0.730	19	0.702	0.934	03	0.748	0.413	10	0.843	0.627	16	0.711	0.508
09	0.787	0.173	24	0.654	0.330	22	0.816	0.802	02	0.781	0.603	16	0.858	0.849	19	0.778	0.812
10	0.818	0.837	12	0.728	0.523	04	0.838	0.166	26	0.830	0.384	04	0.903	0.327	07	0.804	0.675
14	0.905	0.631	16	0.753	0.344	15	0.904	0.116	04	0.843	0.002	09	0.912	0.382	08	0.806	0.952
26	0.912	0.376	01	0.806	0.134	28	0.969	0.742	12	0.884	0.582	27	0.935	0.162	18	0.841	0.414
28	0.920	0.163	22	0.878	0.884	09	0.974	0.046	29	0.926	0.700	20	0.970	0.582	12	0.918	0.114
03	0.945	0.140	25	0.939	0.162	05	0.977	0.494	16	0.951	0.601	19	0.975	0.327	03	0.992	0.399

栏号 7			栏号 8			栏号 9			栏号 10			栏号 11			栏号 12		
A	*B*	*C*	*A*	*B*	*C*	*A*	*B*	*C*	*A*	*B*	*C*	*A*	*B*	*C*	*A*	*B*	*C*
12	0.029	0.386	09	0.042	0.070	14	0.061	0.935	26	0.038	0.023	27	0.074	0.779	16	0.078	0.987
18	0.112	0.284	17	0.141	0.411	02	0.065	0.097	30	0.066	0.371	06	0.084	0.396	23	0.087	0.056
20	0.114	0.848	02	0.143	0.221	03	0.094	0.228	27	0.073	0.876	24	0.098	0.524	17	0.096	0.076
03	0.121	0.656	05	0.162	0.899	16	0.122	0.945	09	0.095	0.568	10	0.133	0.919	04	0.153	0.163
13	0.178	0.640	03	0.285	0.016	18	0.156	0.430	05	0.180	0.741	15	0.187	0.079	10	0.254	0.834
22	0.209	0.421	28	0.291	0.034	25	0.193	0.469	12	0.200	0.851	17	0.227	0.767	06	0.284	0.628
16	0.221	0.311	08	0.369	0.557	24	0.224	0.672	13	0.259	0.327	20	0.236	0.571	12	0.305	0.616

续上表

栏号7			栏号8			栏号9			栏号10			栏号11			栏号12		
A	*B*	*C*	*A*	*B*	*C*	*A*	*B*	*C*	*A*	*B*	*C*	*A*	*B*	*C*	*A*	*B*	*C*
29	0.235	0.356	01	0.436	0.386	10	0.225	0.223	21	0.264	0.681	01	0.245	0.988	25	0.319	0.901
28	0.254	0.941	20	0.450	0.289	09	0.233	0.338	17	0.283	0.645	04	0.317	0.291	01	0.320	0.212
11	0.287	0.199	18	0.455	0.789	20	0.290	0.120	23	0.363	0.063	29	0.350	0.911	08	0.416	0.372
02	0.336	0.992	23	0.488	0.715	01	0.297	0.242	20	0.364	0.366	26	0.380	0.104	13	0.432	0.556
15	0.393	0.488	14	0.498	0.276	11	0.337	0.760	16	0.395	0.363	28	0.425	0.864	02	0.489	0.827
19	0.437	0.655	15	0.503	0.342	19	0.389	0.064	02	0.423	0.540	22	0.487	0.526	29	0.503	0.787
24	0.466	0.773	04	0.515	0.693	13	0.411	0.474	08	0.432	0.736	05	0.552	0.571	15	0.518	0.717
14	0.531	0.014	16	0.532	0.112	30	0.447	0.893	10	0.475	0.468	14	0.564	0.357	28	0.524	0.998
09	0.562	0.678	22	0.557	0.357	22	0.478	0.321	03	0.508	0.774	11	0.572	0.306	03	0.542	0.352
06	0.601	0.675	11	0.559	0.620	29	0.481	0.993	01	0.601	0.417	21	0.594	0.197	19	0.585	0.462
10	0.612	0.859	12	0.650	0.216	27	0.562	0.403	22	0.687	0.917	09	0.607	0.524	05	0.695	0.111
26	0.673	0.112	21	0.672	0.320	04	0.566	0.179	29	0.697	0.862	19	0.650	0.572	07	0.733	0.838
23	0.738	0.770	13	0.709	0.273	08	0.603	0.758	11	0.701	0.605	18	0.664	0.101	11	0.744	0.948
21	0.753	0.614	07	0.745	0.687	15	0.632	0.927	07	0.728	0.498	25	0.674	0.428	18	0.793	0.748
30	0.758	0.851	30	0.780	0.285	06	0.707	0.107	14	0.745	0.679	02	0.697	0.674	27	0.802	0.967
27	0.765	0.563	19	0.845	0.097	28	0.737	0.161	24	0.819	0.444	03	0.767	0.928	21	0.826	0.487
07	0.780	0.534	26	0.846	0.366	17	0.846	0.130	15	0.840	0.823	16	0.809	0.529	24	0.835	0.832
04	0.818	0.187	29	0.861	0.307	07	0.874	0.491	25	0.863	0.568	30	0.838	0.294	26	0.855	0.142
17	0.837	0.353	25	0.906	0.874	05	0.880	0.828	06	0.878	0.215	13	0.845	0.470	14	0.861	0.462
05	0.854	0.818	24	0.919	0.809	23	0.931	0.659	18	0.930	0.601	08	0.855	0.524	20	0.874	0.625
01	0.867	0.133	10	0.952	0.555	26	0.960	0.365	04	0.954	0.827	07	0.867	0.718	30	0.929	0.056
08	0.915	0.538	06	0.961	0.504	21	0.978	0.194	28	0.963	0.004	12	0.881	0.722	09	0.935	0.582
25	0.975	0.584	27	0.969	0.811	12	0.982	0.183	19	0.988	0.020	23	0.937	0.872	22	0.947	0.797
栏号13			栏号14			栏号15			栏号16			栏号17			栏号18		
A	*B*	*C*	*A*	*B*	*C*	*A*	*B*	*C*	*A*	*B*	*C*	*A*	*B*	*C*	*A*	*B*	*C*
13	0.045	0.004	25	0.027	0.290	15	0.023	0.979	19	0.062	0.588	13	0.045	0.004	25	0.027	0.290
18	0.086	0.878	06	0.057	0.571	11	0.118	0.465	25	0.080	0.218	18	0.086	0.878	06	0.057	0.571
26	0.126	0.990	26	0.059	0.026	07	0.134	0.172	09	0.131	0.295	26	0.126	0.990	26	0.059	0.026
12	0.128	0.661	07	0.105	0.176	01	0.139	0.230	18	0.136	0.381	12	0.128	0.661	07	0.105	0.176
30	0.146	0.337	18	0.107	0.358	16	0.145	0.122	05	0.147	0.864	30	0.146	0.337	18	0.107	0.358
05	0.169	0.470	22	0.128	0.827	20	0.165	0.520	12	0.158	0.365	05	0.169	0.470	22	0.128	0.827
21	0.244	0.433	23	0.156	0.440	06	0.185	0.481	28	0.214	0.184	21	0.244	0.433	23	0.156	0.440

续上表

栏号17			栏号18			栏号15			栏号16			栏号17			栏号18		
A	*B*	*C*	*A*	*B*	*C*	*A*	*B*	*C*	*A*	*B*	*C*	*A*	*B*	*C*	*A*	*B*	*C*
23	0.270	0.849	15	0.171	0.157	09	0.211	0.316	14	0.215	0.757	23	0.270	0.849	15	0.171	0.157
25	0.274	0.407	08	0.220	0.097	14	0.248	0.348	13	0.224	0.846	25	0.274	0.407	08	0.220	0.097
10	0.290	0.925	20	0.252	0.066	25	0.249	0.890	15	0.227	0.809	10	0.290	0.925	20	0.252	0.066
01	0.323	0.490	04	0.268	0.576	13	0.252	0.577	11	0.280	0.898	01	0.323	0.490	04	0.268	0.576
24	0.352	0.291	14	0.275	0.302	30	0.273	0.088	01	0.331	0.925	24	0.352	0.291	14	0.275	0.302
15	0.361	0.155	11	0.297	0.589	18	0.277	0.689	10	0.399	0.992	15	0.361	0.155	11	0.297	0.589
29	0.374	0.882	01	0.358	0.305	22	0.372	0.958	30	0.417	0.787	29	0.374	0.882	01	0.358	0.305
08	0.432	0.139	09	0.412	0.089	10	0.461	0.075	08	0.439	0.921	08	0.432	0.139	09	0.412	0.089
04	0.467	0.266	16	0.429	0.834	28	0.519	0.536	20	0.472	0.484	04	0.467	0.266	16	0.429	0.834
22	0.508	0.880	10	0.491	0.203	17	0.520	0.090	24	0.498	0.712	22	0.508	0.880	10	0.491	0.203
27	0.632	0.191	28	0.542	0.306	03	0.523	0.519	04	0.516	0.396	27	0.632	0.191	28	0.542	0.306
16	0.661	0.836	12	0.563	0.091	26	0.573	0.502	03	0.548	0.688	16	0.661	0.836	12	0.563	0.091
19	0.675	0.629	02	0.593	0.321	19	0.634	0.206	23	0.597	0.508	19	0.675	0.629	02	0.593	0.321
14	0.680	0.890	30	0.692	0.198	24	0.635	0.810	21	0.681	0.114	14	0.680	0.890	30	0.692	0.198
28	0.714	0.508	19	0.705	0.445	21	0.679	0.841	02	0.739	0.298	28	0.714	0.508	19	0.705	0.445
06	0.719	0.441	24	0.709	0.717	27	0.712	0.368	29	0.792	0.038	06	0.719	0.441	24	0.709	0.717
09	0.735	0.040	13	0.820	0.739	05	0.780	0.497	22	0.829	0.324	09	0.735	0.040	13	0.820	0.739
17	0.741	0.906	05	0.848	0.866	23	0.861	0.106	17	0.834	0.647	17	0.741	0.906	05	0.848	0.866
11	0.747	0.205	27	0.867	0.633	12	0.865	0.377	16	0.909	0.608	11	0.747	0.205	27	0.867	0.633
20	0.850	0.047	03	0.883	0.333	29	0.882	0.635	06	0.914	0.420	20	0.850	0.047	03	0.883	0.333
02	0.859	0.356	17	0.900	0.443	08	0.902	0.020	27	0.958	0.356	02	0.859	0.356	17	0.900	0.443
07	0.870	0.612	21	0.914	0.483	04	0.951	0.482	26	0.981	0.976	07	0.870	0.612	21	0.914	0.483
08	0.916	0.463	29	0.950	0.753	02	0.977	0.172	07	0.983	0.624	08	0.916	0.463	29	0.950	0.753
栏号19			栏号20			栏号21			栏号22			栏号23			栏号24		
A	*B*	*C*	*A*	*B*	*C*	*A*	*B*	*C*	*A*	*B*	*C*	*A*	*B*	*C*	*A*	*B*	*C*
12	0.052	0.075	20	0.030	0.881	01	0.010	0.946	12	0.051	0.032	26	0.051	0.187	08	0.015	0.521
30	0.075	0.493	12	0.034	0.291	10	0.014	0.939	11	0.068	0.980	03	0.530	0.256	16	0.068	0.994
28	0.120	0.341	22	0.043	0.893	09	0.032	0.346	17	0.089	0.309	29	0.100	0.159	11	0.118	0.400
27	0.145	0.689	28	0.143	0.073	06	0.093	0.180	01	0.091	0.371	13	0.102	0.465	21	0.124	0.565
02	0.209	0.957	03	0.150	0.937	15	0.151	0.012	10	0.100	0.709	24	0.110	0.316	18	0.153	0.158
26	0.272	0.818	04	0.154	0.867	16	0.185	0.455	30	0.121	0.774	18	0.114	0.300	17	0.190	0.159
22	0.299	0.317	19	0.158	0.359	07	0.227	0.227	02	0.166	0.056	11	0.123	0.208	26	0.192	0.676

续上表

栏号19			栏号20			栏号21			栏号22			栏号23			栏号24		
A	*B*	*C*	*A*	*B*	*C*	*A*	*B*	*C*	*A*	*B*	*C*	*A*	*B*	*C*	*A*	*B*	*C*
18	0.306	0.475	29	0.304	0.615	02	0.304	0.400	23	0.179	0.529	09	0.138	0.182	01	0.237	0.030
20	0.311	0.653	06	0.369	0.633	30	0.316	0.074	21	0.187	0.051	06	0.194	0.115	12	0.283	0.077
15	0.348	0.156	18	0.390	0.536	18	0.328	0.799	22	0.205	0.543	22	0.234	0.480	03	0.286	0.318
16	0.381	0.710	17	0.403	0.392	20	0.352	0.288	28	0.230	0.688	20	0.274	0.107	10	0.317	0.374
01	0.411	0.607	23	0.404	0.182	26	0.371	0.216	19	0.243	0.001	21	0.331	0.292	05	0.337	0.844
13	0.417	0.715	01	0.415	0.457	19	0.448	0.754	27	0.267	0.990	08	0.346	0.085	25	0.441	0.336
21	0.472	0.484	07	0.437	0.696	13	0.487	0.598	15	0.283	0.440	27	0.382	0.979	27	0.469	0.786
04	0.478	0.885	24	0.446	0.546	12	0.546	0.640	16	0.352	0.089	07	0.387	0.865	24	0.473	0.237
25	0.479	0.080	26	0.485	0.768	24	0.550	0.038	03	0.377	0.648	28	0.411	0.776	20	0.475	0.761
11	0.566	0.104	15	0.511	0.313	03	0.604	0.780	06	0.397	0.769	16	0.444	0.999	06	0.557	0.001
10	0.576	0.859	10	0.517	0.290	22	0.621	0.930	09	0.409	0.428	04	0.515	0.993	07	0.610	0.238
29	0.665	0.397	30	0.556	0.853	21	0.629	0.154	14	0.465	0.406	17	0.518	0.827	09	0.617	0.041
19	0.739	0.298	25	0.561	0.837	11	0.634	0.908	13	0.499	0.651	05	0.539	0.620	13	0.641	0.648
14	0.748	0.759	09	0.574	0.699	05	0.696	0.459	04	0.539	0.972	02	0.623	0.271	22	0.664	0.291
08	0.758	0.919	13	0.613	0.762	23	0.710	0.078	18	0.560	0.747	30	0.637	0.374	04	0.668	0.856
07	0.798	0.183	11	0.698	0.783	29	0.726	0.585	26	0.575	0.892	14	0.714	0.364	19	0.717	0.232
23	0.834	0.647	14	0.715	0.179	17	0.749	0.916	29	0.756	0.712	15	0.730	0.107	02	0.776	0.504
06	0.837	0.978	16	0.770	0.128	04	0.802	0.186	20	0.760	0.920	19	0.771	0.552	29	0.797	0.548
03	0.849	0.964	08	0.815	0.385	14	0.835	0.319	05	0.847	0.925	23	0.780	0.662	14	0.823	0.223
24	0.851	0.109	05	0.872	0.490	08	0.870	0.546	25	0.872	0.891	10	0.924	0.888	23	0.848	0.264
05	0.859	0.835	21	0.885	0.999	28	0.871	0.539	24	0.874	0.135	12	0.929	0.204	30	0.892	0.817
17	0.863	0.220	02	0.958	0.177	25	0.971	0.369	08	0.911	0.215	01	0.937	0.714	28	0.943	0.190
09	0.883	0.147	27	0.961	0.980	27	0.984	0.252	07	0.946	0.065	25	0.974	0.398	15	0.975	0.962

栏号25			栏号26			栏号27			栏号28		
A	*B*	*C*	*A*	*B*	*C*	*A*	*B*	*C*	*A*	*B*	*C*
02	0.039	0.006	16	0.026	0.102	21	0.050	0.952	29	0.042	0.039
16	0.061	0.599	01	0.033	0.886	17	0.085	0.403	07	0.105	0.293
26	0.068	0.054	04	0.088	0.686	10	0.141	0.624	25	0.115	0.420
11	0.073	0.812	22	0.090	0.602	05	0.154	0.157	09	0.126	0.612
07	0.123	0.649	13	0.114	0.614	06	0.164	0.841	10	0.205	0.144
05	0.126	0.658	20	0.136	0.576	07	0.197	0.013	03	0.210	0.054
14	0.161	0.189	05	0.158	0.228	16	0.125	0.363	23	0.234	0.533

续上表

栏号 25			栏号 26			栏号 27			栏号 28		
A	*B*	*C*	*A*	*B*	*C*	*A*	*B*	*C*	*A*	*B*	*C*
18	0.166	0.040	10	0.216	0.565	08	0.222	0.520	13	0.266	0.799
28	0.248	0.171	02	0.233	0.610	13	0.269	0.477	20	0.305	0.603
06	0.255	0.117	07	0.278	0.357	02	0.288	0.012	05	0.372	0.223
15	0.261	0.928	30	0.405	0.273	25	0.333	0.633	26	0.385	0.111
10	0.301	0.811	06	0.421	0.807	28	0.348	0.710	30	0.422	0.315
24	0.363	0.025	12	0.426	0.583	20	0.362	0.961	17	0.453	0.783
22	0.378	0.792	08	0.471	0.708	14	0.511	0.989	02	0.460	0.916
27	0.389	0.959	18	0.473	0.738	26	0.540	0.903	27	0.467	0.841
19	0.420	0.557	19	0.510	0.207	27	0.587	0.643	14	0.483	0.095
21	0.467	0.943	03	0.512	0.329	12	0.603	0.745	12	0.507	0.375
17	0.494	0.225	15	0.640	0.329	29	0.619	0.895	28	0.509	0.748
09	0.620	0.081	09	0.665	0.354	23	0.623	0.333	21	0.583	0.804
30	0.623	0.106	14	0.680	0.884	22	0.629	0.076	22	0.587	0.993
03	0.625	0.777	26	0.703	0.622	18	0.670	0.904	16	0.689	0.339
08	0.651	0.790	29	0.739	0.394	11	0.711	0.253	06	0.727	0.298
12	0.715	0.599	25	0.759	0.386	01	0.790	0.392	04	0.731	0.814
23	0.782	0.093	24	0.803	0.602	04	0.813	0.611	08	0.807	0.983
20	0.810	0.371	27	0.842	0.491	19	0.843	0.732	15	0.833	0.757
01	0.841	0.726	21	0.870	0.435	03	0.844	0.511	19	0.896	0.464
29	0.862	0.009	28	0.906	0.397	30	0.858	0.289	18	0.916	0.384
25	0.891	0.873	23	0.948	0.367	09	0.929	0.199	01	0.948	0.610
04	0.917	0.264	11	0.956	0.142	24	0.931	0.263	11	0.976	0.799
13	0.958	0.990	17	0.993	0.989	15	0.939	0.947	24	0.978	0.636

(4)按照测定区间数、断面数的频度要求(总的取样数 n,当 $n>30$ 时应分次进行),依次找出与 A 列中 01,02,…,n 对应的 B 列中的值,共 n 对对应的 A、B 值。

(5)将 n 个 B 值与总的区间数或断面数 T 相乘,四舍五入成整数,即得到 n 个断面的编号,与 A 样的 1,2,…,n 对应。

例如:按照有关规范规定,拟从 K36+000 ~ K37+000 的 1km 检测路段中选择 20 个断面测定路面宽度、高程、横坡等外形尺寸,断面决定方法如下。

①1km 总长的断面 $T=1000/20=50$ 个,编号 1,2,…,50。

②从布袋中摸出一块硬纸片,其编号为 14,即使用表 A-1 的第 14 栏。

③从第 14 栏 A 列中挑出小于或等于 20 所对应的 B 列数值,将 B 与 T 相乘,四舍五入得

到 20 个断面号,并得到 20 个断面的桩号,如表 A-2 所列。

路面宽度、高程、横坡检测断面随机选点计算表　　　　表 A-2

断面编号	14 栏 A 列	B 列	B×T	断面号	桩号
1	17	0.089	4.45	4	K36 +080
2	10	0.149	7.45	7	K36 +140
3	13	0.244	12.2	12	K36 +240
4	08	0.264	13.2	13	K36 +260
5	18	0.285	14.25	14	K36 +280
6	02	0.340	17.05	17	K36 +340
7	06	0.359	17.95	18	K36 +360
8	20	0.387	19.35	19	K36 +380
9	14	0.392	19.60	20	K36 +400
10	03	0.408	20.40	20	K36 +420
11	16	0.527	26.35	26	K36 +520
12	05	0.797	39.85	40	K36 +800
13	15	0.801	40.05	40	K36 +820
14	12	0.836	41.8	42	K36 +840
15	04	0.854	42.7	43	K36 +860
16	11	0.884	44.2	44	K36 +880
17	19	0.886	44.3	44	K36 +900
18	07	0.929	46.45	46	K36 +920
19	09	0.932	46.6	47	K36 +940
20	01	0.970	48.5	49	K36 +980

4. 测点位置确定方法

(1) 从布袋中任意取出一块硬纸片,纸片上的号数即为表 A-1 中的栏号,从 1 ~28 栏中选出该栏。

(2) 按照测点数的频度要求(总的取样为 n)依次找出栏号的取样位置数,每个栏号均有 A、B、C 三列。根据检验数量 n(当 $n>30$ 时应分次进行),在所定栏号的 A 列,找出等于所需取样位置数的全部数,如 01,02,…,n。

(3)确定取样位置的纵向距离,找出与 A 列中相应的 B 列中数值,以此数乘以检测区间的总长度,并加在该段的起点桩号上,即得出取样位置距该段起点的距离或桩号。

(4)确定取样位置的横向距离,找出与 A 列中相对应的 C 列中的数值,以此数乘以检查路面的宽度,再减去宽度的一半,即得出取样位置离路面中心线的距离。如差值是正(+),表示在中心线的右侧;如差值是负(-),表示在中心线的左侧。

例如:按照有关规范规定,检查验收时拟在 K36 +000 ~ K37 +000 的 1km 检测路段中选择 6 个测点进行钻孔取样,检验压实度、沥青用量和矿料级配等,钻孔位置决定方法如下。

①选定的随机栏号为 3。

②栏号 3 中 A 列从上至下小于或等于 6 的数为 01、06、03、02、04 及 05。

③表 A-1 的 *B* 列中与这 6 个数相应的 6 个小数为 0.175、0.310、0.494、0.699、0.838 及 0.977。

④取样路段长度 1000m，计算得出 6 个乘积（取样位置与该段起点的距离）分别为 175m、310m、494m、699m、838m、977m。

⑤表 A-1 的 *C* 列中与这 6 个数相应的 6 个小数为 0.647、0.043、0.929、0.073、0.166 及 0.494。

⑥路面宽度为 10m，计算得 6 个乘积分别是 6.47、0.43、9.29、0.73、1.66 及 4.94m。再减去路面宽度的一半，6 个取样的横向位置分别是右侧 1.47m、左侧 4.57m、右侧 4.29m、左侧 4.27m、左侧 3.34m 及左侧 0.06m。

上述计算结果可采用表 A-3 的方式表示。

钻孔位置随机取样选点计算表　　表 A-3

栏　号　3			取样路段长 1000m			路面宽度 10m	测点数个
测点编号	*A* 列	*B* 列	距起点距离（m）	桩号	*C* 列	距路边缘距离（m）	距中线位置（m）
N0.1	01	0.175	175	K36 +175	0.647	6.47	右 1.47
N0.2	06	0.310	310	K36 +310	0.043	0.43	左 4.57
N0.3	03	0.494	494	K36 +494	0.929	9.29	右 4.29
N0.4	02	0.699	699	K36 +699	0.073	0.73	左 4.27
N0.5	04	0.838	838	K36 +838	0.166	1.66	左 3.34
N0.6	05	0.977	977	K36 +977	4.94	4.94	左 0.06

说明：

公路现场测定采用随机取样是非常重要的，尽管我国已推行多年，但使用并不普遍，主要是各施工规范、质量评定标准及相关试验方法要求不明确。本方法是美国各种规范通用且已实行多年的方法，我国《公路路面基层施工技术规范》（JTG/T F20—2015）也已列入。本附录是参照这些规范编写的，并结合本规程的情况作了具体说明。

对于连续测量的自动化检测设备，不必按本方法进行选点。

附录B 检测路段数据整理方法

1. 目的和适用范围

(1)根据《公路路基路面现场测试规程》(JTG E60—2008)的规定计算一个评定路段内测定值的平均值、标准差、变异系数,计算测定值与设计值之差,按照数理统计原理计算一个评定路段内测定值的代表值。

(2)计算代表值所使用的保证率,根据《公路路基路面现场测试规程》的规定采用。

2. 计算

(1)按式(B-1)计算实测值 X_i 与设计值 X_0 之差。

$$\Delta X_i = X_i - X_0 \tag{B-1}$$

式中:X_i——各个测点的测定值;

X_0——设计值;

ΔX_i——实测值 X_i 与设计值 X_0 之差。

(2)测定值的平均值、标准差、变异系数、绝对误差、精度等,按式(B-2)~(B-6)计算。

$$\overline{X} = \frac{\sum X_i}{N} \tag{B-2}$$

$$S = \sqrt{\frac{\sum (X_i - \overline{X})^2}{N-1}} \tag{B-3}$$

$$C_V = \frac{S}{\overline{X}} \times 100\% \tag{B-4}$$

$$m_x = \frac{S}{\sqrt{N}} \tag{B-5}$$

$$p_x = \frac{m_x}{\overline{X}} \times 100\% \tag{B-6}$$

式中:X_i——各个测点的测定值;

N——个评定路段内的测点数;

$\overline{X}$——一个评定路段内测定值的平均值;

C_V——一个评定路段内测定值的变异系数(%);

m_x——一个评定路段内测定值的绝对误差值;

p_x——个评定路段内测定值的试验精度(%)。

(3)计算一个评定路段内测定值的代表值,对单侧检验的指标,按式(B-7)计算;对双侧检验的指标,按式(B-8)计算。

$$X' = \overline{X} \pm S \frac{t_{\alpha}}{\sqrt{N}} \tag{B-7}$$

$$X' = \overline{X} \pm S \frac{t_{\alpha/2}}{\sqrt{N}} \tag{B-8}$$

式中：X'——一个评定路段内测定值的代表值；

t_{α}、$t_{\alpha/2}$——分布表中随自由度($N-1$)和置信水平 α(保证率)而变化的系数，见附表 B-1。

$\frac{t_{\alpha/2}}{\sqrt{N}}$和$\frac{t_{\alpha}}{\sqrt{N}}$ 的值　　附表 B-1

n	双边置信水平 $t_{\alpha/2}/\sqrt{N}$		单边置信水平 $t_{\alpha}/\sqrt{N}$		
	保证率 95%	保证率 90%	保证率 99%	保证率 95%	保证率 90%
	$\alpha/2$	$\alpha/2$	α	α	α
2	8.985	4.465	22.501	4.465	2.176
3	2.484	1.686	4.021	1.686	1.089
4	1.591	1.177	2.270	1.177	0.819
5	1.242	0.953	1.676	0.953	0.686
6	1.049	0.823	1.374	0.823	0.603
7	0.925	0.734	1.188	0.734	0.544
8	0.836	0.670	1.060	0.670	0.500
9	0.769	0.620	0.966	0.620	0.466
10	0.715	0.580	0.892	0.580	0.437
11	0.672	0.546	0.823	0.546	0.414
12	0.635	0.518	0.785	0.518	0.393
13	0.604	0.494	0.744	0.494	0.376
14	0.577	0.473	0.708	0.473	0.361
15	0.554	0.455	0.678	0.455	0.347
16	0.533	0.438	0.651	0.438	0.335
17	0.514	0.423	0.626	0.423	0.324
18	0.497	0.410	0.605	0.410	0.314
19	0.482	0.398	0.586	0.398	0.305
20	0.468	0.387	0.568	0.387	0.297
21	0.455	0.376	0.552	0.376	0.289
22	0.443	0.367	0.537	0.367	0.282
23	0.432	0.358	0.523	0.358	0.275
24	0.422	0.350	0.510	0.350	0.269
25	0.413	0.342	0.498	0.342	0.264
26	0.404	0.335	0.487	0.335	0.258
27	0.396	0.328	0.477	0.328	0.253
28	0.388	0.322	0.467	0.322	0.248
29	0.380	0.316	0.458	0.316	0.244
30	0.373	0.310	0.449	0.310	0.239

续上表

n	双边置信水平 $t_{\alpha/2}/\sqrt{N}$		单边置信水平 $t_{\alpha}/\sqrt{N}$		
	保证率 95%	保证率 90%	保证率 99%	保证率 95%	保证率 90%
	$\alpha/2$	$\alpha/2$	α	α	α
40	0.320	0.266	0.383	0.266	0.206
50	0.284	0.237	0.340	0.237	0.184
60	0.258	0.216	0.308	0.216	0.167
70	0.238	0.199	0.285	0.199	0.155
80	0.223	0.186	0.266	0.186	0.145
90	0.209	0.175	0.249	0.175	0.136
100	0.198	0.166	0.236	0.166	0.129
>100					

3.报告

(1)根据工程需要及现行相关规范规定,列出一个评定路段内测定值的记录表,记录平均值、标准差、变异系数及代表值。注明不符合规范规定的测点。

(2)当无特殊规定时,可疑数据的舍弃宜按照 k 倍标准差作为舍弃标准,即在资料分析中,舍弃那些在 $\overline{X} \pm kS$ 范围以外的测定值,然后再重新计算整理。当试验数据 N 为 3、4、5、6 个时,k 值分别为 1.15、1.46、1.67、1.82,$N \geq 7$ 时,k 宜采用 3。

条文说明:参照《公路土工试验规程》(JTG F40—2007)附录 A“试验结果的分析整理方法”编写。

参考文献

[1] 中华人民共和国行业标准. JTG E42—2005　公路工程集料试验规程[S]. 北京:人民交通出版社,2005.

[2] 中华人民共和国行业标准. JTG F80/1—2017　公路工程质量检验评定标准[S]. 北京:人民交通出版社股份有限公司,2018.

[3] 中华人民共和国行业标准. JTG E51—2009　公路工程无机结合料稳定材料试验规程[S]. 北京:人民交通出版社,2009.

[4] 中华人民共和国行业标准. JTG E20—2011　公路工程沥青及沥青混合料试验规程[S]. 北京:人民交通出版社,2011.

[5] 中华人民共和国行业标准. JTG/T F20—2015　公路路面基层施工技术细则[S]. 北京:人民交通出版社股份有限公司,2015.

[6] 中华人民共和国行业标准. JTG E40—2007　公路土工试验规程[S]. 北京:人民交通出版社,2007.

[7] 中华人民共和国行业标准. JTG E60—2008　公路路基路面现场测试规程[S]. 北京:人民交通出版社,2008.

[8] 申爱琴. 道路工程材料[M]. 北京:人民交通出版社,2010.

[9] 韩仁海,白福祥. 道路与铁道工程试验检测技术[M]. 北京:人民交通出版社,2008.

[10] 张超,郑南翔,王建设. 路基路面试验检测技术[M]. 北京:人民交通出版社,2004.

[11] 周烨. 道路工程检测技术[M]. 北京:北京师范大学出版社,2011.

[12] 刘存柱,张丽,王加弟. 道路建筑材料[M]. 北京:人民交通出版社,2010.

[13] 张超,支喜兰. 公路水运工程试验检测专业技术人员职业资格考试用书　道路工程[M]. 北京:人民交通出版社股份有限公司,2016.